MÉMOIRES
INÉDITS

DE LOUIS-HENRI DE LOMÉNIE,

COMTE DE BRIENNE,

SECRÉTAIRE D'ÉTAT SOUS LOUIS XIV;

PUBLIÉS

Sur les Manuscrits autographes,

AVEC UN ESSAI SUR LES MOEURS ET SUR LES USAGES DU XVIIe SIÈCLE,

PAR F. BARRIÈRE,

Éditeur des *Mémoires de madame Campan.*

TOME SECOND.

PARIS.

PONTHIEU ET Cie, LIBRAIRES,

PALAIS-ROYAL.

LEIPZIG. — PONTHIEU, MICHELSEN ET Cie.

1828.

MÉMOIRES

INÉDITS

DE LOUIS-HENRI DE LOMÉNIE,

COMTE DE BRIENNE.

TOME II.

DE L'IMPRIMERIE DE CRAPELET,

RUE DE VAUGIRARD, N° 9.

MÉMOIRES DE BRIENNE.

CHAPITRE VIII.

Priolo compose une satire contre le Cardinal. — Mazarin veut gagner un écrivain qu'il redoute; — Brienne s'en charge. — Négociation ministérielle conduite au cabaret. — Comment Priolo transforme sa satire en éloge. — Prix qu'on met à sa complaisance. — Madrigal qui devint pour Brienne un titre à la faveur de Mazarin. — Détails sur sa famille. — Portrait du Cardinal. — Jamais Brienne ne lui vit réciter son bréviaire. — Son goût pour les spectacles, la comédie, les ballets, les fêtes; sa passion pour le jeu : ce qu'il appelait y prendre ses avantages.

DE toutes les histoires que nous avons du cardinal de Mazarin, j'estime que l'histoire écrite en latin par Priolo est la moins méchante, quoique à dire vrai, d'une satire qu'elle était originairement, elle se soit métamorphosée en éloge, chose assez rare pour qu'on en dise un mot.

¹ Benjamin Priolo naquit à Saint-Jean-d'Angely, le 1ᵉʳ janvier 1602; il descendait d'une famille qui a donné,

Priolo donc, l'auteur le plus pauvre, sans contredit, de son temps, mais en récompense, le plus adroit et qui venait le mieux à ses fins, se voyant dans l'exécration des maîtres [1] qu'il avait

dit-on, des doges à Venise. Doué de quelques talens pour les négociations, il servit tour à tour le duc de Rohan dans la Valteline, et le duc de Longueville à Munster. Après avoir abjuré le protestantisme, Priolo vint s'établir à Paris quelque temps avant les troubles de la Fronde; et lorsqu'ils éclatèrent, il embrassa le parti des mécontens. Les grandes qualités du prince de Condé le séduisirent : en s'attachant à la fortune de ce prince, il ruina la sienne; mais plus tard, pour la réparer, il sut adroitement, comme on va le voir, faire redouter ses sarcasmes et payer ses éloges. Bayle, et après lui le Père Niceron, accuse de fausseté ce qu'on lit dans la *Sorbierana* sur la famille de Priolo, et sur sa conduite après la Fronde. On trouve, dans cet article, le passage suivant : « Il se mêla dans l'intrigue; il fit « valoir son latin, menaçant les ministres d'une histoire « satirique dont il récitait des fragmens dans les compa-« gnies » (p. 191). Que Sorbière se soit trompé sur la généalogie de Priolo, cela peut être; mais on sera convaincu du moins, par le témoignage de Brienne, qu'il était bien instruit du reste. (*Note de l'Édit.*)

[1] De MM. les ducs de Rohan et de Longueville.

(*Note de Brienne.*)

servis, s'avisa de composer un projet d'histoire en forme de satire, sur le ministère du cardinal Mazarin. A l'exemple des autres satiriques ses camarades, il allait de ruelle en ruelle, la récitant à ses amis particuliers, avec cet air de pantalon dont la nature l'avait pourvu. Ce projet, quoique informe, fit l'effet qu'il désirait. Silhon, Ménage, Quillet et autres pensionnaires du Cardinal, ayant ouï les récitations fréquentes que faisait le madré Saintongeois en parlèrent à Son Éminence, et lui donnèrent tant de peur d'une plume si âcre et si mordante, que le Cardinal voulut gagner, par des largesses, l'écrivain qu'il redoutait. Je fus chargé de cette importante négociation. Phelippeaux, mon confrère, qui était tout-à-fait de mes amis, et qui connaissait Priolo très particulièrement, me vint rendre visite sur ces entrefaites; je le priai de me donner la connaissance de son ami, sans lui dire que j'eusse rien à lui proposer de la part du Cardinal, car il n'aurait pu s'empêcher de lui découvrir ce que je désirais tenir secret. Il me répondit de fort bonne grâce qu'il menerait Priolo avec lui un tel jour à *la Chevrette*, où Madelenet et moi devions nous trouver [1] : il n'y manqua pas. Nous fîmes un excellent dîner, qui ne sentit nullement son repas de philosophie, quoiqu'il y fût parlé de physique et de vers, de musique et de politique, et que l'on y bût à la santé d'Horace et de Buchanan, de Tacite et de Polybe, et de Cicéron pour me faire plaisir, aussi-bien qu'à celle de Virgile, qui ne fut pas oublié. Après le dessert, pendant que Madelenet et son disciple Phelippeaux accordaient leurs luths et leurs voix pour nous donner un second régal, moins solide que celui qu'on venait de nous faire, je pris par la main Priolo et fus faire un tour d'allée avec lui.

Les vapeurs des vins de Reims et d'Espagne, de Piémont et de Frontignan, dont il s'était

---

[1] Gabriel Madelenet écrivit en latin, avec beaucoup de succès, des odes et des épîtres, que Brienne, l'auteur de ces Mémoires, prit lui-même le soin de publier en 1662, et qu'il fit précéder d'un avertissement. Ce recueil est intitulé *Gabr. Madeleneti carminum libellus*. Voyez la notice. Costar, dans le Mémoire qu'il remit à Colbert, en 1662, sur les gens de lettres les plus célèbres de France, cite Madelenet parmi les meilleurs poëtes latins. (*Note de l'Édit.*)

CHAPITRE VIII.

donné sans mesure, lui échauffant la tête, qu'il avait d'ordinaire déjà fort échauffée, il ne fit aucune façon de réciter sa satire, et m'en déclama sur l'heure les endroits les plus sanglans, avec un enthousiasme que rendent bien les cris redoublés d'Évoé! Évoé! qui lui échappaient, soit au commencement, soit à la fin de toutes ses périodes.

Je me tenais les côtés de rire, et l'auteur, de son côté, n'épargnait pas ses poumons : c'était à qui rirait le mieux et le plus haut. J'étais décidé, quant à moi, à tout trouver excellent. Chaque éclat de rire, de ma part, flattait son amour-propre d'auteur; chaque marque d'approbation m'insinuait dans sa confiance. J'entrai peu à peu en matière : en louant chaque trait malin, je fis sentir le prix qu'on pourrait mettre à leur suppression; je parlai négligemment de retranchemens et de largesses, puis d'éloges et de pensions. Priolo me comprit fort bien : je ne vis pas que sa gaîté en fût altérée, au contraire. Nous sortîmes du jardin fort contens l'un de l'autre, et aussi grands amis que si nous nous fussions vus toute notre vie. Il me promit de changer, dans son histoire, tout ce que je voudrais, et je lui donnai, de mon côté, l'assurance d'une pension que j'allais solliciter de ce pas. En effet, dès le lendemain, en rendant compte à Son Éminence de ce qui s'était passé à *la Chevrette*, j'ajoutai que sa santé n'avait pas été oubliée; il me donna l'ordre, sur l'heure, d'expédier à Priolo un brevet de pension de 2000 fr., et de lui en payer moi-même la première année. Bernouin, son premier valet de chambre, me compta la somme en sa présence, et me la remit en louis d'or. Il n'en fallut pas davantage: Priolo se mit au travail, et composa l'histoire latine que je fis imprimer à mes frais chez Cramoisy, en 1662, pour faire voir à Son Éminence ce que Priolo pouvait faire, et le convaincre que c'était de bonne foi qu'il chantait la palinodie. Ce coup d'essai lui réussit. Par une munificence dont le riche intendant du plus riche favori était seul capable, M. Colbert engagea l'auteur à publier la suite de son histoire, et Priolo m'a confié qu'il avait reçu de lui dix mille écus pour les frais de l'impression, et la continuation de sa pension, sa vie durant.

CHAPITRE VIII.

Certes, son travail ne fut pas mal payé, comme on voit.[1]

Le Cardinal, sans récompenser toujours aussi bien, se montrait fort sensible aux éloges : je l'éprouvai moi-même dans l'occasion.

Si j'en crois l'inscription qu'il a fait graver en caractères de bronze doré sur le portail de Saint-Silvestre de Rome, où il fut baptisé, il n'y a point de doute qu'il ne fût Romain. Cependant tout le monde sait le contraire ; et il n'y a rien de si certain qu'il est né à Piscina, bourg des

---

[1] Ce *travail*, car ce mot est en effet le plus convenable quand il s'agit d'un ouvrage ainsi composé ; ce travail est intitulé *Benjamini Prioli ab excessu Ludovici* XIII, *de Rebus Gallicis historiarum Libri* XII. La meilleure édition est celle qui parut à Leipsick en 1686. L'anecdote qu'on vient de lire, et dont Bayle ne pouvait avoir eu connaissance, aurait apporté de grands changemens dans l'article qu'il a laissé sur Priolo.

Outre les *dix mille écus* que cet impartial historien reçut de Colbert, ce ministre augmenta sa pension, qui n'avait d'abord été que de deux mille francs : on trouve Priolo compris pour deux mille *cinq cents francs* dans l'état des pensions accordées par Louis XIV, en 1663. *Documens authentiques*, etc. Paris, 1827. (*Note de l'Édit.*)

Abruzzes. On ne pouvait cependant lui faire de plus grand plaisir que de lui dire qu'il était citoyen Romain. A l'exemple de ses adulateurs, je suivis le torrent, et lui mis un matin sur sa table, sans faire semblant de rien, un madrigal dont il parut charmé. « De qui sont ces vers ? me dit-il. — Un de mes amis les a faits », répondis-je assez froidement. Mais le Cardinal, qui devina la vérité, me dit d'une manière obligeante : « Je ne vous croyais pas si bon poète. — Votre Éminence, repartis-je, me fait trop d'honneur ; et la qualité de poète n'est pas celle que je désire le plus d'avoir auprès d'elle, eussé-je le mérite du Tasse. — Si la qualité de poète et d'excellent poète, me dit-il, vous choque, celle d'ami, peut-être ne vous déplaira pas, et je vous jure qu'après votre père vous n'en avez pas de meilleur que moi ; ainsi je crois que vous voudrez bien être le mien ». Je fis une profonde révérence, et depuis ce jour, je m'aperçus que Son Éminence me traitait avec une familiarité plus grande qu'elle n'avait fait encore. De temps en temps, je lui faisais ma cour par de semblables impromptu, et je ne m'en trouvais pas mal. Voici celui qui m'a forcé de faire cette petite digression :

MADRIGAL

POUR SON ÉMINENCE.

C'est elle qui parle.

 Rome m'a donné la naissance,
 Mais je ne tiens que de la France
 Mes dignités et ma grandeur ;
 Je la servis avec ardeur,
 Et j'en reçus la récompense
 Quand mes soins et ma vigilance
Ont élevé si haut sa gloire et sa splendeur.

Cette petite pièce fut cause qu'on me paya deux années de mes appointemens, que M. Fouquet me retenait sans sujet : n'eût-elle servi qu'à cela, c'était toujours quelque chose.[1]

---

[1] Il faut convenir que Son Éminence n'était pas d'un goût difficile. Mazarin cependant avait, comme Richelieu, des prétentions à la poésie : il se glorifiait d'avoir écrit, dans sa jeunesse, des vers italiens qui, pour le tour et la pensée, se rapprochaient, disait-il, des vers de Benserade, que la cour goûtait fort à cette époque. Aussi courtisan que poète, Benserade alla remercier Son Éminence, et se montra ravi

Que le Cardinal fût de Rome ou de Mazaro ; qu'il fût né gentilhomme ou non, je laisse ces difficultés à débrouiller aux généalogistes. Quoi qu'il en soit, il a marié ses nièces ; l'aînée (Laure) de Mancini, au duc de Mercœur ; la seconde (Olympia), au comte de Soissons, prince de la maison de Savoie, mort colonel des Suisses. Celle-ci est reléguée en Flandre pour des crimes qui ne sont pas connus. La troisième (Marie) fut mariée au connétable Colonne ; la quatrième (Hortense), au duc de la Meilleraie, que le Cardinal obligea, en l'épousant, de changer de nom et de porter désormais celui de duc de Mazarin, ensemble avec les armes de la maison Mazarine (si maison y a), sans même les écarteler de celles de la Porte, qui sont meilleures et plus connues. La cinquième (Marie-

---

de l'honneur qu'un pareil rapprochement faisait à ses vers. *Je tâcherai*, lui dit alors Mazarin, *de disposer le Roi à vous montrer l'estime qu'il fait de vos ouvrages*. Benserade eut bientôt après une pension de mille écus sur l'abbaye de Saint-Éloy.

Discours touchant la Vie de M. de Benserade, en tête de l'édition de ses œuvres, 1697. (*Note de l'Édit.*)

Anne) enfin, fut donnée pour femme au duc de Bouillon, quoiqu'elle ne fût encore qu'un enfant : elle a beaucoup d'esprit, mais point de jugement. L'aînée était belle et vertueuse; la seconde, laide et méchante; la troisième, ni belle ni laide, mais fine et dissimulée au possible, et qui, par sa mauvaise conduite, a obligé le connétable son mari de l'enfermer pour le reste de ses jours dans un couvent d'Espagne. Elle pensa épouser le Roi; au moins le bruit en courut; mais Dieu, qui a toujours protégé la France, la préserva de ce malheur. La quatrième, qui a épousé le duc Mazarin, est une folle achevée : elle n'a jamais aimé son mari, aussi n'est-il guère aimable; et maintenant elle court le monde, la plupart du temps, vêtue en homme. On dit qu'elle est en Angleterre, et ne doit jamais revenir en France. J'ai parlé de la cadette de toutes, et le peu que j'en ai dit suffit pour la faire connaître à ceux qui n'ont jamais vu sa petite figure.[1]

[1] *Voyez* (Note A) sur l'enfance de la duchesse de Bouillon, pendant la minorité de Louis XIV, une piquante anecdote qui peint les mœurs de cette époque et les singuliers

L'aînée des Martinozzi (Anne-Marie) eut le bonheur d'épouser le prince de Conti, prince du sang de France; et la cadette (Laura, que Moréri, dans son *Dictionnaire historique,* dit être l'aînée), le duc de Modène, dont elle a eu une fille, qui est présentement mariée au duc d'York, frère de Charles II, roi d'Angleterre : ces deux-ci sont bien demoiselles, de père au moins, et l'on peut dire qu'elles ont toujours été extrêmement sages et tout-à-fait vertueuses, surtout la princesse de Conti, morte en odeur de sainteté. Il eût été difficile au cardinal Mazarin de mieux marier ses nièces.

Il avait de plus trois neveux du côté des Mancini; l'aîné, qui promettait beaucoup, et que j'aimais tendrement, reçut un coup de mousquet dans le petit ventre au combat du faubourg Saint-Antoine. Il en mourut quelques semaines après à Saint-Denis, regretté du Roi, qui l'estimait fort. Toute la cour, à l'exemple du prince, le plaignit en apparence, plutôt à cause de la faveur de son oncle que pour

passe-temps que se donnaient la Reine, le Cardinal et la cour. (*Note de l'Édit.*)

l'amour qu'elle lui portait, car il était fier, et s'était fait peu d'amis; et je puis dire que, hors Fouilloux, qui fut tué à ses côtés au même combat, et moi, qui le visitai souvent dans sa maladie, il n'aimait personne. Le second neveu du cardinal Mazarini, est le duc de Nevers (Philippe), qui a partagé avec le duc Mazarin les grandes richesses et les meubles précieux de son oncle. Il ne manque pas d'esprit assurément, mais il est fainéant comme le sont la plupart des Italiens à leur aise, et ne fait autre vie que d'aller de Paris à Rome et de Rome à Paris, où on le voit plus souvent à l'opéra et à la comédie italienne qu'au Louvre et à l'église : je crois qu'à Rome c'est la même chose. Le troisième et dernier neveu (Alphonse), qu'on destinait à la profession ecclésiastique, fut tué dans le collége de Clermont, par un accident tout-à-fait bizarre, et qui toucha sensiblement le Cardinal.[1]

---

[1] Blot, célèbre chansonnier que son esprit caustique et ses refrains populaires rendirent véritablement redoutable du temps de la Fronde, fit sur la mort du marquis de Mancini, l'aîné des trois frères, un couplet ordurier qui n'honore ni les mœurs de l'oncle ni celles du neveu. On

Après avoir ainsi très brièvement parlé de la famille du Cardinal, je dois dire un mot de sa personne.

Il était d'une belle taille, un peu au-dessus de la médiocre. Il avait le teint vif et beau, les yeux pleins de feu, le nez grand et un peu élargi par le bout, mais qui ne laissait pas d'être assez bien proportionné au reste du visage; le front large et majestueux; les cheveux châtains et un peu crépus; la barbe plus noire et toujours bien relevée avec le fer, ce qui avait assez bonne grâce. Il avait grand soin de ses mains, qui étaient belles et propres. Il peignait bien

peut chercher ce couplet dans les chansons manuscrites : j'ai jugé convenable de l'y laisser.

Le duc de Nevers, dont parle ensuite Brienne, joua plus tard un rôle scandaleux dans les déréglemens de ses deux sœurs, la connétable Colonne et la duchesse de Mazarin.

Quant au plus jeune, ses camarades de collége le faisant sauter en l'air sur une couverture, un d'eux, par maladresse ou par méchanceté, dit-on, lâcha l'un des coins de la couverture, et le jeune Mancini se brisa la tête sur le pavé. Le Père Rapin composa, dans le temps, une pièce de vers latins sur ce malheureux accident. (*Note de l'Édit.*)

(c'est-à-dire que son caractère était bien formé), et il dictait mieux encore. Il était toujours fort parfumé, et il fallait lui parler bien matin pour s'apercevoir qu'il sentît mauvais. Quant à son esprit, qui lui a rendu de si bons services en sa vie, il était assurément fin, délié, pénétrant, sage, judicieux, grave, modeste, grand, élevé. Il avait du cœur, on ne peut le nier; et quoique quelques écrivains aient voulu le faire passer pour timide, je dois dire que je ne lui ai jamais vu de crainte pour la mort, que lorsqu'il se vit condamné des médecins. Dans tous les autres périls où il s'est trouvé, il n'a point montré de faiblesse. Il parlait bien, et toujours à propos. S'il raillait c'était sans médisance, et il fallait être bien sensible pour s'offenser de ses traits. La raillerie n'est point défendue : qui n'aime point à se voir railler ne doit point aller à la cour. Il faut beaucoup d'esprit pour se moquer des autres, et plus encore pour damer, comme on dit, le pion : c'est en quoi le Cardinal excellait. Peu de gens à la vérité, sur la fin de sa vie, s'avisaient de le railler en sa présence; mais il n'en avait pas été toujours ainsi.

Je ne lui ai jamais vu lire son bréviaire : peut-être avait-il un bref de Rome qui l'en dispensait. Il entendait la messe tous les jours, et communiait aux grandes fêtes ; c'est toujours quelque chose [1]. Du reste, il n'était pas scrupuleux : la pluralité des bénéfices ne l'embarrassait point ;

[1] On trouve dans les Mémoires écrits par la duchesse de Mazarin, ou plutôt par Saint-Réal, le passage suivant : « Une des choses sur lesquelles le Cardinal était le plus mécontent de nous, c'était la dévotion. Vous ne sauriez croire combien le peu que nous en avions le touchait ; il n'est point de raisons qu'il n'employât pour nous en inspirer. Une fois entre autres, se plaignant de ce que nous n'entendions pas la messe tous les jours, il nous reprocha que nous n'avions ni piété ni honneur. *Au moins*, disait-il, *si vous ne l'entendez pas pour Dieu, entendez-la pour le monde.* »
On pourrait, à la rigueur, élever des doutes sur ces paroles ; mais un témoignage irrécusable, celui de madame de Motteville, n'est pas plus favorable à Mazarin. « Il avait été soupçonné, dit-elle, de n'avoir pas eu beaucoup de religion. Sa jeunesse était déshonorée par une mauvaise réputation qu'il avait eue en Italie ; et, comme je l'ai dit en parlant de lui plus haut, il n'avait jamais témoigné assez de vénération pour les mystères les plus sacrés. » *Mémoires de madame de Motteville*, t. 5. (*Note de l'Édit.*)

CHAPITRE VIII.

il aimait les spectacles et la comédie, les ballets et les fêtes, mais le jeu surtout, auquel il donnait pour le moins autant de temps qu'à la direction des affaires publiques. Il supportait la perte impatiemment, et se montrait trop sensible au gain. D'ailleurs, il faisait bien ses parties, et prenait d'ordinaire un croupier qui savait mieux jouer que lui, tant il avait peur de perdre. Enfin (car je serais trop long sur ce chapitre, si je voulais dire ici tout ce que j'en sais), il croyait que tous les gros joueurs ayant la réputation de tromper, il ne lui était pas défendu de faire comme les autres, ce qu'il appelait d'un ton plus doux, *prendre ses avantages.*

CHAPITRE IX.

Le Cardinal aimait les présens. — Ruse qu'il emploie pour avoir, sans le payer, un très beau tableau du Corrège. — Autre anecdote qui peint son avarice. — Objets d'arts rassemblés par ses soins. — Ses tapisseries, ses bronzes, ses statues, ses tableaux. — Il veut, mais vainement, imiter Richelieu. — Le premier président de Bellièvre refusant de se rendre chez Mazarin, le ministre est forcé de l'aller trouver : — leur entrevue; — Mazarin n'y a pas l'avantage. — Le premier président lui rend sa visite. — Brienne le père et lui se vantaient de remettre Son Éminence sur le bon pied.

En observant avec soin le Cardinal, j'ai peu remarqué de défauts en lui qui ne puissent avoir pour excuse ou la nécessité des circonstances, ou les maximes de la politique, qui sont plus relâchées que celles de la morale chrétienne; mais sa passion dominante était l'avarice : il donnait de mauvaise grâce, et le moins qu'il pouvait; il recevait volontiers, et n'était jamais plus aise que lorsqu'on lui faisait des présens.

Le cardinal Antoine Barberin avait un excellent tableau du Corrège[1], qu'il aimait et qu'il

[1] *Le Sposalizzio.* Ce tableau, qui représente l'enfant

estimait fort : je crois que ce tableau vaut, à bon marché, deux mille écus. Le cardinal Mazarin en avait grande envie, mais il n'eût osé lui demander ; et quand il le lui aurait demandé, l'autre peut-être ne le lui aurait pas donné. Il s'avisa donc de le faire demander par la Reine. Le cardinal Antoine ne put parer ce coup; il fallut faire venir le tableau de Rome, où il était: on envoya une personne exprès le quérir, et aussitôt qu'il fut arrivé, l'éminent Barberin le porta lui-même à la Reine, qui par honneur le fit attacher, devant lui, dans sa chambre du lit; mais il n'eut pas le dos tourné qu'elle en fit présent à Mazarin, qui avait conduit cette longue intrigue pour être possesseur d'un tableau. Le cardinal Antoine se voyant pris pour dupe, en eut quelque chagrin : il aurait bien voulu reprendre son tableau, et disait volontiers à qui voulait l'entendre n'avoir eu intention de le donner qu'à la couronne; mais le cardinal Mazarini gardait trop bien ce qu'il tenait pour le rendre.

Jésus assis sur les genoux de la Vierge, et donnant, en présence de saint Sébastien, l'anneau nuptial à sainte Catherine, appartient encore au Musée royal. (*Note de l'Édit.*)

Après sa mort, le cardinal Antoine pria le Roi de se souvenir que ce tableau appartenait à Sa Majesté, et de cette sorte il fut placé dans le cabinet du Louvre, avec quelques autres que le duc Mazarin y fit porter tout d'un temps, parce qu'ils représentaient des nudités [1]. Mais revenons au Cardinal.

---

[1] Les deux grandes Vénus, l'une du Titien et l'autre du Corrège, avec le Déluge d'Antoine Carrache, furent de ce nombre; ils furent ainsi sauvés du feu auquel, sans doute, le dévot légataire du Cardinal les aurait condamnés, s'il n'eût craint de déplaire au Roi. Sa Majesté lui fit ôter aussi, depuis, les plus belles statues de ses galeries, pour avoir eu la cruauté de châtrer de sa main ces marbres vivans.* (*Note de Brienne.*)

* Armand-Charles de la Porte, marquis de la Meilleraie, avait pris le nom de duc de Mazarin en épousant la belle Hortense Mancini. Le Cardinal lui laissa des biens immenses, et tous les monumens d'arts qu'il avait rassemblés à grands frais. On sait que, dans un accès de dévotion, le duc de Mazarin alla lui-même un matin, dans sa galerie, mutiler à coups de marteau des statues antiques d'un prix inestimable. Colbert vint de la part du Roi lui demander ce qui avait pu le pousser à faire une pareille action : *Ma conscience*, répondit-il. *Mais, monsieur*, reprit Colbert, *pourquoi donc avez-vous dans votre chambre cette tapisserie de Mars et Vénus? — Ah! monsieur*, lui dit le duc de Mazarin, *ce sont des tapisseries de la maison de la Porte!* L'or-

Il était curieux sans toutefois se connaître parfaitement aux belles choses, excepté aux pierreries, auxquelles il se connaissait en perfection. Lescot, son orfévre-joaillier, a bien fait ses affaires avec lui. Quand il lui arrivait quelques tableaux d'Italie, il faisait venir Mignard, à l'heure même, pour se trouver à l'ouverture des ballots, et lui en dire son sentiment. Un certain peintre d'Italie, dont j'ai oublié le nom, l'avait beaucoup trompé en lui vendant, pour des originaux, des copies qu'il avait faites, et qu'il avait le secret de faire paraître vieilles, quoiqu'elles fussent tout fraîchement sorties de ses mains. Cela avait presque dégoûté le Cardinal de la curiosité : d'autres plus fins que lui auraient été trompés. Je me trouvais une fois à l'arrivée d'un tableau de Lanfranc, qu'on lui avait

gueil du sang l'emportait ainsi dans son esprit même sur la dévotion la plus mal entendue.

« Le Roi le plaignit et le laissa faire, dit l'abbé de Choisy dans ses Mémoires. Mais il n'oublia pas ce fait héroïque; et, plus de quatre ans après, en visitant les bâtimens du Louvre, et voyant un marteau sur un degré, il se tourna vers Perrault, contrôleur des bâtimens, et lui dit : Voilà une arme dont le duc de Mazarin se sert fort bien. » (*Voyez*, sur le duc de Mazarin, une note du chapitre XVII.) (*Note de l'Édit.*)

vendu pour être d'Annibal Carrache; il m'en demanda mon avis, et je dis que je ne croyais pas qu'il fût de la main d'Annibal, mais qu'il ne laissait pas d'être original et parfaitement beau. Jabach était présent, et dit que le cavalier Lanfranc l'avait fait; Mignard ajouta : il est vrai, mais c'est sur le dessin du Carrache. Le Cardinal ne savait que penser. Cependant le dessin lui plaisait; il prit donc le parti de le garder, et nous défendit de dire qu'on l'avait fourbé. Je riais sous cape de voir un homme si riche, embarrassé pour si peu de chose. La vérité, pour le coup, disais-je en moi-même, est bien puissante, puisqu'elle nous découvre le fond d'une âme qui d'ailleurs sait si bien se cacher. En effet, il balança long-temps pour savoir si, de gré ou de force, il ferait reprendre cette peinture à celui qui la lui avait vendue trop cher : Il y a, disait-il, sur le prix, lésion de plus de moitié; et de plus, ajoutait-il, ce tableau n'est pas d'Annibal. Je pensai lui offrir de prendre ce tableau pour ce qu'il lui coûtait; mais Jabach, ayant fait ce que je n'osais faire, quoique j'en eusse fort envie, le Cardinal l'aurait pris au mot, si Mignard, qui jugeait la pièce excellente, ne l'eût assuré qu'elle valait bien l'argent qu'elle lui coûtait. Depuis cet arrêt prononcé, le tableau n'eut plus de prix; et Son Éminence nous disait, d'un air content et satisfait : Je ne le donnerais pas pour mille pistoles. Je me suis un peu étendu sur ce fait, peu important à savoir; mais j'ai cru devoir le rapporter tel qu'il est, pour mieux faire connaître au lecteur le caractère et l'esprit de celui dont je fais le portrait.

Jamais particulier n'assembla plus de statues, d'urnes, de bas-reliefs et de tableaux. Qui ne sait que les plus belles tapisseries de Flandre et d'Espagne, d'Italie et de France étaient dans ses appartemens? Il suffit de dire que le Scipion du maréchal de Saint-André, et les Actes des Apôtres de feu Lopez, juif portugais, lui étaient venus je ne sais comment. Le roi d'Espagne lui fit présent des travaux d'Hercule, exécutés sur les dessins du Titien, et si je ne me trompe, tout rehaussés d'or; et dom Louis de Haro lui donna une excellente tenture de tapisseries, fabrique de Bruges, représentant les douze mois de l'année, copiée avec beaucoup de soin sur les dessins d'un Flamand, élève de Raphaël, et dont le nom ne me revient pas présentement. Il avait, outre cela, trente autres tentures de tapisseries au moins, les unes peintes à Rome sur de la toile d'argent, les autres de brocard d'or, à fleurs de velours de diverses couleurs découpées à Milan, et appliquées sur des fonds de velours très riches avec une grande dépense et un artifice merveilleux; des verdures de Flandre en quantité; des tapisseries antiques de toute sorte, des modernes faites au Louvre, à la planche, aux Gobelins ; enfin tout ce qui peut servir au luxe et à la magnificence des plus grands princes de la terre. Que de tables et de buffets de Florence toutes de pierres de couleur rapportées à la mosaïque! que de chenets et de brasiers d'argent, de lustres de cristal et d'orfévrerie! Combien de bras et de plaques de vermeil doré! combien de cabinets de la Chine et d'ébène! combien de miroirs garnis de plaques d'or et d'argent, d'écailles de tortue découpées, et d'ivoire façonné par d'excellens sculpteurs! combien de tapis de Perse, de Turquie et de la Savonnerie! En un mot combien de richesses et de somptuosités amoncelées dans ses galetas, qu'on eût plutôt pris pour une foire, ou pour une friperie si l'on veut, que pour le garde-meuble d'un cardinal et d'un ministre.

Je ne puis nombrer les tableaux et les statues, cela passe l'imagination : je dirai seulement que, outre la sainte Catherine du Corrège dont j'ai parlé, et les trois autres tableaux dont j'ai aussi fait mention plus haut dans une note, et qui venaient du cabinet du feu roi d'Angleterre, il avait encore eu, par le moyen de M. de Bordeaux, ambassadeur de France, un petit tableau du Corrège en détrempe, dont Jabach avait acheté le compagne, et qui sont l'un et l'autre réunis dans le cabinet du Roi. M. de Bordeaux, de plus, lui avait fait présent (car je doute qu'il l'ait remboursé de ses frais) d'un tableau de la main de Wandyck de son meilleur temps, dans lequel le peintre a représenté toute la famille du roi d'Angleterre d'une manière tout-à-fait galante. Je n'ai rien vu de mieux de lui. Le Cardinal avait encore parmi ses meilleurs tableaux, 1°. une Vierge de Raphaël qu'il avait reçue en cadeau de M. de Fontenay; 2°.* un grand paysage du Dominiquin, dont M. le duc Mazarin me fit présent après la mort de Son Excellence. Il y a des pêcheurs sur le devant qui tirent leurs filets d'un lac que le peintre a représenté d'une manière plus qu'humaine ; une barque, dans laquelle il y a des musiciens et quelques femmes, flotte doucement sur cette mer pacifique, au gré du zéphyr, et les arbres dont elle est environnée sont d'une merveilleuse fraîcheur. Il me donna, outre cela, un petit pont, d'Annibal Carrache*, que le Roi a depuis gagné à la paume, au duc de Richelieu (quand il lui gagna tous ces tableaux que Le Brun n'estima que 150,000 liv., quoiqu'ils valussent le double). [1]

---

[1] Tous les tableaux marqués d'une étoile dans ce chapitre, enrichissent encore à présent la galerie du Musée : j'ai cru devoir conserver soigneusement ces détails, qui ne sont point sans intérêt pour l'histoire des arts. Brienne, qui les aimait presque autant que les lettres, fit imprimer à Paris, en 1662, une Description de son cabinet de tableaux ; cette Description, écrite en latin, est adressée à Constantin-Huygens de Zuylichem, ambassadeur du prince d'Orange, et poète latin fort célèbre lui-même. Ce petit

CHAPITRE IX.

3°. * Un excellent tableau du Guide représentant notre Seigneur au jardin des Olives dans les peines de l'agonie : divers petits anges soutenus en l'air sur leurs ailes, lui montrent les instrumens de sa passion. Ce tableau fut envoyé par le duc de Mazarin, en présent, à la duchesse de Chevreuse la douairière, qui depuis l'a vendu,

écrit de quinze pages, que M. Van Praët a bien voulu rechercher pour moi dans l'immensité de la Bibliothéque royale, est intitulé *Ludovicus Henricus Lomenius Briennæ comes, Regi a consiliis, actis et epistolis, de Pinacothecâ suâ.*

Le tableau du Dominiquin, dont Brienne vient de parler plus haut, s'y trouve ainsi décrit.

Nunc ecce deliciæ meæ frigida Tempe, ubi solers Dominichinus ipsam umbram voluptatis effinxit. Stagnum est ubi genitalis aura Favoni leniter crispatur, hilarisque chorus ludit toto æquore, et vario ordine faciles aquas secat : piscatores prædâ lasciviunt.

Il a mis plus de grâce encore dans la description du petit tableau peint par le Carrache, et gagné par le Roi à la paume. La voici :

Nihil amœnius insubricâ illâ festivitate, ubi passim immixti senibus juvenes, rustici nobilibus, matronæ cum paganis tripudiant, choreas ducunt ; oculis si credas, aures cantu mulcentur : totum hìc se Caracius prodit. (*Note de l'Édit.*)

et je ne sais ce qu'il est devenu; il vaut au moins 6000 livres.

4°. * Un autre, de Lanfranc, qui est celui dont j'ai parlé plus haut, et qui jeta le Cardinal dans une si grande incertitude. Le peintre y a représenté la séparation des Apôtres saint Pierre et saint Paul, se disant le dernier adieu pour aller chacun de son côté au martyre. La ville de Rome se voit dans le lointain, et les murailles sont chargées d'une grande multitude de peuple de tout âge. Les bourreaux sont désignés d'un grand goût. [1]

5°. * Une petite Annonciation d'Annibal Carrache, dont j'ai voulu donner 200 louis d'or au duc Mazarin, qui ne voulut pas s'en défaire,

[1] J'eus depuis ce tableau en mon pouvoir par le moyen du duc de Nevers, qui me le donna en paiement d'une somme assez considérable que je lui avais gagnée au jeu. Je le vendis à Jabach lorsque je me défis de mon cabinet, et il doit l'avoir encore : c'est un très beau tableau, et il vaut trois mille francs à bon marché. * (*Note de Brienne.*)

* Brienne décrit en ces mots ce tableau de Lanfranc, dans la brochure latine que j'ai déjà citée.

Superiùs spatiosior tabula, audaciore Lanfranci penicillo, repræsentat principes Apostolorum hinc et indè pro mœnibus urbis ab impiá turbá ultimum ad supplicium distractos. (*Note de l'Edit.*)

peut-être à cause que c'est un tableau de dévotion.

6°. Un autre, de la main d'André Sacchi, représentant une vision de saint Romuald; j'en fais grand cas.

7°. *Un David jouant de la harpe, de la meilleure manière du Dominiquin. Le Roi l'a présentement dans son cabinet, et Felibien l'a fait graver.

8°. *Le martyre de saint Étienne, par Annibal, que le Roi a aussi, et qui est pareillement gravé par les soins du même sieur Felibien.

9°. Un fort beau paysage du Gobbo, dont j'avais bien envie, mais que je n'osai faire demander à M. le duc Mazarin, qui me l'aurait donné volontiers lorsqu'il me fit l'honneur de m'envoyer si généreusement les trois autres (car il y avait aussi un petit paysage d'Annibal) dont j'ai parlé.[1]

---

[1] Ce dernier, qui était peu de chose, était le compagne d'une fuite en Egypte, du même, que j'avais; ce qui fit que je le préférai à un meilleur, M. le duc Mazarin, de sa grâce, m'ayant permis de choisir sur tous les tableaux du défunt ceux qui me plaisaient le plus. Je choisis donc le

10°. Enfin, une chambre entière toute pleine de portraits, tous de grands maîtres, entre lesquels je me souviens qu'étaient ceux des deux Mignard, le frère ayant peint son frère, chacun de son mieux; et cela par une noble émulation, dont peut-être il ne se trouve point d'exemple.

Avec tout cela, on ne peut pas dire que le cardinal eût un goût fin pour la peinture. Il n'y avait parmi ce grand amas de tableaux, ni Poussins, ni paysage de Claude Lorrain; point d'Albanes ni de Guerchins; pas un seul Paul Véronèse; deux cadres du Guide seulement; celui dont j'ai parlé et une Vierge vêtue de blanc, qui travaillait à l'aiguille sur un carreau, de laquelle le duc Mazarin fit présent à madame la

---

paysage du Dominiquin et le petit Pont du Carrache, qui est ravissant, et cet autre petit tableau, du même, pour accompagner celui que j'avais. Ce présent valait bien six mille francs; et je crois les avoir vendus autant quand je renonçai à la curiosité, pour ne penser plus qu'à servir Dieu dans la retraite où il m'appelait, et où néanmoins je ne serais jamais entré si j'avais cru en devoir sortir. (*Note de Brienne.*)

princesse de Conti. En un mot, je ne me souviens point d'avoir remarqué dans ses salons, dont les plafonds étaient peints de la main de Romanelli, aucun tableau de Pietro di Cortona son maître; et pour moi, qui m'y connais un peu, j'aurais préféré quatre tableaux de la galerie de Vrillière à tous ceux du Cardinal, si l'on en excepte les trois Corrèges et la grande Vénus du Titien, que le Roi a pris. Je me suis un peu étendu sur cet article, mais c'est qu'on aime à parler des choses qu'on sait. Revenons donc tout court au Cardinal, et tâchons de ne le plus perdre de vue.

Il aurait bien voulu se mettre à la cour de France sur le même pied qu'était son prédécesseur; mais il y avait une telle différence du cardinal de Richelieu au cardinal Mazarini, et pour les manières et pour la conduite, que celui-là était estimé même de ceux qui le craignaient davantage, et que celui-ci n'était estimé ni craint de personne. Or, sans parler du différend qu'ils eurent, M. le Prince et lui, pour la préséance, qui, en tous lieux hors à l'église, fut adjugée aux princes du sang, au-dessus des cardinaux, il suffit de rapporter ce qui se passa entre lui et le premier président de Bellièvre; j'en fus témoin.[1]

[1] Pomponne de Bellièvre, premier président au parlement de Paris, était craint à la cour et considéré dans sa compagnie. « Il agissait si sagement dans la conduite des « affaires générales, dit un écrivain du temps, qu'il donnait « des chagrins au premier ministre, sans lui donner un « sujet de se plaindre de lui. » Il savait allier, avec beaucoup d'art, la modération et la fermeté : un extérieur calme et froid rendait les saillies de son esprit encore plus piquantes. Dans une circonstance où la réconciliation des frondeurs avec la cour paraissait inévitable, le duc de Beaufort, qui voulait empêcher ce raccommodement, demanda par forme d'avis, au président de Bellièvre, si en donnant un soufflet au duc d'Elbœuf, il ne changerait point la face des affaires. M. de Bellièvre lui répondit aussitôt, avec un sang-froid plus digne de sa gravité que de la question : Je ne crois pas, monsieur, que cela pût changer autre chose que la face de M. d'Elbœuf.

Sa réputation d'homme bienfaisant doit égaler au moins celle d'homme d'esprit. Paris dut à la charité du président la fondation de l'Hôpital général. Les détails qu'on trouve, à ce sujet, dans Perrault (*Hommes illustres*, p. 54) peuvent donner une idée de ce qu'était alors la population pauvre au sein de Paris. « Il avait remarqué qu'il y a une nation « sur la terre qui ne connaît presque point de Dieu, qui né

Le Cardinal lui envoya dire par un de ses gentilshommes ordinaires (car il en avait aussi-bien que le Roi) qu'il désirait lui parler. Le premier président répondit : « Si Son Éminence désire me voir, elle sait bien où je loge, et l'on me trouve toujours au Palais, ou chez moi. » Le gentilhomme rapporta la réponse fidèlement à son maître, et le Cardinal dit seulement : « Force est bien que je l'aille voir, puisqu'il ne veut pas me faire cet honneur. » En effet, il y fut dès l'après-dînée même.

Je l'accompagnai par hasard dans cette visite,

« se soucie ni des sciences ni des lois, qui a pour règle de
« faire tout ce qu'elle peut faire impunément, et qui n'est
« retenue ni par la pudeur ni par l'honnêteté. M. de Bellièvre
« entreprit de civiliser cette nation farouche et brutale, et
« de lui donner de la religion, des lois et de la pudeur.
« Cette entreprise parut d'abord une pure idée; mais l'ex-
« périence a fait voir qu'elle n'était pas d'une exécution im-
« possible : il en vint à bout par ses soins et avec le secours
« de ses charités particulières, qui furent très considérables.
« Plusieurs ont assuré qu'une des principales raisons qui
« l'ont empêché de se marier a été l'amour des pauvres et
« le plaisir de n'avoir qu'eux seuls pour enfans. » (*Note de l'Édit.*)

qui assurément ne lui plaisait pas. « Il faut bien venir voir monsieur le premier président, lui dit-il, puisque ses grandes occupations ne lui donnent pas le temps de venir jusqu'au Louvre. » Le premier président répondit en souriant : « Je suis si honoré des visites de Son Éminence que j'aurais tort de m'en priver en lui faisant ma cour trop assidûment. » Le Cardinal repartit : « Je vous loue, monsieur, d'être si assidu aux devoirs de votre charge, que vous ne puissiez même trouver un moment pour me venir parler, lorsque je vous envoie quérir de la part du Roi. — J'irai savoir de Sa Majesté ce qu'elle m'ordonne, » reprit M. de Bellièvre. « Il n'est pas nécessaire, ajouta le Cardinal avec quelque émotion, puisque je viens pour vous l'apprendre moi-même. » En achevant ces paroles, il fit signe à ceux qui l'avaient accompagné de se retirer. Ils furent bien deux grosses heures en conférence, et le Cardinal élevait souvent la voix, ce qui nous faisait juger qu'il parlait avec chaleur.

Quand l'audience fut finie, M. le premier président le vint reconduire avec beaucoup de gravité, et ils ne parlèrent sur le degré que de choses indifférentes. Le lendemain, il ne manqua pas, sur les onze heures, de venir rendre la visite au Cardinal. J'étais dans sa chambre lorsque M. de Bellièvre y entra. « Vous voyez, monsieur, lui dit-il, que je viens quand je ne suis point mandé. L'heure n'est-elle point incommode? » Le Cardinal se prit à rire, moitié figue, moitié raisin, comme on dit, et répliqua : « A quelque heure que vienne M. le premier président, il est toujours le bien-venu »; au même instant, nous nous retirâmes, MM. les surintendans Servin et Fouquet, M. le maréchal de Villeroy, et moi. Je sortis comme les autres; mais Son Éminence me dit de ne pas m'en aller. La visite du premier président fut fort courte, et je rentrai dans la chambre de Son Éminence aussitôt qu'il en fut sorti.

Lorsqu'elle me vit, elle me dit : « M. de Bellièvre est admirable, il me vient voir quand je ne le mande point, et il n'y vient pas lorsque je l'envoie quérir. Qu'en pensez-vous? » Je répondis : « Je ne sais, monseigneur, s'il fait trop mal, puisqu'il se procure par ce moyen un honneur que sans cela, peut-être, Votre Éminence lui ferait fort rarement. » Le Cardinal se prit à rire, et me dit : « Je sais bon gré au fils de M. de Brienne, qui n'est guère moins chatouilleux sur le point d'honneur que le premier président, de me parler ainsi. » Comme je n'avais plus rien de bon à dire, je me contentai de faire une inclination de la tête sans répondre un seul mot; et le Cardinal m'ayant donné ses ordres, je les fus exécuter.

Étant arrivé chez mon père, où je logeais encore, je lui contai l'entretien que je venais d'avoir avec Son Éminence. « Vous ne m'apprenez rien de nouveau, me dit-il; il y a longtemps que M. le premier président et moi avons accoutumé le Cardinal à nos manières; elles ne lui plaisent pas toujours, mais nous ne saurions qu'y faire; et comme nous ne sommes pas gens à souffrir d'être traités en valets, il est bon de temps en temps de remettre Son Éminence sur le bon pied. » En effet M. de Brienne était l'homme de la cour qui contraignait davantage le Cardinal, et lui tenait tête le plus fortement, lorsqu'il croyait avoir raison. Son Éminence s'en est plaint plus d'une fois à moi en particulier; et, comme je me montrais plus facile, il s'accommodait mieux du fils que du père.

CHAPITRE X.

Liaison de la Reine et de Mazarin. — Bruits injurieux de la cour à ce sujet. — Madame de Brienne dans l'oratoire de la Reine. — Confidence mystérieuse qu'elle y reçoit de cette princesse. — Serment que fait la Reine, sur un reliquaire, de ne plus écouter Mazarin. — Ingratitude du Cardinal envers elle. — Il lui reproche d'être dévote seulement par nécessité, d'aimer la bonne chère, et de se montrer trop prodigue. — Pierres destinées à la construction du Louvre, et qu'Anne d'Autriche donne par brevet à sa femme de chambre. — Cause de la mésintelligence qui éclate entre la Reine et le Cardinal. — Louis XIV amoureux de Marie Mancini. — Le Cardinal ne s'oppose qu'en apparence à leur mariage. — Consultation faite en secret, et protestation dressée par ordre de la Reine. — Projets d'alliance avec l'Espagne.

Pour revenir au Cardinal, dont je ne flatterai point le portrait, il faut dire, contre l'opinion commune, que les dernières années de son ministère sont, à mon sens, les moins glorieuses de sa vie. Ce paradoxe pourra sembler étrange aux courtisans qui l'ont adoré pendant son pouvoir; mais pour moi, qui en juge autrement, ce favori ne m'a jamais paru si grand que dans sa disgrâce. L'adversité ne fit point mollir son courage, et jamais devise ne fut plus juste que celle qu'on fit pour lui, durant les violens orages qui grondèrent sur sa tête. Elle avait pour corps un rocher battu des flots, avec ces mots : *Quàm frustra, et murmure quanto !* « Qu'ils font de bruit, et que c'est vainement! » Mais comme la bonté seule de la Reine avait conjuré cette effroyable tempête, il semblait que le Cardinal en dût avoir plus de reconnaissance qu'il n'en témoigna pour sa généreuse libératrice, lorsqu'il revint de son exil.

Tout le monde sait ce que la médisance a publié de leur passion mutuelle. Les cabinets des curieux sont remplis de libelles diffamatoires sur ce sujet [1]. La détractation publique et par-

---

[1] Peu de princesses, si ce n'est peut-être une autre reine de France, l'infortunée Marie-Antoinette, furent en butte à plus de traits injurieux, furent déchirées dans plus de libelles que la reine Anne d'Autriche. La timidité naturelle à Mazarin, et l'esprit dont le peuple était animé sous la Fronde, dérobaient les coupables à toutes les poursuites. Guy-Patin parle, dans ses Lettres, t. v, p. 31, d'un imprimeur nommé Marlet, qui, condamné à être pendu pour

ticulière n'a jamais été poussée plus loin; et cette tache, que tant de plumes séditieuses se sont efforcées d'imprimer au nom d'une vertueuse princesse, lui fera moins de tort dans les siècles à venir qu'elle ne fera de honte à notre histoire. Peut-être, et je ne le désavoue pas, la Reine accorda-t-elle son estime au Cardinal avec trop peu de ménagement. Quoiqu'il n'y eût sans doute en cela rien que d'innocent, le monde, qui sera toujours méchant, ne put s'empêcher d'en parler en des termes peu respectueux; et la licence alla si loin, que chacun crut voir ce qui n'était pas, et que ceux mêmes qui le croyaient

avoir mis sous presse une pièce de vers contre la Reine, fut arraché des mains des archers par le peuple, qui en blessa plusieurs. La pièce imprimée par Marlet est un tissu d'outrages, et le premier vers cité par Guy-Patin n'est pas le plus sanglant; elle est intitulée *La custode du lit de la Reine*. Cette custode tient un singulier langage et dit d'étranges choses. Les Mémoires du temps parlent aussi d'une dame Anne, harengère, qui chantait dans les rues des couplets obscènes contre la Reine. Quand l'ordre fut rétabli, elle fut mise en prison; mais sa captivité ne fit que mieux éclater la générosité d'Anne d'Autriche. (*Voyez* Note B.) (*Note de l'Édit.*)

CHAPITRE X.

le moins, l'assuraient comme véritable. La galanterie de la Reine, s'il y en a eu, était toute spirituelle : elle était dans les mœurs, dans le caractère espagnol, et tenait de ces sortes d'amours qui n'inspirent point de souillure : j'en puis du moins juger ainsi d'après ce que m'a raconté ma mère. La Reine avait pour elle beaucoup de bontés, et ma mère, qui l'aimait sincèrement, osa l'entretenir un jour de tous ces mauvais propos. Voici comment la chose se passa.

C'était à l'époque où la faveur du Cardinal auprès de la Reine éclatait librement aux yeux de la cour, et quand le monde malin, comme j'ai déjà dit, et ne puis trop répéter, faisait le plus de bruit de leurs prétendues amours. Madame de Brienne s'était un soir recueillie, selon sa coutume, quelques instans dans l'oratoire de la Reine. Sa Majesté y entra sans l'apercevoir : elle avait un chapelet dans une de ses mains ; elle s'agenouilla, soupira, et parut tomber alors dans une méditation profonde. Un mouvement que fit ma mère la tira de sa rêverie. « Est-ce vous, madame de Brienne ? lui dit Sa

« Majesté. Venez; prions ensemble, nous serons
« mieux exaucées. » Quand la prière fut finie,
ma mère, cette véritable amie, ou, pour parler plus respectueusement, cette servante fidèle demanda permission à Sa Majesté de lui parler avec franchise sur ce qu'on disait d'elle et du Cardinal. La bonne Reine, en l'embrassant cordialement, lui permit de parler. Ma mère le fit alors avec tout le ménagement possible; mais comme elle ne déguisait rien à la Reine de tout ce que la médisance publiait contre sa vertu, elle s'aperçut, sans en faire semblant, ainsi qu'elle me l'a dit elle-même après m'avoir engagé au secret, que plus d'une fois Sa Majesté rougit *jusque dans le blanc des yeux* : ce furent ses propres paroles.

Enfin, lorsqu'elle eut fini, la Reine, les yeux mouillés de larmes, lui répondit : « Pourquoi,
« ma chère, ne m'as-tu pas dit cela plus tôt?
« Je t'avoue que je l'aime, et je te puis dire
« même tendrement; mais l'affection que je lui
« porte ne va pas jusqu'à l'amour, ou si elle y
« va, sans que je le sache, mes sens n'y ont
« point de part; mon esprit seulement est

« charmé de la beauté de son esprit. Cela serait-il
« criminel ? ne me flatte point : s'il y a même,
« dans cet amour, l'ombre du péché, j'y renonce
« dès maintenant devant Dieu, et devant les
« saints dont les reliques reposent en cet ora-
« toire. Je ne lui parlerai désormais, je t'assure,
« que des affaires de l'État, et romprai la con-
« versation dès qu'il me parlera d'autre chose. »
Ma mère, qui était à genoux, lui prit la main,
la baisa, la plaça près d'un reliquaire qu'elle
venait de prendre sur l'autel : « Jurez-moi, ma-
« dame, dit-elle, je vous en supplie, jurez-moi,
« sur ces saintes reliques, de tenir à jamais ce
« que vous venez de promettre à Dieu. — Je le
« jure, dit la Reine en posant sa main sur le re-
« liquaire, et je prie Dieu, de plus, de me pu-
« nir si j'y sais le moindre mal. — Ah ! c'en est
« trop, reprit ma mère tout en pleurs : Dieu
« est juste, et sa bonté, n'en doutez pas, ma-
« dame, fera bientôt connaître votre innocence. »
Elles se remirent ensuite à prier tout de nouveau ; et celle dont j'ai su ce fait, que je n'ai pas
cru devoir taire, à présent que la Reine a reçu
dans le ciel la récompense de ses bonnes œu-

vres, m'a dit plusieurs fois qu'elles ne prièrent jamais l'une et l'autre de meilleur cœur. Quand elles eurent achevé leur oraison, que cet incident prolongea plus que de coutume, madame de Brienne conjura la Reine de lui garder le secret. Sa Majesté le lui promit, et en effet elle ne s'est jamais aperçue que la Reine en ait parlé au Cardinal, ce qui, à mon avis, est une grande preuve de son innocence.[1]

[1] Presque tous les Mémoires du temps parlent de l'oratoire où cette scène eut lieu. La Reine y passait plusieurs heures dans la journée : il y était au moins aussi souvent question d'intrigues politiques que de prières et d'oraisons. C'est dans cet oratoire que parvenaient, après de longs détours, et par un escalier dérobé, ceux qu'elle voulait, pendant les troubles civils, cacher à tous les regards; c'est dans cet oratoire qu'elle alla s'agenouiller avec le jeune Roi son fils, tandis que Guitaut arrêtait les princes de Condé, de Longueville et de Conti dans la salle où se tenait le conseil; c'est dans cet oratoire qu'après un long entretien avec le fameux coadjuteur de Retz, elle lui dit en lui tendant la main : *Touchez là, et vous êtes après-demain cardinal et* LE SECOND *de mes amis.*

Les reliques sur lesquelles Anne d'Autriche jura de ne plus écouter Mazarin, quand *il lui parlerait d'autre chose,*

Mais si cette bonne princesse (car la bonté fut toujours la plus éclatante de ses vertus), eut tant d'estime pour le Cardinal, on peut dire, sans blesser la vérité, qu'il reconnut mal de si grandes faveurs. J'étais à toute heure dans la chambre de cet ingrat favori, et je lui ai ouï dire plusieurs choses qui marquaient assez le peu d'attachement qu'il avait pour elle, ce qui m'a toujours, depuis, donné lieu de douter s'il avait jamais eu pour la Reine, sa bienfaitrice, une véritable passion. Ce n'est pas que les plus fidèles amans n'en viennent quelquefois à ces

étaient l'objet particulier de sa vénération ; à sa mort, elle laissa par son testament ce reliquaire précieux à l'abbaye du Val-de-Grâce.

Quant aux bruits répandus sur les sentimens qu'Anne d'Autriche laissait trop souvent éclater en faveur du Cardinal, plusieurs des plus fidèles serviteurs de la Reine avaient osé lui faire, à ce sujet, des représentations et lui donner des avis. La Porte, qui, après avoir tant souffert pour sa cause, se croyait tout permis, poussa même le zèle jusqu'à l'indiscrétion (*Voyez* Note C). Soit fierté, soit défiance, la Reine ne crut jamais devoir à d'autres l'explication ou l'aveu qu'elle ne put refuser à l'amitié sincère de madame de Brienne. (*Note de l'Édit.*)

extrémités, mais ils s'en repentent bientôt; et d'ordinaire ces bourrasques, qui durent peu, sont suivies d'un calme fort doux. Tout bien considéré, le Cardinal, quand il faisait semblant d'aimer la Reine, n'aimait effectivement que les biens immenses qu'il recevait d'elle : cela se peut appeler ambition, mais non pas amour; passions si différentes, que pour peu qu'on ait aimé en sa vie, il est impossible de s'y méprendre.

Un amant aurait-il pu dire de celle qu'il aurait adorée : « Qu'elle n'avait point d'esprit; que,
« sans lui, elle n'aurait su gouverner la barque
« de la France; qu'elle avait plus d'affection
« pour la maison d'Autriche que pour la maison
« dans laquelle elle était entrée; que le Roi son
« époux avait eu juste sujet de la haïr et de se
« défier d'elle; qu'elle n'était dévote que par né-
« cessité; qu'elle n'avait de goût que pour la
« bonne chère, et ne se mettait point en peine
« du reste », et mille autres choses de cette nature, ou pour mieux dire, de cette force, que j'ai entendues cent fois de mes propres oreilles, non sans beaucoup d'indignation. Je me rappelle entre autres quel fut l'objet d'une de ces

sorties. La Reine avait fait don, par brevet, à la Beauvais, sa femme de chambre, d'une grande quantité de pierres destinées au bâtiment du Louvre. « Il faut avoir perdu l'esprit, s'écria le « Cardinal, pour faire de telles gratifications. Le « feu Roi n'en aurait pas usé ainsi; et en bonne « justice, on devrait démolir l'hôtel Beauvais, « pour rendre au Louvre ce qui lui appartient. » Il prononça ces paroles avec cet esprit d'avarice qui était sa passion dominante. Quarante millions, et autant d'abbayes, qu'il avait acquis par son savoir-faire, ne lui semblaient pas trop pour lui; mais il ne pouvait souffrir qu'une princesse libérale donnât, à la personne qui la servait bien et qu'elle aimait, quelques pierres pour bâtir sa maison.

Cela me mit en colère, et j'avertis la Reine, qui me fit cette réponse : « Si je les lui avais « données, il n'en aurait pas fait de bruit; mais « Cathaut (elle appelait ainsi la Beauvais) aura, « quoi qu'il en dise, les pierres qu'elle m'a de- « mandées. Je le trouve plaisant, ajouta-t-elle, « de contrôler mes libéralités, lui à qui j'ai tant « fait de bien, et qui en a encore plus pris que

« je ne lui en ai donné! » Elle rougit en prononçant ces paroles ; et je m'aperçus bien que leur rupture était sans retour.[1]

J'ai ouï dire, et je trouve à cela beaucoup d'apparence, que leur froideur vint de ce que la Reine s'opposait avec force au mariage de la nièce du Cardinal avec le Roi. Toute la cour fut instruite alors des démarches de la Reine, et l'approuva. Je ne sais pas si sa majesté Louis XIV aurait voulu s'abaisser jusqu'à épouser la connétable Colonne ; mais je sais bien que cette créature, qui est fort ambitieuse, eût été fort aise, et cela se conçoit, d'être Reine de France ! La chose alla si loin, que la Reine, mère du Roi, consulta secrètement les plus habiles conseillers

---

[1] Catherine-Henriette Bellière, mariée à Pierre de Beauvais, et première femme de chambre de la reine Anne d'Autriche, était laide, borgne, et cependant galante. Une note, mise en marge des chansons manuscrites de la vieille cour, dit *qu'elle payait bien ses amans*. On doit croire madame de Motteville, quand elle assure qu'Anne d'Autriche considérait madame de Beauvais « non pas par « ses vertus, non par la beauté de son âme ou celle de son « visage, mais à cause de l'adresse de ses doigts et de son « extrême propreté. » (*Note de l'Édit.*)

CHAPITRE X.

d'État, des conseillers et avocats célèbres au parlement, pour savoir si le Roi son fils, se mariant sans son consentement, le mariage serait valable. Tous, d'une voix, dirent que non, et conseillèrent à la Reine de faire ses protestations contre ce prétendu mariage. M. de Brienne, mon père, fut chargé de dresser cet acte important, et promit à la Reine de le faire enregistrer par le parlement à huis clos, en cas que le Roi épousât, contre la volonté de la Reine sa mère, la nièce du Cardinal.

Enfin, soit que cette consultation n'eût lieu que pour faire peur au premier ministre, soit qu'on la jugeât nécessaire pour l'avenir, l'acte de protêt fut dressé et montré au Cardinal par la Reine; et lorsque le mariage, que tous les bons Français appréhendaient, semblait être le plus proche, et se conclure, les nièces furent reléguées sous la conduite de madame de Venelle, leur gouvernante, à Brouages, par l'autorité seule de la Reine. Elle prit cette affaire si fort à cœur, que le Cardinal ni le Roi même ne purent détourner le voyage, qui leur donnait à l'un et à l'autre un égal chagrin. Le temps et l'absence produisirent l'effet que la prudence de la Reine avait espéré; et la persévérance qu'eut cette patiente mère à désirer le mariage de l'infante d'Espagne sa nièce, avec le Roi son fils, qui était la chose du monde qu'elle souhaitait avec le plus d'ardeur, fit que cette alliance désirée se conclut enfin heureusement, comme nous le dirons en son lieu.[1]

[1] Il est certain que Mazarin nourrissait en secret l'espoir d'élever sa nièce jusqu'au trône de France. La passion violente que Marie de Mancini, quoique laide, avait inspirée au jeune Roi ne rendait pas cet espoir insensé. On trouvera dans les notes des détails sur les craintes de la Reine, et sur la conduite équivoque de l'ambitieux Cardinal. (*Voyez* Note D). Mais aucun écrivain du temps n'avait dit un mot de la protestation dont parle ici Brienne, et qu'il a dû bien connaître, puisqu'elle fut dressée par son père. On s'explique à présent comment Mazarin prit enfin la résolution de donner à Louis XIV un autre parti que sa nièce et voulut bien songer à l'infante d'Espagne.

Louis XIV épousa Marie-Thérèse en 1660. La passion de Marie de Mancini survécut encore à ce mariage; elle ne s'efforça point de la déguiser. En 1662, le Roi dansa dans un ballet de Benserade, intitulé *Hercule amoureux*; Marie de Mancini devait y représenter une étoile, et Benserade voulait lui adresser ces vers :

> Chacun dans son état a sa mélancolie ;
> Ne cachez point la vôtre, elle est visible à tous.
> Être *étoile*, pourtant, est un poste assez doux,
> Et la condition me semble fort jolie :
> Vous la deviez garder ; ce goût trop délicat,
> A votre feu si vif et si rempli d'éclat
> Mêle quelque fumée et sert comme d'obstacles.
> Les *étoiles* vos sœurs vous diront qu'autrefois
> Une étoile a suffi pour faire des miracles,
> Et pour faire bien voir du pays à des Rois.

(*Note de l'Édit.*)

CHAPITRE XI.

Brienne revient de ses voyages. — Il est présenté au Cardinal. — Il adresse au Roi une harangue dans le goût du temps. — Cercle chez la Reine-mère. — Brienne y fait de vive voix, en présence de toute la cour, le récit de ses voyages. — Les Lapons; leurs costumes, leurs usages, leurs mœurs. — Courses en traîneaux. — Description des rennes. — Chasse aux ours dans le Holstein. — Brienne, qui s'y trouvait avec le roi de Danemarck, y court de grands périls. — Il suspend son récit. — Murmure flatteur de ceux qui l'entourent.

Nous voici parvenus, à peu près, au temps où je revins de mes voyages. La première parole que me dit le Cardinal, lorsque mon père me présenta à lui, fut que jamais personne n'avait eu tant de réputation à mon âge. « Elle est si « extraordinaire, ajouta-t-il, que ce doit être « assez de savoir la conserver. » Ce compliment à la mazarine me surprit un peu, je l'avoue; mais pour cela je ne perdis point la tête, et répondis à Son Éminence avec assez de présence d'esprit : « Il faut, sans doute, monsieur, que « mes ennemis aient donné à Votre Éminence

« cette bonne opinion de moi. Leurs louanges
« me sont suspectes, et le bien extraordinaire
« qu'ils ont pris soin de publier d'un jeune
« homme sans expérience n'est qu'un piége
« adroit qu'ils lui tendent. La plus grande fa-
« veur que puisse m'accorder Votre Éminence,
« c'est de ne pas juger de moi par ce qu'on lui
« en a écrit, mais seulement par mes actions,
« qui n'auront jamais d'autre but que de lui
« plaire. J'ose espérer de la bonté de Votre
« Éminence, qu'elle voudra bien ne pas con-
« tribuer à détruire son ouvrage, en attendant
« de moi des choses qui soient au-dessus de ma
« jeunesse. — Votre réponse, dit le Cardi-
« nal, justifie pleinement ceux dont vous vous
« plaignez. Ce que je viens d'entendre me con-
« firme dans la bonne opinion que j'avais de
« vous, et votre fortune ne dépend plus que de
« vous seul. — Si cela est, monsieur, lui ré-
« partis-je en rougissant, elle est toute faite, puis-
« que toute mon ambition se borne à savoir bien
« exécuter vos commandemens. » Et en achevant ces paroles, je fis une profonde révérence,
bien résolu, quoi que me dît le Cardinal, de ne

plus répondre. Il pénétra sans doute dans ma pensée, car il ne me dit plus rien, et se contenta de m'embrasser.

Mon père, qui avait ouï, non sans quelque surprise, cette conversation, et qui avait une extrême joie que je me fusse si bien tiré d'affaire, ne put s'empêcher de laisser couler quelques larmes, et Son Éminence s'en apercevant, lui dit : « Je pleurerais de joie comme vous, « monsieur de Brienne, si le ciel avait mis dans « la tête de mon neveu l'esprit de votre fils. « — Il est vrai, dit mon père, que je ne m'at- « tendais pas qu'il répondît si bien, et Votre « Éminence trouvera bon que je lui dise que « mon fils vient de subir un rude examen. — « Je l'avoue, reprit le Cardinal, et je ne sais, « puisque vous m'obligez à vous parler fran- « chement, lequel a été le plus embarrassé ou « du maître ou de l'écolier. » M. le maréchal de Villeroy, qui était présent, vint au secours de mon père, et nous fit grand plaisir à l'un et à l'autre. Je fus le remercier le lendemain d'avoir adroitement détourné un entretien qui faisait tant de peine à ma modestie; et je puis dire, puisque cela vient à propos, que s'il y a quelque bonne qualité en moi, c'est l'aversion naturelle que j'ai pour la louange. Le Cardinal, à l'heure même, se fit donner son manteau, et, me prenant par la main, me conduisit à l'appartement du Roi, et me fit l'honneur de me présenter à Sa Majesté. J'en reçus un accueil très favorable; et comme je ne disais rien par respect, Son Éminence, qui avait déjà parlé de moi fort obligeamment à Sa Majesté, ajouta : « S'il ne dit mot, Sire, ce n'est pas qu'il ne parle très bien quand il le faut. » Le Roi dit : « Je le crois, mais je n'en sais rien encore. » J'entendis distinctement ces mots, et Son Éminence m'ayant fait signe de parler, je le fis en cette sorte.[1]

« Sire, les honneurs que j'ai reçus en consi-

---

[1] Quoique Brienne prétende se donner les honneurs de l'improvisation, cette harangue ne paraîtra que trop préparée; mais je n'ai pas dû y changer un mot, précisément parce qu'elle est écrite dans le style qu'on prenait alors pour de l'éloquence. On remarquera, d'ailleurs, qu'elle porte déjà l'empreinte de cette flatterie excessive qui, pendant toute la durée du règne de Louis XIV, ôta du prix même aux éloges les plus mérités. (*Note de l'Édit.*)

« dération de Votre Majesté, des princes étran-
« gers que j'ai complimentés de sa part, ou
« visités de mon chef, sont si grands, que j'au-
« rais quelque confusion à les lui apprendre, si
« elle ne les connaissait déjà par le rapport de
« ses ambassadeurs. La fortune du grand Roi
« au nom duquel je parlais me donnait alors
« de l'assurance ; partout j'étais bien écouté à
« cause de lui, et partout je fus bien reçu. Mais
« cette même fortune qui a rendu mes voyages
« heureux, semble m'abandonner quand je suis
« en votre présence, et je trouve qu'il est bien
« plus aisé de vous louer quand on ne vous voit
« pas, que de le faire dignement aux yeux de
« votre cour. Tant de témoins de vos grandes
« actions n'ont pas besoin qu'on les leur répète
« pour les en faire souvenir. Son Éminence
« même y a trop de part pour souffrir que,
« devant elle, on vous dise ce que l'Europe pu-
« blie de vous, et des importans services qu'elle
« vous rend. Votre renommée m'avait devancé
« chez les Lapons, où nul Français n'avait été
« avant moi, et les Moscovites et les Polonais
« m'ont mieux instruit de vos conquêtes que

« je ne l'étais par les lettres de mon père. C'est
« eux qui m'ont appris la levée du siége d'Arras
« et l'entière défaite de l'armée espagnole. C'est
« d'eux que j'ai su la prise de Stenay et de tant
« d'autres places dont votre valeur naissante
« augmente à chaque campagne cet empire
« immortel. Les glaces de la mer Baltique, les
« neiges de Finlande, les forêts du Nord, les
« déserts de la Prusse, les vastes plaines du Sar-
« mate, en un mot le Danube et le Tibre, la
« Vistule et le Pô, que j'ai navigués; ces mers
« et ces fleuves, ces monts et ces bois, ces cam-
« pagnes et ces rochers retentissent également
« du bruit de vos exploits. On dirait que les
« vents mêmes, qui s'opposaient à mon passage,
« s'apaisèrent au nom de Louis-le-Grand. Je
« n'avais qu'à le prononcer, cet heureux nom,
« pour conjurer les tempêtes; et le Belt, où je
« fus sur le point de périr, devint, dès que je
« vous invoquai, aussi paisible que la Seine:
« les aquilons se turent, les flots s'apaisèrent,
« et ma barque surgit à bon port.

« Ce sont là, Sire, à peu près les grandes
« obligations que je vous ai, trop heureux si je

« puis les reconnaître par des services qui vous
« soient agréables, et si, préservé de tant de pé-
« rils, je triomphe encore par votre protection
« de la haine et de la jalousie de mes envieux,
« dangers bien plus à craindre pour moi que
« ceux des flots et des tempêtes. Mais j'appré-
« hende, Sire, d'abuser de l'attention que prête
« Votre Majesté à mes paroles; je crains trop
« qu'un discours fait sur-le-champ et sans pré-
« paration ne cause que confusion à celui qui
« le prononce, et qu'ennui à ceux qui l'écou-
« tent. »

Cette harangue, debitée avec assez de hardiesse, et, si j'ose dire, avec assez de présence
d'esprit, plut au Roi et à l'auditoire malin qui
l'ouïrent. Chacun m'en vint faire compliment,
et Son Éminence ne voulut jamais croire que
ce fût un impromptu. Cependant elle témoigna
à mon père être bien aise que je me fusse tiré
si bien de ce mauvais pas, et voulut encore me
faire l'honneur de me présenter à la Reine. « Il
« y a plaisir, me dit le Cardinal en descendant le
« degré, à produire un orateur tel que vous. Vous
« n'avez pas perdu votre temps dans vos classes,

« et monsieur votre père ne doit pas regretter
« l'argent que lui ont coûté vos voyages. » Dès
que la Reine me vit, et que Son Éminence lui
eut dit qui j'étais, elle me présenta sa belle main
à baiser, et me dit : « Hé bien, nous direz-vous
« des nouvelles des sauvages que vous avez vus?
« Vous n'êtes guère hâlé pour avoir tant fait de
« chemin. » Je m'inclinai très profondément ;
puis ayant baisé le bas de sa robe et de suite sa
royale et charmante main, je lui dis : « Madame,
« si Votre Majesté désire savoir les choses les plus
« curieuses que j'aie vues durant mes voyages, je
« la supplie de m'accorder un jour ou deux pour
« m'en rappeler le souvenir; après quoi je tâ-
« cherai de satisfaire son impatience. — Rien
« n'est plus juste, dit-elle avec cette bonté qui
« lui était ordinaire, à demain donc la partie.
« Trouvez-vous ici quand je tiendrai le cercle,
« vous ne manquerez pas d'auditeurs. — Les
« dames, repris-je en rougissant un peu, n'au-
« ront guère de plaisir à m'entendre parler des
« Lapons; et j'avoue qu'un tel auditoire m'est
« bien plus redoutable que ne me l'ont paru les
« cours de tant de princes que j'ai eu l'honneur

« de haranguer au nom de Votre Majesté; mais
« puisque vous me l'ordonnez, madame, je ne
« laisserai pas de le faire bien ou mal, dussé-je
« perdre en un moment le peu de réputation
« que j'ai peut-être acquis pendant mes voyages.
« — Vous ferez toujours bien ce que vous vou-
« drez faire, dit-elle, et si vous ne parliez pas
« agréablement vous ne seriez pas fils de mon-
« sieur et de madame de Brienne. »

La Reine ensuite me fit diverses questions auxquelles je répondis le plus simplement que je pus, afin de la mieux surprendre le lendemain. En effet, la chose réussit comme je l'avais pensé. Je me rendis sur les quatre heures après midi à la chambre du cercle : toutes les dames étaient déjà placées. Ma mère, qui m'avait attiré cette corvée, avertit la Reine que j'étais là. Je me mis derrière la princesse de Conti, à la main droite de Sa Majesté, puis ayant fait une profonde inclination à la Reine, je lui demandai si elle agréait que j'adressasse la parole aux dames, et que je les saluasse de la place que j'avais prise; j'ajoutai que cela donnerait à moi plus d'aisance, et, peut-être, à mes discours plus d'agrément.

CHAPITRE XI. 61

« Fort bien », dit la Reine; et au même instant, après avoir salué le cercle à diverses reprises, je commençai mon récit par ces mots :[1]

« Mesdames,

« Le peuple dont j'ai à vous entretenir est si

[1] Jean Scheffer, professeur d'éloquence dans la ville d'Upsal, n'a publié son *Histoire de la Laponie* que plusieurs années après le séjour qu'y fit Brienne en 1650. Le voyage de Regnard est postérieur de trente ans à cette époque. Les détails que donnait Brienne sur un pays qu'aucun voyageur français n'avait décrit avant lui, devaient donc exciter vivement la curiosité. Il a rassemblé dans ce récit les particularités qui pouvaient satisfaire un cercle aussi brillant; les détails plus positifs sur les contrées qu'il a parcourues se trouvent dans son *Itinéraire*, dont j'ai donné quelques passages à la fin du premier volume (Note P). Ce devait être une chose digne de remarque, qu'un jeune secrétaire d'État, à peine âgé de dix-neuf ans, entretenant une cour aussi polie que celle de Louis XIV des mœurs et des usages d'un peuple encore barbare et presque entièrement ignoré. J'aurais désiré que Brienne n'eût point mêlé à son récit un ton de plaisanterie qui quelquefois s'allie mal avec le sujet; mais Voiture et l'hôtel de Rambouillet avaient tellement mis le bel esprit à la mode, qu'il faut lui savoir gré de n'avoir pas sacrifié davantage au goût du temps. (*Note de l'Édit.*)

difforme et si laid, qu'au milieu de tant de belles personnes je pourrais hésiter à le représenter tel qu'il est. Je pourrais employer un artifice ordinaire aux poètes qui savent embellir les objets les plus affreux, et, peut-être, par ce moyen, prêterais-je quelques charmes aux déserts même de la Laponie. Je pourrais encore en user comme les peintres, qui, lorsqu'ils ont à représenter des borgnes de jolie figure, ne font jamais leur portrait que de profil. Je n'en ferai rien, Mesdames. Quoique j'arrive de loin, je vous dirai la vérité. Vous verrez les Lapons tels qu'ils sont : je ne prétends pas qu'ils vous plaisent, mais je serai trop heureux si celui qui vous parle d'eux ne vous déplaît pas.

« Figurez-vous donc, Mesdames, une république de Pygmées, qui, couverts de peaux de rennes, n'ont en quelque façon rien d'humain que la voix. Quant aux dames lapones, qui sont toutes plus petites que la naine de Mademoiselle, et moins jolies, elles ne sont ni belles ni blanches ; elles ont le teint très enfumé et les yeux extrêmement rouges, les dents de couleur d'ébène, la bouche fort grande, les lèvres fort pâles, et le nez aussi plat que les Moresques. Leurs mains courtes et noires ressemblent plutôt à des pates de singe qu'à des mains de femme, quoiqu'elles ne quittent jamais leurs gants, pas même pour manger ni dormir. Ces gants, dont je parle, ne sont ni de frangipane ni de Martial; ce sont des mouffles en peau de renne, qui, tout velus en dehors, n'ont que le pouce, et une espèce de sac pour les quatre autres doigts. Leur robe est de même étoffe, et leur coiffure est semblable aux camails ou dominos des chanoines de Notre-Dame.[1]

[1] Il faut que Brienne n'ait point aperçu les Lapones dans un jour de parure; qu'il n'ait point été reçu dans la *bonne compagnie* du pays, ou que le luxe y ait fait en peu de temps de grands progrès; car Scheffer, dans son *Histoire de la Laponie*, dit que les femmes les plus riches, et de la *plus haute qualité*, portent de *très bons draps d'Angleterre*, et *s'ajustent fort bien*. « Elles ont sur les reins, dit-il, une
« ceinture dont elles se parent, et qui est large de trois
« doigts. Ces ceintures sont enrichies et garnies de lames
« entières de la longueur d'un doigt ou plus, où il y a des
« figures gravées de fleurs, de petits oiseaux et d'autres
« choses semblables; elles sont, par-dessous, attachées sur
« une bande de cuir, et mises si près les unes des autres,

« Elles n'ont au plus que deux pieds et demi de hauteur. Les épaules et la poitrine sont fort larges; les pieds sont plats et grands, et toujours garnis de bottines. Elles sont nymphes toutefois, si pour porter ce nom il suffit d'aller à la chasse et à la pêche, leurs uniques exercices. Celle-ci se fait durant l'hiver, quand les lacs et les fleuves sont gelés, et celle-là les occupe pendant les longs jours de l'été. Elles ne connaissent que ces deux saisons : six mois d'été et six mois d'hiver sont le partage de leur année ; la moitié sans nuits et l'autre sans jours. Dans cette dernière saison un faible crépuscule joint à la blancheur de la neige, leur tient lieu de lumière, et les éclaire suffisamment pour se pouvoir conduire.

« que toute la ceinture en est couverte. » Brienne parle aussi plus bas, chap. XII, p. 78, de ces broderies en étain; mais il ne dit pas, comme Scheffer, que les ceintures de quelques femmes riches *sont d'argent.*

Scheffer a joint à son ouvrage des planches gravées qui donnent une idée fort exacte de l'habitation et du costume des Lapons, et qui représentent également bien les instrumens qu'ils emploient pour la pêche et pour la chasse, pour leurs usages habituels et pour leurs évocations magiques. (*Note de l'Édit.*)

« Les pays qu'elles habitent ne sont couverts que de rochers et de forêts. Elles n'ont d'autres maisons que des tentes, dont toute la structure consiste en cinq ou six perches liées par le haut, et qui vont en s'élargissant par le bas; et sur ces perches elles étendent grossièrement des écorces de bouleau pour se garantir des injures de l'air. C'est au milieu de ces tentes qu'elles allument du feu, autour duquel, pêle-mêle avec les hommes, elles se tiennent accroupies sur leurs jambes; quelques feuilles d'arbre leur tiennent lieu de carreaux, et leurs talons sont leurs uniques tabourets. Un trou, qu'on laisse ouvert sur le haut de ce rustique édifice, sert de conduit à la flamme aussi-bien qu'à la fumée, en sorte que, la nuit, ceux qui arrivent dans leurs habitations, n'aperçoivent de loin que des feux qui leur servent comme de fanaux pour les trouver.

« Un animal qu'on appelle *renne* fournit seul à tous leurs besoins. De sa peau se font les habits des sauvages; de ses os leurs couteaux et leurs arcs; de ses nerfs, que les femmes filent, elles tricotent une espèce de toile, en forme de réseau, dont elles se font des chemises, presque aussi rudes que les cilices des Chartreux. En un mot, la chair de ces bêtes, qui les suivent partout comme des troupeaux, fait leur plus délicieuse nourriture. Elles en boivent le lait, et le sang même quand elles les égorgent; mais d'ordinaire elles ne tuent que les vieilles, lorsqu'elles ne sont plus en état de traîner certains petits bateaux faits d'écorces d'arbres que les Lapones nomment, à cause de cela, des traîneaux. L'usage en est commun dans tout le Nord, et comme on en a même amené depuis peu de Hollande en France, je ne vous en ferai pas une plus exacte description.

« Toutefois ne vous figurez pas, Mesdames, que les traîneaux des Lapons soient semblables à ceux que vous avez vus cet hiver courir sur les neiges de la place Royale. Ceux-ci étaient grands et longs, peints et dorés, et de plus portés sur deux ramasses qui leur tiennent lieu de roues et les font glisser sur la terre; au lieu que ceux-là sont fort petits et fort simples, et ne sont soutenus de rien, que d'une espèce de quille, qui fend la neige, de même que celles des navires fendent les ondes. On attelle à ce petit char une renne, qui, pour tout harnais, n'a qu'une longe de cuir, laquelle lui passe entre les jambes, et lui fait un collier autour du cou. Le Lapon, ou la Lapone, sont derrière dans le traîneau, d'où ils la chassent avec un fouet; et comme ces rennes n'ont point de bride, lorsqu'ils veulent les arrêter, ils leur jettent une balle, ou peloton attaché au bout d'une ficelle, entre les cornes, et dès que cette balle les frappe au front, elles s'arrêtent tout court.

« Reste à vous faire la description de cet utile animal. Il n'est guère plus grand qu'un daim, mais il a les jambes plus fortes et les pieds plus larges : ceux des rennes ressemblent assez à ceux des bœufs, ce qui fait qu'elles enfoncent moins dans la neige; ils sont fourchus et non pleins comme ceux des chevaux. Elles ont les jambes hautes, mais moins grêles, comme j'ai dit, que celles des daims. Leurs cornes sont longues et larges par le bout, à la manière de celles des daims, avec cette différence, que les daims n'ont qu'un bois sur la tête, au lieu que les rennes, outre le grand bois qu'elles portent sur la tête et qu'elles couchent, quand elles courent, le long de leur dos, ont encore un autre rang de cornes sur le front : l'un et l'autre de ces bois est garni d'andouillers par le bout. Elles se défendent avec les cornes et frappent du pied de devant comme les cerfs. Une renne que je menais, et ne menais peut-être pas à son gré, se tourna tout court sur le trait et vint à moi. Je n'eus que le temps de me jeter de l'autre côté du traîneau, et la Lapone qui était proche, vint à mon secours, dont bien me prit, car ces animaux, quoique fort serviables, sont fort colères; et sans la Lapone, qui accourut si à propos, je ne doute point que cette bête ne m'eût blessé dangereusement [1]. Voilà pour ce qui est des rennes; par-

---

[1] « Une singularité qui est commune au renne et à « l'élan, dit M. de Buffon, c'est que quand ces animaux « courent ou seulement précipitent leurs pas, les cornes de « leurs pieds font à chaque mouvement un bruit de craque- « ment si fort, qu'il semble que toutes les jointures des « jambes se déboîtent : les loups, avertis par ce bruit ou « par l'odeur de la bête, courent au-devant, la saisissent, « et en viennent à bout s'ils sont en nombre; car le renne

lons maintenant de la pêche et de la chasse des Lapons.

« Celle-ci se fait comme partout ailleurs, non à la vérité avec des meutes de chiens courans, mais avec des meutes de petits hommes qui ne sont guère plus grands que des limiers. Ils courent donc en foule après la bête, et l'ayant atteinte, la percent de leurs flèches. Pour combattre un ours, et un ours blanc, qui est bien plus à craindre que les noirs, il faut que tout le camp laponais y assiste; et souvent même l'ours blanc se moque de cette armée de nains, comme les grues des pygmées. Ce n'est pas que ces petits bouts d'hommes ne soient robustes et forts, mais les ours le sont bien davantage; et il y en a tel, que dix de nos meilleurs soldats, armés d'épées et de pertuisanes, auraient bien de la peine à tuer. Ces rois des forêts du Nord (car dans ce

« se défend d'un loup seul. » (*Histoire naturelle de l'élan et du renne*). Il me reste à faire une remarque; aujourd'hui l'on dit *un* renne. Brienne, comme on l'a vu dans tout ce chapitre, ne parle des rennes qu'au féminin; j'ai dû conserver cette orthographe, qui était celle de son temps. (*Note de l'Édit.*)

pays-là il ne se voit point de lions, quoiqu'il s'y rencontre une espèce de tigres qu'on nomme loups cerviers, dont je vous parlerai incontinent), ces ours, dis-je, se dressent, durant le combat, sur leurs pates de derrière, ouvrent une grande gueule qui fait peur à voir, saisissent fort bien, avec leurs pates et leurs dents, le manche d'une hallebarde et d'une pique, et, sans quitter prise, avancent vers leur ennemi, et l'étouffent en un moment, s'il ne s'en donne de garde. Il n'est même pas sûr, à moins qu'on n'ait une hache ou un bon couteau de chasse à son côté, de monter sur un arbre, quand on se voit poursuivi des ours; car ces gaillards montent adroitement sur les plus hauts pins, et il ne fait pas bon alors de se trouver aux prises avec eux sur un tel champ de bataille. Mais si on a une bonne hache, on leur abat la pate, et, en retombant de si haut, ils s'écrasent par leur propre poids. Je me suis, Mesdames, trouvé une fois dans ce danger, et bien me prit d'avoir un bon fusil et une longue épée. C'était dans les forêts du Holstein, pendant une chasse qui se faisait par ordre du roi de Danemarck ; j'y assistais étant bien branché sur un if. Un grand ours prit la peine de m'y venir rendre visite. Je me fusse bien passé de cet honneur ; mais pour le reconnaître de mon mieux, je lui lâchai mon coup de fusil dans le corps. Cela ne l'arrêta pas, et quoiqu'il perdît beaucoup de sang, il ne laissa pas de grimper sur l'arbre où j'étais. Je l'attendis, ne pouvant faire autrement ; il s'enferra de lui-même dans ma longue épée, et lâchant prise à l'instant, retomba mort au bas de l'arbre, d'où je lui tirai encore un second coup de fusil à tout hasard. Je descendis alors de mon poste et fus rejoindre la compagnie, de peur d'un semblable accident. On me demanda si j'avais eu peur ; j'avouai franchement que oui, et la reine de Danemarck, qui a tué des ours plus d'une fois en sa vie, n'en fit que rire. Mais comme j'avais tué mon ennemi à mon corps défendant, ceux qui le virent mort, et n'entendirent pas l'aveu fort ingénu que j'avais fait à la Reine danoise, me crurent plus brave que je ne suis en effet. Un plus déterminé que moi s'y fût trouvé, peut-être, plus empêché : tant il est vrai que le ciel protége d'ordinaire les jeunes audacieux aussi-bien que les fous et les ivrognes.[1]

« Le proverbe, Mesdames, ne fut jamais cité plus à propos; car je vous jure que nous nous enivrâmes si bien, ou plutôt si mal, à cette chasse, où on tua plus de trois cents cerfs, sans les sangliers et les loups, que j'en fus malade plus de huit jours. Le roi de Danemarck fit saler les chairs des sangliers et des cerfs, et ses

---

[1] Regnard confirme ce que dit Brienne des dangers auxquels on est exposé en chassant l'ours au tir dans les forêts du Nord; puis il ajoute : « Les paysans le chassent autre-
« ment; ils savent l'endroit où se trouvent des ours, et vont
« les attaquer avec un couteau à la main. Lorsque l'ours
« vient à eux, ils lui mettent dans la gueule la main gauche
« entortillée de beaucoup de linges, et de l'autre ils l'éven-
« trent. Une autre chasse n'est pas si périlleuse : l'ours est
« extrêmement friand du miel que les abeilles font dans les
« trous d'arbre; il monte, attiré par l'odeur, jusqu'au
« sommet des arbres les plus élevés : les paysans mettent
« de l'eau-de-vie parmi ce miel, et l'ours, qui trouve cette
« nourriture agréable, en prend tant, que la force de l'eau-
« de-vie l'enivre et le fait tomber. Le paysan le trouve alors
« étendu sans force, et n'a pas grande peine à s'en rendre
« maître ». (*Note de l'Édit.*)

domestiques s'en nourrirent tant qu'elles durèrent. Les loups, au reste, car il ne faut rien oublier s'il se peut, furent pendus aux branches des arbres dans la forêt où se passa ce grand massacre, et cela pour faire peur aux autres loups leurs camarades, qui mangent, en ce pays-là, les hommes aussi franchement que ceux de ces quartiers-ci font des brebis. Pour ce qui est des loups cerviers, dont il est temps de vous dire un mot, c'est autre chose : on fait de très belles fourrures de leurs peaux, qui sont tachetées comme celles des tigres ; et si ces animaux n'étaient pas si méchans, je me plairais assez à leur faire la guerre. Mais la chasse en est plus dangereuse que celle des ours : car quelquefois, d'un seul saut, le loup cervier s'élance du pied d'un arbre jusque sur le chasseur qui s'y trouve caché ; et de ses ongles et de ses dents, ou le déchire, ou le dévore. La peine, comme vous le voyez, y passe le plaisir. »

En achevant ces mots, je m'arrêtai quelques instans pour prendre haleine, tandis qu'autour de moi un murmure flatteur semblait m'assurer qu'on ne m'avait point écouté sans intérêt.

CHAPITRE XII.

Autre espèce de chasse. — Singulière manière de pêcher en Laponie. — Travaux auxquels se livrent les femmes; — leur parure. — Dangers que court Brienne en traversant, sur la glace, le golfe de Memel. — Séjour en Pologne. — Présens qu'il y reçoit de la reine Marie de Gonzague. — Voyage en Italie, retour en France. — Brienne termine son récit au milieu des applaudissemens de la cour.

Après un moment de repos, je repris mon récit en ces termes : « Les Lapons ont encore une autre chasse, et celle-ci est moins dangereuse que celles dont je viens de vous parler, Mesdames, ou, pour mieux dire, elle ne l'est point du tout. Ils tendent des collets aux fouines de leurs déserts, que nous appelons ici des martres zibelines. Ils prennent aussi de la même manière les renards noirs, qui sont encore plus estimés que les martres; et si la peau d'une belle martre se vend dans le pays dix risdales, c'est-à-dire dix écus, celle d'un renard noir se vend communément cent risdales. Je ne vous parlerai point des loutres et des castors. Je crois bien que les Lapons en prennent aussi bien que font les habitans du Canada ; et pourquoi les castors ne se plairaient-ils pas dans les lacs et les grands fleuves de la Laponie ! Mais cependant comme je n'y en ai point vu, je ne vous dirai point, Mesdames, comment ils sont faits. Je n'y ai point vu non plus d'hermine en vie. Je crois pourtant que les Lapons en prennent, puisque toutes ces belles fourrures que nous avons vues en France, et qui se portent de la Moscovie en Perse et dans les Indes, où elles se vendent encore mieux qu'ici, viennent de la Laponie. Ce royaume désert, dont je vous parle, appartient à trois grands princes : la partie qui joint la Norwége, au roi de Danemarck; celle qui tient au golfe Bothnique, au roi de Suède ; enfin celle qui est voisine de la mer Blanche ou Glacée, paie tribut au grand-duc de Moscovie. Tout ce qu'ils rendent de redevance aux Princes leurs souverains consiste en fourrures et en poissons secs.

« Quant aux poissons, voici comment ils les prennent : les grandes et abondantes pêches ne se font que pendant l'hiver, quand les lacs sont gelés et que les rivières sont aussi fermes et plus fermes que la terre même, et qu'on traverse à pied sec les mers, sans péril, sur des traîneaux, comme j'ai fait plus d'une fois, dans mon voyage de Suède et de Courlande. C'est alors que les Lapons s'occupent à la pêche : ils font d'espace en espace, à la distance d'une ou de deux toises au plus, des trous dans la glace, puis ils descendent tous leurs filets à la fois par la première ouverture de ce trou, par le moyen d'une forte perche qui nage et se soutient sur l'eau ; un homme avec son bras, ou quelque autre instrument, conduit la corde des filets, jusqu'à l'orifice du trou le plus proche, et ainsi de trou en trou, jusqu'à ce que le cordeau soit revenu au premier. De cette manière, ils enferment un grand espace du lac, et par le moyen de divers tourniquets qu'on meut avec de gros leviers à force de bras, on serre le filet, qui se ferme comme une bourse ; après quoi on casse la glace le plus près du bord qu'on peut, et, avec les mêmes machines, on tire les filets à terre, où la rigueur du froid fait mourir tout le poisson à l'instant. Ensuite, on le fend en deux par le

CHAPITRE XII.

ventre, on tire dehors les entrailles, qu'on rejette dans le lac pour servir de nourriture aux poissons qui y sont restés, et l'on expose ceux qu'on a pris à l'air sur de grandes perches en forme de gril, après qu'on a eu soin de bien saler le poisson, et de l'attacher de manière que le vent le dessèche sans l'emporter. La quantité de poissons qui se prennent de cette manière est innombrable. On en remplit diverses tonnes; et du fretin seulement, qu'on mange aussitôt, toute l'habitation des Lapons s'en nourrit plusieurs jours de suite [1]. Ils l'accommodent, assez bien,

---

[1] Cette description de la pêche que les Lapons font pendant l'hiver est plus exacte et plus détaillée dans Brienne que dans le voyage de Regnard; mais celui-ci parle d'une autre pêche qui a lieu dans l'été, et qu'il décrit ainsi. « Nous arrivâmes le lendemain à une pauvre cabane de « paysan, dans laquelle nous ne trouvâmes personne. Toute « la famille, qui consistait en cinq ou six personnes, était « dehors; une partie était dans les bois, et l'autre était « allée à la pêche du brochet. Ce poisson, qu'ils sèchent, « leur sert de nourriture toute l'année. Ils ne le prennent « point avec des rets comme on fait les autres; mais, en « allumant du feu sur la proue de leur petite barque, ils « attirent le poisson à la lueur de cette flamme, et le har-

avec du sel et du poivre, et d'autres ingrédiens, et font bouillir le tout ensemble dans le lait de leurs rennes. J'en ai mangé souvent, et j'ai trouvé ce ragoût assez passable.

« Le plus grand régal qu'on puisse faire à ces sauvages, est de leur donner de l'eau-de-vie et du tabac. Ils ont, en marchant et en travaillant, toujours la pipe à la bouche, et les Lapones fument elles-mêmes comme des dragons. Ce sont elles qui font tout le travail de la maison : elles apprêtent la nourriture et la boisson, qui, d'ordinaire, n'est que de la neige ou de la glace fondue; enfin, ce sont-elles qui font seules tous les ouvrages des mains; les hommes ne s'occupent que de pêche et de chasse. Elles brodent assez proprement; avec des lames d'étain fort déliées, les bouts des manches et le tour des collets de leurs robes, dont les parures sont

« ponnent avec un long bâton armé de fer, de la manière
« qu'on nous représente un trident. Ils en prennent en
« quantité, et d'une grosseur extraordinaire; et la nature,
« comme une bonne mère, leur refusant la fertilité de la
« terre, leur accorde l'abondance des eaux. » (*Voyage de Regnard*; page 91.) (*Note de l'Édit.*)

d'écarlate ou de bleu. Je n'en ai point vu d'autre couleur. Ces petites lames d'étain sont entrelacées en échiquier les unes sur les autres, en sorte qu'il reste toujours un carré de l'étoffe entre deux carrés d'étain, et ainsi de suite.

« Voilà, Mesdames, tout ce que je vous puis dire des Lapons ; j'ajouterai seulement que leurs petites femmes, qui sont fort fécondes, leur donnent deux ou trois enfans à la fois. Jamais moins de deux ; et il y en a telle qui en a fait jusqu'à cinq, au moins me l'a-t-on dit ainsi à Uma, dernière ville de Suède, où commence le pays des Laffres, car quelques uns les nomment ainsi. J'y fus exprès pour les voir, et les ayant rencontrés, je me contentai de voir la première habitation que je trouvai, après quoi, je revins en fort peu de temps à la ville d'où j'étais parti, non sur mes traîneaux qui m'avaient amené, mais sur les leurs, traînés par des rennes qui courent toujours, et font en peu d'heures beaucoup de chemin. Je ne jugeai pas à propos, ayant visité soigneusement cette première habitation, de pousser mon voyage jusqu'à Torne, qui est situé à l'extrémité du golfe Bothnique.

Les gens du pays me donnèrent de bons guides, et je traversai la mer Baltique sur des traîneaux de Moscovie que j'avais achetés de Russes à Stockholm. Je ne mis que deux jours à ce trajet périlleux.

« En entrant et en sortant de la mer Glacée, nous traversâmes des montagnes de glace que nos chevaux passèrent avec assez de peine, et nous avec beaucoup d'incommodité. Nous fûmes obligés, à cause d'une grande tempête qu'il fit le lendemain, de rester un jour entier dans une petite île où nous avions couché la première nuit, et couchâmes encore la seconde ; et le jour suivant, le vent s'étant apaisé, nous achevâmes heureusement le trajet de la mer Baltique, et nous allâmes coucher à Abo, capitale de Finlande. Ce qui m'arriva de plus singulier, en ce passage, fut que je sautai la mer à pieds joints ; car ayant, par hasard, rencontré une longue crevasse que la force du froid avait faite dans la glace, après que nous l'eûmes remontée environ une bonne lieue toujours le long du bord qui allait toujours en s'étrécissant, enfin elle devint si étroite, que je la franchis comme j'ai dit, d'un plein saut, sans péril. Nous mîmes quelques planches au travers, sur lesquelles nos traîneaux passèrent, puis nous reprîmes nos planches, que nous portions pour nous servir à faire des ponts volans au besoin, sans quoi nous eussions été bien empêchés, et peut-être obligés de retourner sur nos pas. Nous achevâmes, comme j'ai dit, heureusement ce trajet.

« La plus hasardeuse navigation sur la glace, s'il est possible de parler ainsi, fut celle que nous entreprîmes en quittant Memel, ville de Prusse, située sur les confins de la Samogitie [1]; il nous fallait traverser le golfe qui porte le nom de Memel, de même que la ville où nous

---

[1] Une tentative plus *hasardeuse* encore que la navigation de Brienne eut lieu en 1658. Charles-Gustave, roi de Suède, cousin de Christine et grand-père de Charles XII, revenant d'Allemagne à cette époque, passa la mer sur la glace avec toute son armée, infanterie, cavalerie, artillerie, bagages, pour aller assiéger Copenhague. Il y perdit quelques escadrons qui, marchant après des canons dont le poids avait ébranlé la glace, furent engloutis tout à coup dans la mer. « On voit cette marche, dit l'abbé de Longuerue, dans une « des belles estampes gravées dans Galeazzo Gualdo, qui a

étions. Le dégel approchait, et s'il nous eût surpris en ce lieu, il aurait fallu y demeurer six semaines au moins avant de pouvoir passer outre. Nous étions bien avant dans le mois de mars, et le soleil avait fondu, par la force de ses rayons, la superficie de la glace, en sorte que nous ne voyions que de l'eau tout autour de nous. La glace toutefois était encore au-dessous, et nos guides nous dirent qu'il fallait passer tout à l'heure, ou rester là pour bien long-temps. L'ennui que nous souffrions en ces déserts affreux, où, durant près de deux mois de chemin nous n'avions vu que de la neige sur la terre et sur la mer, nous fit résoudre à courir ce nouveau danger. Nous envoyâmes un de nos traîneaux sonder le gué, et nous le suivîmes un jour et demi durant à la piste, sans qu'il nous arrivât d'autre mal que la peur ; quand j'y pense, j'en frémis encore. Enfin, Mesdames (car il est bientôt temps de finir mon récit), nous trouvâmes les belles prai-

---

« fait six ou sept années de l'*Histoire de l'empereur Léopold*, « en deux volumes in-folio. » *Longueruana*, t. II, page 18. (*Note de l'Édit.*)

ries de la Prusse ducale qui commençaient à se dégeler ; et les ayant traversées dans de grands chariots extrêmement élevés, et si longs qu'il y peut tenir plus de vingt personnes, nous arrivâmes à Kœnigsberg, où nous fîmes nos paquets, et de là, sans peine, nous vînmes nous reposer à Dantzick.

« Si je ne craignais d'être trop prolixe, je vous parlerais des ennuis que souffre, sans en murmurer, une grande Reine que vous avez vue souvent en ce lieu assise avec vous, avant qu'elle s'allât confiner dans les solitudes de l'Ukraine et de la Pologne [1]. Elle n'a, vous le di-

---

[1] Marie-Louise de Gonzague, fille de Charles de Gonzague, duc de Nevers et de Mantoue, fut mariée, en 1645, à Sigismond, roi de Pologne. Par son rang, son esprit et les charmes de sa personne, elle avait long-temps embelli la cour de France sous Louis XIII et sous la régence d'Anne d'Autriche. Aimée dans sa jeunesse par Gaston d'Orléans, qui l'oublia bientôt ; éprise plus tard, à son tour, du jeune Cinq-Mars, qui sut lui faire partager ses espérances ambitieuses, elle est devenue l'héroïne d'un roman, conçu à la manière de Walter Scott, et tracé avec un talent très remarquable par M. le comte Alfred de Vigny. Quoiqu'elle fût bien de figure, sa beauté ne pouvait se passer des secours

rai-je, de plaisir que celui qu'elle trouve à porter des secours aux pauvres avec les filles de la Charité, que ses soins ont établies à Varsovie, et de prier Dieu tout le jour dans le monastère de la Visitation, qu'elle a bâti. C'est là, Mesdames, où j'ai eu l'honneur de la voir souvent avec admiration, aussi humble et aussi détachée des grandeurs de la terre que si elle ne portait point une couronne ; habillée d'étamine comme nos dévotes de profession, mais avec cette dif-

---

de l'art. Le Laboureur nous a laissé le récit des honneurs qu'on lui rendit partout sur son passage (*voyez* Note E), quand elle partit pour la Pologne ; mais l'accueil qu'elle y reçut du vieux Roi, en humiliant son amour-propre, dut lui faire amèrement regretter la France.

A la mort de ce prince, elle contribua par son adresse, par ses trésors et par ses intrigues, à l'élection de Casimir V, qui était frère du feu Roi, et qu'elle épousa, avec des dispenses du Pape. On sait que la vie de ce prince fut un véritable roman : d'abord guerrier, puis jésuite, puis cardinal, puis roi de Pologne ; en guerre avec ses voisins, en guerre avec ses sujets, forcé de fuir en Silésie avec sa femme, rétabli plus tard dans ses États, mais, fatigué du poids de la couronne, il abdiqua, et vint vivre en France, dans la retraite, à l'abbaye Saint-Germain-des-Prés. Marie

férence que cette vertueuse princesse est pieuse en effet. Quelles faveurs n'ai-je point reçues d'elle! Elle m'a fait l'honneur de m'avouer pour son parent; elle m'a défrayé durant tout le séjour que j'ai fait à sa cour, cour bien différente de celle de France. Elle m'a comblé de présens, jusqu'à m'obliger à recevoir le service de vermeil doré dont j'avais fait usage à Varsovie, afin qu'il me servît encore durant le reste de mon voyage. Elle a daigné joindre à ce présent une boîte de diamans, une bague de grand

de Gonzague, qui dans les malheurs qu'éprouva ce prince montra beaucoup de force d'âme, et qui s'opposa, tant qu'elle vécut, à son abdication, mourut cinq ans avant lui, à Varsovie, en 1667.

Quand elle quitta la cour de Louis XIV, pour aller épouser un vieux Roi goutteux, dans un pays où l'on ne connaissait encore aucune des aisances de la vie, on fit, sur son départ, le couplet suivant, qui se trouve dans les chansons manuscrites.

> C'est la princesse Louise
> Qui va coucher, sans chemise,
> Dans les inutiles bras
> D'un monarque à barbe grise,
> Dont le lit n'a point de draps.

(Note de Brienne.)

prix, des tapis de Perse rehaussés d'or; des armes à la sarmate, arcs, carquois, carabines, haches damasquinées, sabres, poignards garnis de turquoises; selles de chevaux avec le harnais complet couvert de rubis et de grenats; et je crois que si j'avais voulu recevoir les chevaux tartares et turcs qu'on m'a offerts en son nom, je pourrais me vanter d'être le cavalier de France le mieux équipé. La gazette vous a donné ces détails avant moi : elle a parlé des honneurs que j'ai reçus en considération du maître que je sers; et si sa gloire n'y était encore plus intéressée que la mienne, je ne vous en aurais rien dit du tout. Mais ce qui touche mon Roi m'est trop cher pour le passer sous silence.

« Enfin, et c'est cette fois tout de bon que je finis, en quittant les plaines de la Pologne, j'entrai dans les montagnes de la Bohême, après avoir traversé les vastes forêts de la Silésie et de la Moravie; de là, je revins pour la seconde fois revoir le Danube. Les richesses et la magnificence du palais de Munich m'éblouirent. Je m'arrêtai quelques jours dans la belle ville d'Augsbourg, puis je traversai l'Apennin, d'où découlent cent ruisseaux, d'où mille sources tombent en cascades du haut des rochers, cascades auxquelles nous ne pouvons comparer celles de Ruel ni de Saint-Cloud, parce qu'elles les surpassent autant que la nature elle-même surpasse en merveilles les merveilles de l'art. Là, je respirai, durant six semaines que je fus à passer les montagnes du Tyrol, un air bien différent de celui de Suède et de Laponie; et remis de mes fatigues passées, j'entrai dans l'Italie, la noble et charmante Italie, par le col de Tende et le pas de l'Écluse, et j'arrivai heureusement à Venise dans le mois de juillet. Je passai la canicule à Florence, et après les pluies de septembre, j'allai admirer Rome, puis je courus prier Notre-Dame de Lorette [1]. De retour dans

---

[1] Personne à cette époque, je ne dirai pas de dévotion, mais de foi, n'eût voulu visiter l'Italie sans aller se prosterner devant la *Santa Casa*, à Notre-Dame de Lorette. L'abbé Arnaud, qui voyageait presque vers le même temps en Italie, ne manqua pas non plus ce pieux pélerinage; mais sa piété, mêlée de jansénisme et de malice, ne l'empêche point de raconter l'anecdote suivante. « Nous prîmes « notre chemin par Lorette, dit-il; j'y éprouvai en ma

la capitale du monde, je vins par mer à Gênes sur une des galères de cette république, avec monseigneur le cardinal Grimaldi. Je me rendis également par mer de Gênes à Toulon, en longeant les côtes, et du plus loin que j'aperçus la montagne du Lissandre, qui prolonge son cap élevé loin du rivage, je m'écriai : Voilà la France !.... Je vais revoir mon Roi et mon pays !....

« S'il suffit d'avoir beaucoup couru pour être honnête homme, j'ai quelque droit de pré-

« personne ce que j'avais bien ouï dire à d'autres, mais sans
« y avoir ajouté beaucoup de foi, qu'on ne saurait entrer
« dans cette sainte maison, où a commencé le mystère ado-
« rable de notre salut, sans être saisi d'une sainte horreur
« qui donne des mouvemens tout extraordinaires. J'y fus à
« confesse à un révérend Père jésuite français, et il me
« souviendra toute ma vie du zèle de ce bon Père contre
« les méchans; car, m'étant accusé d'avoir battu un voi-
« turin : *Passez, passez,* me dit-il, *il n'y a pas grand mal*
« *à cela ; ce sont les plus méchans coquins du monde.* Je ne
« sais si, sans faire un jugement téméraire, on ne pourrait
« pas croire que ce bon Père avait reçu quelque déplaisir
« de ces sortes de gens. » (*Mém. de l'abbé Arnaud,* p. 271.)
(*Note de l'Édit.*)

tendre à cet avantage, surtout, Mesdames, si vous êtes contentes de mon récit, et si Sa Majesté, que je crains bien d'avoir ennuyée, ne laisse pas que d'être satisfaite de mon obéissance. »

En achevant ces mots, je fis une profonde révérence à la Reine, et ensuite une légère inclination de tête aux duchesses. Elles me rendirent le salut par de vives acclamations, que répétèrent à l'instant tout ce qui se trouvait de seigneurs et de gens qualifiés dans le cabinet de la Reine. Ma modestie aurait eu sujet d'en souffrir, si je n'avais déjà su ce que valait cette eau bénite de cour. En fait de louanges excessives, Son Éminence et le Roi lui-même m'avaient comblé : peut-être aurais-je dû nommer le Roi le premier, si, selon l'usage du temps, je ne me fusse adressé d'abord à son premier ministre plutôt qu'à lui.

Après cette longue digression, qu'il ne faut imputer qu'au cardinal de Mazarin lui seul, reprenons le fil de son histoire, et jetons un coup d'œil sur les derniers actes de son ministère.

CHAPITRE XIII.

Conférences avec don Louis de Haro pour la paix. — Brienne demande à partir avec le Cardinal. — Refus. — Consolation. — Il signe, sans les lire, tous les actes passés avec l'Espagne; mais il prend connaissance des actes secrets. — Mazarin, déjà malade, le fait, à son retour, travailler auprès de son lit. — Le Cardinal trahit la France dans l'espoir d'être pape. — Comment Brienne en a la preuve. — Scène entre le Cardinal et lui à ce sujet. — Mignard, peignant Mazarin, lui donne, d'un coup de pinceau, les insignes de la papauté. — Louis XIV et toute la cour applaudissent à cette flatterie. — On la regarde comme un heureux présage.

JE ne parlerai point ici du premier voyage que M. de Lionne fit en Espagne, pour jeter les fondemens de la paix; cela me menerait trop loin, et pourra se voir ailleurs exactement écrit; mais je ne puis me dispenser de dire un mot de la négociation du cardinal Mazarini, avec don Louis de Haro. Quoique le traité que Pimentel avait signé à Paris, avec le Cardinal, fût conclu, et semblât n'avoir besoin que de la ratification de l'Espagne pour être exécuté, on s'aperçut bientôt, néanmoins, que cet acte mystérieux exigeait la sanction d'un acte plus authentique[1]. Par suite de ces préliminaires, une négociation plus importante devait commencer incessamment dans l'île des Faisans, sur la rivière de la Bidassoa, entre les deux premiers ministres des couronnes de France et d'Espagne. Le Cardinal partit donc de Fontainebleau au mois de juillet de l'année 1659, pour se rendre en diligence à Saint-Jean-de-Luz. Don Louis de Haro arriva en même temps à Fontarabie, et les conférences commencèrent peu de jours après[2]. La cour,

[1] Je crois devoir donner, à ce sujet, des éclaircissemens nécessaires. (*Voyez* Note F.) (*Note de l'Édit.*)

[2] Mazarin déploya, dans cette circonstance, une pompe vraiment royale. Soixante personnes des plus distinguées de la cour, prélats, seigneurs et gentilshommes, avaient été choisies par lui pour l'accompagner à l'entrevue. On remarquait, dans cette espèce de cour, les archevêques de Toulouse et de Lyon, les maréchaux de Grammont, de Clérembault et de Villeroy. Il avait une garde composée de cent chevaux et de trois cents fantassins. Huit chariots à six chevaux traînaient ses bagages. Seize pages, un grand nombre d'écuyers, et cent cinquante domestiques portant la livrée, accompagnaient sa maison. Il avait, enfin, sept carrosses pour sa personne, et quantité de chevaux de main.

cependant, s'avançait à petites journées vers la Guyenne : arrivée à Bordeaux, elle y fit un assez long séjour.

Son Éminence écrivait de sa propre main, avec une exactitude et une fatigue incroyable (ce qui a notablement abrégé le cours de sa vie), le détail de tout ce qui se passait jour par jour dans les conférences, et adressait ses dépêches par courrier exprès à M. Letellier, qui en faisait la lecture à Leurs Majestés, et mandait ensuite leurs réponses au Cardinal. Cela se passait avec tant de silence et de mystère, que, hors le Roi, la Reine et M. Letellier, confident de Son Éminence, personne n'en avait connaissance. Je savais bien, à la vérité, l'objet principal de la

On pourra voir, dans les Éclaircissemens, les détails de cette célèbre entrevue (*voyez* Note G). L'historien du Cardinal, Aubery, qui nous les a conservés, dit, avec beaucoup de candeur, qu'en entrant dans la salle des conférences, « la « première démarche des deux ministres Mazarin et don « Louis de Haro fut de s'avancer l'un vers l'autre, et de « s'embrasser avec tant de témoignages de bienveillance et « de tendresse, *qu'ils en jetèrent quelques larmes de joie.* » Cette sensibilité diplomatique méritait bien qu'on la citât pour modèle. (*Note de l'Édit.*)

CHAPITRE XIII.

négociation, parce que le Cardinal était obligé de m'en mander au moins ce qu'il voulait que j'écrivisse de la part du Roi aux ministres étrangers; mais je ne voyais goutte pour cela dans tout le reste.

Je priai le Cardinal, à Fontainebleau, avant qu'il en partît pour s'acheminer vers la frontière de France, du côté des Pyrénées, de trouver bon que je l'y accompagnasse. Il me répondit fort civilement qu'il n'en était pas besoin; qu'à la vérité, il aurait mené mon père avec lui, si sa santé le lui avait pu permettre, mais que pour moi, j'avais encore trop peu de barbe au menton (ce furent ses propres mots) pour être opposé aux moustaches espagnoles. Je lui répondis que la barbe ne faisait rien, et que si cela était nécessaire, plutôt que de ne pas être employé dans une affaire de mon département, je laisserais croître ma moustache, et l'aurais dans peu de jours aussi fournie que l'étaient celles des seigneurs dont il parlait. Il se prit à rire, et après m'avoir fait beaucoup d'excuses sur ce qu'il ne me menait pas avec lui, il me dit que j'aurais plus d'honneur à demeurer avec messieurs mes confrères auprès du Roi, que d'agir dans les conférences de la paix, en subalterne, sous M. de Lionne, et qu'il ne pouvait plus lui retirer la plume des mains, après lui avoir confié tout le secret de la négociation. Ainsi c'était à moi de voir si je voulais n'agir qu'en second, ce qu'il laissait à mon choix. Mais y ayant un peu pensé, je lui dis que, tout bien considéré, je demeurerais, puisqu'il le trouvait bon, auprès du Roi. «Vous faites bien, reprit-il, et je vous en sais bon gré. Au reste, n'ayez point de chagrin de ce que je ne vous mène pas avec moi; cela ne vous fera aucun tort, et j'aurai soin de vous écrire toutes choses, comme je vous prie de me rendre compte exactement de tout ce qu'on vous mandera des pays étrangers;» et ayant sur cela pris congé de lui, il m'embrassa, et me donna un billet de sa main pour être payé de ce qui m'était dû de mes appointemens : il y ajouta même un extraordinaire de 2000 écus, ce qui m'aida à digérer mon chagrin.

Enfin l'on conclut la paix, et le mariage du Roi avec l'infante d'Espagne fut résolu [1]. La

[1] Le fameux traité des Pyrénées fut signé dans l'île des

cour reçut à Toulouse ces agréables nouvelles, et M. Letellier m'envoya quérir par Charpentier, l'un de ses principaux commis, afin que je signasse en sa présence, suivant l'ordre exprès qu'il en avait reçu du Roi et de Son Éminence, les ratifications de tous ces actes importans. Il me dit qu'il y avait défense expresse que je les lusse en les signant, ce qui me surprit un peu. Mais comme je témoignai à M. Letellier que cela ne s'était jamais fait, et qu'un secrétaire d'État ne devait rien signer qu'il n'eût lu d'abord, il me dit de signer hardiment sur sa parole, qu'il avait lui-même collationné tous ces actes aux originaux, et m'assurait que je n'en aurais point de reproche. Je repartis avec un peu d'émotion, que cela ne suffisait pas pour ma décharge, et le priai de m'en donner un ordre par écrit. Il répondit qu'il ne me le pouvait expédier sans un ordre particulier du Roi; que je visse s'il était à propos qu'il l'allât prendre de lui, et

---

Faisans, sur la Bidassoa, le 7 novembre 1659; on ne célébra le mariage de Louis XIV avec l'Infante que le 9 juin de l'année suivante. Brienne donnera plus bas des détails intéressans sur ces cérémonies. (*Note de l'Édit.*)

qu'il ne me le conseillait pas, parce qu'il pourrait bien arriver qu'après m'avoir fait une civilité à laquelle il n'était pas obligé, puisqu'en qualité de secrétaire d'État de la guerre, il pouvait signer le traité de paix, Sa Majesté lui ordonnerait de le contre-signer, sur le refus que je faisais. Je trouvai que mon confrère avait raison, et ne voulus pas m'exposer à ce nouvel affront. Il me fit l'honneur de me présenter lui-même la plume, et je signai tous les actes qui étaient sur sa table, sans les lire, après quoi il me permit de passer légèrement la vue sur le traité de paix, ce que je fis avec tant de précipitation, que je n'en pus alors retenir presque rien dans ma mémoire. Pour ce qui est des articles secrets, il y fit plus de difficultés; mais voyant que j'avais obéi de bonne grâce au dur commandement qu'il m'avait fait de la part du maître, il me les donna tous à lire, comme il avait fait pour le traité, et je les lus un peu plus attentivement, ce dont M. Letellier s'aperçut et ne fit toutefois que rire. Quant au contrat de mariage, je le lus tout à mon aise, la grosse en ayant été expédiée chez moi, par Dantiège, mon second commis. Cependant, quoique j'eusse lu fort à la hâte ce gros et mystérieux traité, qui contenait plus de cent rôles d'écriture, je ne laissai pas de m'apercevoir que le Cardinal n'avait obtenu des Espagnols, que la ville d'Avesnes, au lieu de celle de Cambrai, qu'ils devaient restituer à la France. J'insiste sur cette remarque, et l'on verra bientôt pourquoi : mais alors je ne fis semblant de rien. Le Cardinal étant revenu à Toulouse, où j'étais avec la cour, peu de jours après la signature des ratifications, j'eus le temps d'apprendre de Son Éminence des choses que je ne savais que superficiellement. Elle me donna le traité en original à lire, et me permit d'en tirer une copie aussi-bien que des articles secrets.

Sur ces entrefaites, un jour que j'étais seul dans la chambre du Cardinal, et que j'écrivais sur sa table des dépêches pressantes qu'il venait de me commander, Son Éminence eut besoin de quelques papiers qui étaient dans l'une de ses cassettes. Le Cardinal était alors au lit où la goutte le retenait. Il m'appela, et, me donnant ses clefs, me dit d'ouvrir la cassette marquée

XI, et de lui apporter la liasse *A*, nouée d'un ruban jaune. Les cassettes, qui étaient rangées six à six sur deux différentes tables au pied du lit, avaient été mal placées; à la suite de la cassette *X*, on avait mis la cassette *IX*, que j'ouvris sans y faire attention, m'étant contenté de compter les cassettes jusqu'à ce que je fusse venu à celle qui se trouvait la onzième en ordre. J'en tirai donc la liasse *A*; mais ne la trouvant pas nouée d'un ruban jaune, je dis à Son Éminence, du lieu où j'étais, qu'elle était nouée d'un ruban bleu. Le Cardinal me répondit : « Vous vous êtes mépris au chiffre; c'est la « cassette *IX* que vous avez ouverte au lieu de la « cassette cotée *XI*. » Je maintins que j'avais bien compté, comme il était vrai, et que j'avais ouvert la cassette qui était la onzième en rang. « C'est donc mon valet de chambre qui aura « pris une liasse pour l'autre en rangeant les « cassettes, me répondit le Cardinal; ouvrez celle « qui porte le chiffre onze, et remettez l'autre « à sa place. » J'ouvris donc la cassette qu'on m'indiquait, et j'y trouvai en effet la liasse *A*, nouée d'un ruban jaune, que je portai à Son

CHAPITRE XIII.

Éminence. Cependant cela ne se put pas faire sans que je lusse la côte du papier volant qui paraissait sur la liasse *A*, renouée d'un ruban bleu, et j'y aperçus ces paroles remarquables : *Acte par lequel le R. d'E... m'a promis de ne s'opposer pas à ma P... à la P..., en cas que je puisse me faire E... après la mort d'A..., et ce moyennant que je fasse agréer au R... de se contenter de la ville d'A... au lieu de celle de C..., dont j'ai demandé de sa part la restitution à la couronne d'E... Et plus bas : Cet acte est bon, C... étant demeuré aux E... Nota bene.*[1]

Je me le tins pour dit, et n'oubliai pas le [NB], qui était ainsi figuré. Toutefois, je ne fis semblant de rien, et remis les choses à leur place et les cassettes dans leur ordre. Un moment

---

[1] Acte par lequel le roi d'Espagne m'a promis de ne s'opposer pas à ma promotion à la papauté, en cas que je puisse me faire élire après la mort d'Alexandre VII ; et ce, sous la condition que je fasse agréer au roi de France de se contenter de la ville d'Avesnes, au lieu de celle de Cambrai, dont j'ai demandé, de sa part, la restitution à la couronne d'Espagne.

Et plus bas : *Cet acte est bon, Cambrai étant demeuré aux Espagnols.* (*Note de Brienne.*)

après, Son Éminence me dit de lui apporter la cassette marquée *IX*, et l'ouvrit elle-même sur son lit, délia la liasse *A*, et plaça l'acte que j'avais vu dans le milieu, entre les autres papiers dont je n'ai pas eu connaissance. Quand cela fut fait, et la cassette refermée, elle me demanda si je n'avais point lu la cote de la liasse *A*, nouée d'un ruban bleu. Je répondis simplement que Son Éminence ne m'avait pas dit de lire la cote, mais seulement de lui porter la liasse, et que ne l'ayant pas trouvée nouée d'un ruban jaune, je l'en avais avertie, sans pousser plus loin ma curiosité. Mais ma réponse ne satisfit pas le Cardinal, et il me regarda si fixement que je ne pus m'empêcher de rougir un peu. Ma surprise l'embarrassa, et il me dit : « Or sus *basta*; si vous avez lu ce qui est écrit « de ma main sur la liasse *A* nouée d'un ru- « ban bleu, je vous prie de n'en parler à per- « sonne, et vous m'obligerez de me dire la vé- « rité; elle m'importe de tout. Ne me cachez « rien, et n'appréhendez pas pour cela que je « vous en veuille du mal; je sais que vous êtes « secret. »

Je crus lui devoir avouer la chose, jugeant bien que de la nier après avoir rougi comme j'avais fait, ne servirait qu'à me convaincre. Et en effet, pour lui faire connaître que j'étais maître de son secret, mais que je n'en abuserais pas, je lui répondis : « Je souhaite, monseigneur, « que la chose arrive selon qu'on vous l'a pro- « mise, et alors j'espère que vous ne me refu- « serez pas l'indulgence *in articulo mortis* [1]. » Il se prit à rire, et m'embrassa en me recommandant encore une fois fort expressément le secret. Je lui jurai sur mon salut que tant qu'il vivrait, je n'en parlerais à personne, et je lui ai tenu parole; mais je n'ai pas cru devoir après sa mort cacher plus long-temps au public un fait aussi curieux. [2]

[1] Les papes accordent cette indulgence aux princes du Sacré-Collége.

[2] Le cardinal d'Amboise, qui gouverna si long-temps la France sous Louis XII, et Volsey, qui exerça pendant vingt ans le même empire auprès de Henri VIII, avaient tous deux, comme Mazarin, désiré la tiare. En négociant avec la cour de Rome, d'Amboise, pour réussir dans ses desseins, avait trop de franchise et de droiture : ce n'est pas ce qui aurait pu nuire à Mazarin. Peut-être se flattait-il d'intéresser

Cette histoire, qui est exacte en toutes ses circonstances, me fait souvenir d'une autre qui a du rapport à la première, et n'est guère moins plaisante; la voici en deux mots. Comme la cour fit quelque séjour à Avignon, pendant qu'on démolissait les fortifications d'Orange, suivant les ordres que j'avais donnés pour cela, cette ville étant de mon département, Son Éminence s'avisa de se faire peindre par le fameux Mignard d'Avignon. Un jour donc, que j'étais dans sa chambre lorsqu'on le peignait, le peintre, pour lui faire sa cour durant que je parlais d'affaires à Son Éminence, fit en deux coups autour de sa tête une barrette papale. En m'en allant, je m'aperçus de cette ingénieuse flatterie, et, me retournant tout à coup, je m'écriai : « Son Éminence a bonne mine ainsi! » Et j'ajoutai ce mot italien : *Se non è papa, adesso lo sara si-*

Louis XIV lui-même à ses projets. Charles-Quint éleva au trône de Saint-Pierre Adrien, qui avait été son précepteur et son ministre: Louis XIV pouvait n'être pas insensible à l'honneur d'imiter Charles-Quint; mais il eût, à coup sûr, été peu satisfait d'apprendre ce que l'ambition de Mazarin coûtait à la France. (*Note de l'Édit.*)

CHAPITRE XIII.

curamente. « Que dites-vous? » reprit le Cardinal assez étonné de m'entendre parler de la sorte. « Je dis, monseigneur (car quelquefois je, le « traitais ainsi comme les autres pour lui plaire), « que M. Mignard vous a fait pape de son au- « torité, et que la couronne papale vous sied « fort bien. » Son Éminence se leva de sa chaise, et vint voir le nouveau pape de Mignard. Il ne fit qu'en rire, et ne voulut pas que la barrette fût effacée jusqu'à ce que le Roi, qui allait arriver, l'eût vue (car ce prince ne manquait jamais de venir tous les matins tenir le conseil dans la chambre de Son Éminence). Le Roi arriva un moment après, et l'on rit fort de la barrette papale et de la flatterie de Mignard : toute la cour la trouva de bon augure.

———

CHAPITRE XIV.

Brienne; sa position, sa conduite, ses mœurs, désordres dont on l'accuse. — Maladie du Cardinal. — Il découvre ses jambes et ses cuisses nues devant la Reine et devant toute la cour. — Incendie du Louvre, au moment où le Cardinal y faisait préparer un ballet. — Violence du feu, qui dévore la galerie et les portraits des Rois. — Courage et dévoûment d'un frère Augustin au milieu des flammes. — Brienne traverse la Seine, et se rend au Louvre. — Il court à l'appartement du Cardinal; ses gardes l'emportaient dans leurs bras, tremblant et frappé de terreur. — Il arrive à son palais. — On y fait une célèbre consultation de médecins. — Guénaud condamne le Cardinal, et lui annonce son sort. — Il reçoit cet arrêt avec fermeté. — Mazarin, dans sa galerie, répétant à la vue de chaque tableau : *Il faut quitter tout cela.*

J'EXERÇAIS, sous les ordres du Cardinal et de mon père, la charge de secrétaire d'État. Les affaires étrangères et la marine composaient ce département avec les provinces de Champagne et de Brie, de Lorraine, d'Alsace, de Provence et de Bretagne. On était assez content de mes services. Le premier ministre s'accommodait mieux de moi que de mon père, qui le gênait davantage. « M. de Brienne, ne me contrariez

« pas comme votre père, me disait-il, et nous « serons bons amis. » En effet, Son Éminence me traitait assez bien, et ne paraissait point contrainte quand j'étais seul avec elle dans sa chambre. Je lui parlais fort familièrement; j'écrivais presque tous les jours sous sa dictée, et comme j'ai la main fort preste et l'oreille fort fine, je ne la faisais jamais répéter, et j'écrivais aussi vite qu'elle parlait, ce qui lui plaisait fort; seulement elle ne pouvait lire mon écriture, tant il y avait d'abréviations. Elle m'en fit reproche un jour, et je me mis à écrire posément; mais je la faisais trop attendre. Elle me dit : « C'est moi qui ai tort; brochez à votre ordi- « naire. » Cela me soulagea, et je continuai d'en user ainsi, ce qui fut cause que le Roi, par un édit, me dispensa de trois années qui restaient encore à courir pour que j'eusse atteint l'âge d'exercer mon emploi. Ce fut à Calais, quelques jours avant la grande maladie qui menaça les jours de Sa Majesté et la fortune du Cardinal. Depuis lors, je suivis le Roi dans tous ses voyages, et je remplis la charge de secrétaire d'État à mes dépens; car mon père en touchait les appointemens; j'en retirais, à la vérité, quelques revenant-bons extraordinaires, mais cela n'a pas empêché que je n'aie mangé et consommé trois cent mille livres au service de Sa Majesté.

J'étais alors fort alerte et très éveillé. Je jouais beaucoup et je gagnais plus souvent que je ne perdais. J'achetais des médailles, des bronzes, des statues, des tableaux; et ma table était fort bonne. On me faisait passer pour un homme de plaisir, quoique je n'aie jamais eu de maîtresses. Les femmes n'étaient pas de mon goût, et cela m'a nui auprès du Roi. Mais l'on s'imagina, parce que je parlais fort contre un sexe dont j'avais à me plaindre, que je me pourvoyais ailleurs, et que j'avais quelque bel ami à mes gages, ce qui était faux. Mes ennemis ne m'ont guère épargné; ils ont, par mille moyens, tâché de décrier mes mœurs pour me perdre à la cour. Cependant j'en ai vu qui s'étaient trouvés à la célèbre partie de Roissy, et qui n'en ont pas moins fait leur chemin; mais il est vrai que la sœur servit plus tard à pallier les fautes du frère.[1]

---

[1] Brienne veut, en cet endroit, parler de Vivonne. Quant

Quoi qu'il en soit, ma position, mon emploi, la familiarité dont je jouissais auprès du Cardinal, me donnèrent occasion de savoir des particularités que je vais raconter fort exactement et qu'on ne trouverait point ailleurs.

Le Cardinal eut tant de fatigue durant les conférences de la paix, qu'il en rapporta la maladie dont il mourut, si j'ai bonne mémoire, dans l'année même[1]. Ce fut à Sibourre, où il avait

à la partie de Roissy, qui fit tant de bruit alors, c'était une débauche dont on accusa malheureusement plusieurs personnes de la cour. On prétendit que leurs désordres n'avaient pas moins outragé la religion que les mœurs; on alla jusqu'à dire que l'abbé Fouquet, partageant leur ivresse et leur impiété, avait, en leur présence, baptisé un cochon de lait. Vivonne s'y trouvait, aussi-bien que Bussy-Rabutin. Celui-ci a raconté cette orgie dans ses Mémoires, et l'on pense bien qu'il n'en a point chargé les couleurs. Tel qu'il est, cependant, son récit pourra donner une idée des divertissemens qu'avaient pris ces jeunes seigneurs. (*Voyez dans les Éclaircissemens, lettre H.*) (*Note de l'Édit.*)

[1] Son Éminence se consuma, par sa faute, dans la négociation des Pyrénées. Le Cardinal, qui n'était soulagé par personne, avait à répondre seul à tout le conseil de Madrid, que don Louis de Haro avait été trop habile pour ne

son quartier, tandis que le Roi et les Reines étaient logés à Saint-Jean-de-Luz, qu'il sentit les premières atteintes du mal dont la langueur l'a conduit insensiblement au tombeau. Un jour que je me trouvais dans sa chambre, et qu'il était au lit, la Reine mère l'étant venue visiter, lui demanda comment il se portait. « Très mal », répondit-il; et, sans dire autre chose, il jeta sa couverture, sortit sa jambe et sa cuisse nues hors du lit, et les montrant à la Reine, qui en fut étonnée aussi-bien que tous les spectateurs,

pas mener avec lui. Mazarin aimait à parler, et présumait un peu trop de son éloquence; je conviens qu'il en avait beaucoup, mais six fortes têtes valent mieux que la meilleure tête du monde sans second. M. de Lionne, qui l'avait bonne, le soulageait, à la vérité, et le maréchal de Villeroy aussi; mais cela ne suffisait pas. Il fit une très grande faute, de n'avoir pas mené mon père avec lui, tout infirme qu'il était alors. Comme il savait tout (car jamais il n'y a eu de mémoire plus heureuse), et que d'ailleurs il avait un très grand usage des affaires étrangères et des intérêts des princes, il aurait fort embarrassé le conseil d'Espagne; il aurait beaucoup soulagé Son Éminence. Outre que la dignité de la France eût été mieux soutenue, le Cardinal s'en fût mieux trouvé. (*Note de Brienne.*)

il lui dit : *Voyez, madame, ces jambes qui ont perdu le repos en le donnant à la France!* En effet, sa jambe et sa cuisse étaient si décharnées, si livides et si couvertes de taches blanches et violettes, que cela faisait pitié. La bonne Reine ne put s'empêcher de pousser un grand cri, et de jeter quelques larmes en voyant ce déplorable état. On aurait dit Lazare sortant du tombeau.

J'ai souvent songé depuis à cette orgueilleuse simplicité du Cardinal, car je ne sais quel nom donner à cette action si familière et si peu décente; et je me suis dit cent fois à moi-même, dans une juste surprise : « Est-il possible qu'un « cardinal s'oublie à ce point devant une femme, « devant une reine entourée des dames de sa « cour ! il fallait que la douleur le pressât bien « vivement, ou qu'il crût tout permis à un « homme qui venait, au péril de sa vie, d'as- « surer la paix à l'Europe. » Il fut plaint toutefois, et personne que je sache n'osa blâmer cette action; mais j'avoue qu'elle me causa plus d'étonnement que de pitié.

La santé de Son Éminence diminua notablement depuis ce jour; on peut dire que le reste de sa vie ne fut plus qu'une longue mort. Il revint à petites journées de la frontière, toujours couché dans son carrosse, sur un matelas qu'il y faisait mettre tous les matins, et sur lequel on le portait par les quatre coins dans son lit, tant à la dînée qu'à la couchée. Ce n'est pas qu'il ne marchât quelquefois, mais c'est qu'on croyait cette petite agitation nécessaire à la grande faiblesse dans laquelle il était tombé. On le soutenait sous les bras, et le peu d'efforts qu'il faisait pour marcher l'abattait à tel point qu'on eût dit qu'il allait mourir toutes les fois qu'on le remettait au lit. Il arriva dans cet état au Louvre. Il y faisait préparer, dans la galerie des portraits des Rois, un superbe ballet, dont la décoration devait être de colonnes de brocatelle d'or, à fond vert et rouge, découpée à Milan, quand le feu prit par hasard, ou si l'on veut, par l'ordre du ciel, qui n'approuvait pas ces folles dépenses, dans cette magnifique décoration, gagna de là les portraits des Rois, tous de la main de Janet ou de Porbus, et consuma, en peu d'heures, le dessus de la galerie, dont le plafond

CHAPITRE XIV.

était peint par Freminet, et représentait la défaite des Titans par Jupiter [1]. Sans les soins et le courage d'un frère augustin du grand couvent, qui se signala dans cet incendie, tout le Louvre eût couru risque d'être brûlé. Une fourche à la main, ce moine intrépide, attaché par le milieu du corps avec une grosse chaîne de fer, et suspendu en l'air tout au milieu des flammes, poussait, détachait avec force, et précipitait jusqu'en bas les poutres et les solives brûlantes. On eût cru que le feu l'allait dévorer, lorsque tout à coup on le voyait sortir de ces brasiers ardens, comme les trois jeunes Hébreux sortirent de la fournaise de Babylone. Je ne sais pas quelle récompense reçut ce digne religieux; mais je sais bien que s'il n'eût été apothicaire de son métier et simple frère lai, son dévoûment méritait au moins un évêché ou quelque autre riche prélature.

Je m'étais couché fort tard la nuit précédente,

---

[1] C'était un grand et beau morceau de peinture allégorique, dans lequel paraissait Henri IV sous la figure de Jupiter, et la Ligue foudroyée sous celle des Géans réduits en poudre. (*Note de Brienne.*)

et je dormais encore sur les sept heures du matin, quand La Souche, mon maître d'hôtel, vint me réveiller en sursaut, et m'apprit que le Louvre était en feu. Je me levai à l'instant et m'habillai en un tour de main, puis me jetant dans un bateau pour être plus tôt au logis du Roi, je traversai la Seine, et, passant au milieu des gardes, qui étaient déjà en bataille autour du Louvre, je courus à l'appartement du Cardinal. Je le rencontrai comme il sortait de sa chambre, soutenu sous les bras par son capitaine des gardes. Il était tremblant, abattu, et la mort paraissait peinte dans ses yeux, soit que la peur qu'il avait eue d'être brûlé dans son lit l'eût mis en cet état, soit qu'il regardât ce grand embrasement comme un avertissement que le ciel lui donnait de sa fin prochaine. Jamais je ne vis homme si pâle ni si défait. Je ne laissai pas de m'approcher de lui comme les autres; mais quand je vis qu'il ne répondait à personne, je ne lui dis mot, et me contentai de me faire voir à lui. Il monta dans sa chaise sur le haut du grand degré, et le descendit ainsi à l'aide de quatre porteurs et de ses gardes, tandis que les Suisses, rangés sur les marches à droite et à gauche, se passaient de main en main les seaux d'eau, ou couraient les jeter sur les flammes qui dévoraient déjà l'appartement dont il venait de sortir.[1]

A peine était-il arrivé à son palais, qu'on y fit la célèbre consultation de douze médecins, dans laquelle Guénaud[2] le condamna à mort. Pas un de ses confrères ne voulait se charger d'annoncer à Son Éminence cette fâcheuse nouvelle; il le fit en ces termes, ainsi qu'il me l'a dit lui-même : « Il ne faut point, monsei-
« gneur, flatter Votre Éminence. Nos remèdes

---

[1] Cet incendie eut lieu le 6 février 1661. On lit, à ce sujet, dans les Mémoires de Bussy, t. II : « Les flatteurs « disaient que le feu était un bon signe, et que cela présa-
« geait la guérison de Son Éminence; les autres demeuraient
« d'accord du bon augure du feu, mais ils disaient que la
« preuve de cela serait la mort du Cardinal. » (*Note de l'Édit.*)

[2] Guénaud, médecin du temps, célèbre par son savoir, est devenu presque aussi célèbre par ce vers connu de Boileau :

Guénaud, sur son cheval, en passant m'éclabousse.

(*Note de l'Édit.*)

« peuvent prolonger vos jours, mais ils ne peu-
« vent guérir la cause du mal; vous mourrez
« certainement de cette maladie, mais ce ne sera
« pas encore si tôt. Préparez-vous donc, monsei-
« gneur, à ce terrible passage. J'ai cru devoir
« parler franchement à Votre Éminence; et si
« mes confrères vous parlent autrement, ils vous
« trompent: moi je vous dis la vérité. »

Le Cardinal reçut cet arrêt sans beaucoup
d'émotion, et lui dit seulement : « Combien
« ai-je à vivre encore? — Deux mois au moins,
« répondit Guénaud. — Cela suffit, dit Son
« Éminence; adieu, venez me voir souvent. Je
« vous suis obligé autant que le peut être un
« ami. Profitez du peu de temps qui me reste
« pour avancer votre fortune, comme de mon
« côté je vais mettre à profit votre avis salu-
« taire. Adieu, encore un coup; voyez ce que
« je puis faire pour votre service. » Cela dit, il
s'enferma dans son cabinet, et commença sé-
rieusement à penser à la mort.

Je me promenais à quelques jours de là dans
les appartemens neufs de son palais. J'étais dans
la petite galerie où l'on voyait une tapisserie

toute en laine, qui représentait Scipion ; exécutée sur les dessins de Jules Romain, elle avait appartenu au maréchal de Saint-André : le Cardinal n'en avait pas de plus belle. Je l'entendis venir, au bruit que faisaient ses pantoufles, qu'il traînait comme un homme fort languissant et qui sort d'une grande maladie. Je me cachai derrière la tapisserie, et je l'entendis qui disait : « Il faut quitter tout cela ! » Il s'arrêtait à chaque pas, car il était fort faible, et se tenait tantôt d'un côté tantôt de l'autre ; et, jetant les yeux sur l'objet qui lui frappait la vue, il disait du profond du cœur : « Il faut quitter tout « cela ! » Et se tournant, il ajoutait : « Et encore « cela ! Que j'ai eu de peine à acquérir ces choses ! « puis-je les abandonner sans regret ?.... je ne « les verrai plus où je vais !.... » J'entendis ces paroles très distinctement. Elles me touchèrent peut-être plus qu'il n'en était touché lui-même, car je ne sais s'il pensait alors à son état ; au moins, ce n'est guère là la disposition d'un pécheur pénitent.

Je fis un grand soupir que je ne pus retenir, et il m'entendit. « Qui est là ? dit-il, qui est là ? —

« C'est moi, monseigneur, qui attendais le mo-
« ment de parler à Votre Éminence d'une lettre
« fort importante que je viens de recevoir. —
« Approchez, approchez », me dit-il d'un ton
fort dolent. Il était nu dans sa robe de chambre de camelot fourrée de petit-gris, et avait son
bonnet de nuit sur la tête ; il me dit : « Donnez-
« moi la main : je suis bien faible ; je n'en puis
« plus. — Votre Éminence ferait bien de s'as-
« seoir », et je voulus lui porter une chaise.
« Non, dit-il, non ; je suis bien aise de me pro-
« mener, et j'ai à faire dans ma bibliothéque. »
Je lui présentai le bras, et il s'appuya dessus. Il
ne voulut point que je lui parlasse d'affaires.
« Je ne suis plus, me dit-il, en état de les enten-
« dre ; parlez-en au Roi, et faites ce qu'il vous
« dira : j'ai bien d'autres choses maintenant dans
« la tête, » et revenant à sa pensée, « Voyez-
« vous, mon ami, ce beau tableau du Corrège,
« et encore cette Vénus du Titien, et cet incom-
« parable déluge d'Antoine Carrache, car je sais
« que vous aimez les tableaux, et que vous vous
« y connaissez très bien ; Ah ! mon pauvre ami,
« il faut quitter tout cela ! Adieu, chers ta-

« bleaux que j'ai tant aimés et qui m'ont tant
« coûté !.... »

Je fus tenté de lui répliquer en fils de madame de Brienne, mais je me retins, et je lui dis : « Ah! « vous êtes moins mal que vous ne pensez, « puisque vous aimez encore vos tableaux. Bon « courage, monseigneur, personne ne désire « plus votre mort; tout le monde au contraire « fait des vœux pour le recouvrement de votre « santé. — Est-il vrai? l'on ne veut plus ma mort? « Ah! vous ne savez pas tout; quelqu'un la désire. « — Cela ne peut être, monseigneur; ne vous « mettez point de visions dans l'esprit. — Je « sais le contraire, me dit-il, mais n'en parlons « plus. Il faut mourir; plutôt aujourd'hui que « demain. Il souhaite ma mort, je le sais bien!.. » Je compris qu'il voulait parler du Roi, dont la capacité, qu'il connaissait, lui donnait de la jalousie. Que l'homme est peu de chose quand Dieu l'abandonne à lui-même, et permet qu'il sente le poids de sa propre misère! le plus fort génie est le plus faible alors; et ce que je viens de dire vaut mieux sans doute et touche plus que le meilleur sermon du père Bourdaloue.

CHAPITRE XV.

Joie de Monsieur, frère du Roi, en recevant du Cardinal cinquante mille écus quelques jours avant sa mort. — Son Éminence voudrait pour quatre millions éprouver une joie aussi vive. — Brienne voit le Cardinal endormi dans son fauteuil, au coin de son feu. — Paroles qu'il prononçait au milieu d'un sommeil agité. — Scène d'intérieur à son réveil. — *Guénaud l'a dit!* — Il se fait mettre du blanc, du rouge, et se promène ainsi soigneusement paré dans sa chaise à porteurs. — Impitoyable raillerie d'un courtisan sur sa bonne mine et ses couleurs. — Cette imprudence avance sa fin. — Nogent amuse la cour du récit de cette scène. — On joue aux cartes dans la chambre du Cardinal jusqu'à ses derniers momens. — Réponse qui fait paraître de la fermeté d'âme.

Deux choses arrivèrent en ce temps, fort singulières, et que voici : la première, fut que Son Éminence ayant donné cinquante mille écus à Monsieur, frère unique du Roi, ce prince, qui est fort honnête, lui prit la main, et l'embrassant, en témoigna à Son Éminence une joie très grande et beaucoup de reconnaissance. J'entrai dans sa chambre au moment où Son Altesse Royale en sortait. Son Éminence me dit

CHAPITRE XV.

en me voyant : « Ah ! M. de Brienne, je suis bien
« riche ; mais je voudrais avoir donné tout à
« l'heure non cinquante mille écus, mais la moi-
« tié de mon bien pour éprouver le moment de
« joie que je viens de causer à Monseigneur. »

Comme je ne savais rien de ce qui s'était
passé, je lui en demandai l'explication. Il s'é-
tendit fort sur la joie de Monseigneur, et me répéta vingt fois la même chose. « Ma foi, mon-
« seigneur, lui dis-je, je vais vous apprendre un
« très bon secret pour recevoir à coup sûr la
« joie que vous désirez ardemment ; vous n'avez
« qu'à donner la moitié de votre bien aux pau-
« vres, et vous aurez un contentement qu'on ne
« saurait vous ravir. — Oh ! M. de Brienne,
« vous parlez comme le fils de votre mère[1].
« Dieu m'en garde ! j'ai eu trop de peine à l'a-
« masser ! » Je repris fort brusquement : « Votre
« Éminence ne croit donc pas à la parole du
« fils de Dieu ? — Cela est bel et bon, me

[1] *Voyez*, dans la Notice sur Brienne, ce qui est relatif à la piété de sa mère, au désintéressement, à la charité toute chrétienne dont sa vie offrait de nombreux exemples, et qui étaient connus de toute la cour. (*Note de l'Édit.*)

« dit-il; mais, croyez moi, l'argent vaut son
« prix. — Ah ma foi! je vois bien ce que
« c'est : Votre Éminence voudrait, n'est-il pas
« vrai, qu'on lui donnât cinq fois cinquante
« mille écus, et ce présent lui causerait ce mo-
« ment de joie qu'elle a regardé dans Monsei-
« gneur d'un œil jaloux. — Point du tout;
« vous prenez mal ma pensée : je voudrais seu-
« lement qu'il m'en coûtât un, deux, trois, qua-
« tre millions pour sentir autant de joie que
« Monseigneur vient d'en avoir pour cinquante
« mille écus seulement. — Oh! je vous en-
« tends; vous voudriez peut-être, pénétré comme
« vous êtes de la crainte de la mort, avoir des
« joies sensibles : ce n'est plus le temps, il est
« passé! — Oh! oh! à mon tour, fils de la dé-
« vote madame de Brienne, vous moralisez et
« prêchez un cardinal! — C'est Gros-Jean,
« monseigneur, qui en remontre à son curé. » Il
ne put s'empêcher de rire, quoiqu'il n'en eût
guère envie, et notre conversation finit là. [1]

[1] La surprise et la joie du jeune duc d'Orléans se peuvent
expliquer. Mazarin n'avait pas accoutumé, même les personnes de la famille royale, à de semblables libéralités. Sa

La seconde anecdote est bien plus remarquable : le difficile est de la bien raconter. Le Cardinal était alors bien malade. Un jour que j'entrais dans sa chambre au Louvre, à pas comptés et suspendus, c'est-à-dire sur la pointe des pieds, parce que Bernouin, son valet de chambre, m'avait dit qu'il sommeillait devant le feu, assis dans son fauteuil, je le vis, et j'eus tout le temps de le bien considérer, je le vis dans une agitation surprenante. Son corps, par son pro-

sordide avarice vendait tous les emplois et trouvait à faire sur tout de honteux profits. Pendant le siége de Mardick, il devint le munitionnaire de l'armée. Le Roi, sans officiers, sans argent, allait dîner à sa table ou chez le vicomte de Turenne. Ce jeune prince, quand il visitait les lignes, n'avait point une pistole à donner aux soldats. Enfin, même après le mariage du Roi, le Cardinal alla jusqu'à retrancher six mille francs sur les douze mille écus qu'il était d'usage de donner pour étrennés à la Reine régnante; et quand la Reine mère, honteuse et courroucée de cette épargne, voulut que la Reine sa fille eût les douze mille écus, Mazarin, qui jouait tous les jours trois ou quatre mille pistoles, osa dire : « Hélas! si elle savait d'où vient cet argent, et « que c'est le sang du peuple, elle n'en serait pas aussi « libérale. » (*Note de l'Édit.*)

pre poids, roulait tantôt en avant et tantôt en arrière; sa tête allait presque frapper ses genoux, ou venait retomber en sens contraire sur le dossier de sa chaise; il se jetait à droite et à gauche sans interruption, et dans ce court intervalle de temps, qui ne fut que de quelques minutes, le balancier de sa pendule n'allait pas plus vite que son corps : on aurait dit qu'un démon l'agitait, et, ce qui est remarquable, il parlait ; mais je ne pouvais comprendre ce qu'il disait, parce qu'il n'articulait pas ses paroles. J'eus peur qu'il ne tombât dans le feu, et j'appelai Bernouin qui vint à ma voix; Bernouin le prit et le secoua même assez vivement. « Qu'y a-t-il, Ber-
« nouin ? dit-il en s'éveillant, qu'y a-t-il ? *Guénaud*
« *l'a dit !* — Au diable soit Guénaud et son dire!
« reprit son valet de chambre ; direz-vous tou-
« jours cela ? — Oui, Bernouin, oui, *Guénaud*
« *l'a dit !* et il n'a dit que trop vrai ; il faut mou-
« rir ! je ne saurais en réchapper ! *Guénaud l'a*
« *dit ! Guénaud l'a dit !* » J'entendis très distinctement alors ces tristes paroles que je n'avais pu comprendre lorsqu'il les prononçait en dormant. J'en fus effrayé et saisi ; je le fus en-

CHAPITRE XV.

core plus de la frayeur qui paraissait peinte dans ses yeux. Bernouin lui dit que j'étais là. « Faites-
« le avancer », dit-il, et me tendant la main, que je baisai, il me dit : « Mon pauvre ami,
« je me meurs ! — Je le vois bien ! lui dis-je ;
« mais, croyez-moi, mon cher maître, c'est vous
« qui vous tuez vous-même. Ne vous affligez
« point par ces cruels discours qui tuent vos
« serviteurs et font plus de mal à Votre Excel-
« lence que son mal même. — Il est vrai, me
« dit-il, mon pauvre M. de Brienne; mais Gué-
« naud l'a dit, et Guénaud sait bien son mé-
« tier. »

Je m'attendris en l'écoutant parler ainsi, et ne pus retenir mes larmes : je l'aimais tendrement, et il me faisait une grande compassion. Il me tendit les bras en m'embrassant fort tendrement. Son haleine me suffoqua; je fus sur le point de m'évanouir. Il s'en aperçut; il prit une pastille de bouche et m'en donna une autre.
« J'en suis bien fâché, me dit-il fort obligeam-
« ment, mais voilà, mon ami, ce que c'est que
« l'homme. J'ai de belles dents, et je mange peu;
« mais je porte au dedans de moi la cause d'une

« mort prochaine. » Il se serra le cœur en achevant ces mots, et puis recommença de nouveau : *Guénaud l'a dit!*

Cependant le Cardinal, quatre ou cinq jours avant sa mort se fit faire la barbe et relever la moustache au fer; on lui mit du rouge aux joues et sur les lèvres, et on le farda si bien avec de la céruse et du blanc d'Espagne, qu'il n'avait peut-être été, de sa vie, ni si blanc ni si vermeil. Montant alors dans sa chaise à porteurs, qui était ouverte par-devant, il alla faire, en ce bel équipage, un tour de jardin pour enterrer, comme il le disait lui-même, la synagogue avec honneur. Je ne fus jamais plus surpris que de voir cette métamorphose si prompte et si complète, et ce changement de théâtre si soudain, du lit de la mort où je venais de le laisser, à ce rajeunissement plus vrai, en apparence, que celui d'Éson. Cependant il touchait pour ainsi dire à sa fin; et je suis persuadé que cet effort qu'il faisait sur lui-même avança sa mort de quelques jours. S'il n'eût point fait cette tromperie à la nature, il n'aurait pas si tôt succombé; mais cette folie, grande devant Dieu, était plus grande encore devant les hommes qui, bien éveillés comme moi, regardaient cela comme un songe, une vision, ce qui ne servit qu'à décrier davantage ce politique mourant, et fit dire aux courtisans, toujours impitoyables : *Fourbe il a vécu, fourbe il a voulu mourir.*

Le comte de Nogent, mauvais plaisant, le voyant dans cet équipage lui dit : « L'air vous
« est bon : il a fait un grand changement en
« vous ; Votre Éminence devrait le prendre sou-
« vent. » On ne sait si le Cardinal rougit ou pâlit à ces mots, qui découvraient sa fourberie ; mais il est certain qu'il en fut frappé, et que l'on s'aperçut du changement de ses yeux, si l'on ne put apercevoir celui de son visage. Le Cardinal dit : « Retournons ; je me trouve mal. » Nogent, poussant sa pointe avec une cruauté sans égale, lui dit : « Je le crois ; car Votre Émi-
« nence est bien rouge. » Autre coup de poignard qu'il enfonça dans le cœur du Cardinal. Je le suivis, et le vis reporter sur son lit ; il s'y laissa choir à la renverse comme un homme qui tombe en syncope. On lui donna quelque liqueur ; il revint, et Bernouin, son valet de

chambre, lui dit : « Je savais bien que cela ar-
« riverait, et je vous l'avais dit. A quoi bon cette
« momerie ? » Le Cardinal ne répondit pas un
mot, et l'on fit sortir tout le monde.[1]

Le comte de Nogent, qui avait vu toute cette
comédie aussi-bien que moi, courut en faire sa
cour à la Reine mère, qui ne put s'empêcher
d'en rire, et croyait effectivement qu'il plaisantait. Je confirmai ce qu'il avait dit, parce qu'il
me prit à témoin; mais, moins endurci que lui,
je racontai le fait avec plus de réserve, et rejetai
la faute sur les conseils des médecins, qui l'avaient obligé de prendre l'air. « Il ne devait point
« se faire la barbe, dit la Reine; cela précipi-
« tera sa mort; » et elle envoya savoir de ses
nouvelles. « Tout le monde sait bien l'état où il
« est, » ajouta Sa Majesté : « à quoi bon le dé-
« guiser; cela ne sert qu'à faire parler. » En effet,

---

[1] Ce fut probablement dans cette circonstance que le comte de Fuensaldagne, ambassadeur d'Espagne, dit gravement, après avoir un moment considéré le premier ministre : *Este señor representa muy bien el difunto cardenal Mazarin*. « Ce seigneur me représente bien le défunt Car-
« dinal. » (*Note de l'Édit.*)

toute la cour ne s'entretenait d'autre chose, et je ne crois pas que jamais on ait tant raillé du Cardinal que cette fois-là. Mon père, à qui j'en fis le conte le soir, ne voulut jamais me croire, et me gronda comme si je lui eusse dit un mensonge. J'eus beau lui jurer que je ne mentais pas, il me gronda sévèrement, et se fâcha contre moi d'une faute dont j'étais très innocent : il me crut enfin et leva les épaules.

Pour dernière circonstance de la mort du Cardinal, dont je fus témoin oculaire, je dirai qu'on joua dans sa chambre, auprès de son lit, jusqu'au jour même où le nonce du Pape, instruit qu'il avait reçu le viatique, vint lui conférer l'indulgence, après quoi les cartes disparurent. Le commandeur de Souvré tenait son jeu; j'y étais : il fit un beau coup, et s'empressa d'en avertir Son Éminence, comptant lui faire plaisir. « Commandeur », reprit-elle de fort bon sens, « je perds beaucoup plus dans mon lit que
« je ne gagne et ne peux gagner à la table où
« vous tenez mon jeu. » Le Commandeur dit :
« Bon, bon ! ne faut-il pas enterrer la synagogue
« avec honneur ? — Oui, dit le Cardinal ;

« mais ce sera vous autres, mes amis, qui l'en-
« terrerez, et je paierai les frais de la pompe fu-
« nèbre. » Il dit ces mots avec beaucoup de force
et de présence d'esprit. Je ne pus assez admirer
qu'un homme qui craignait tant la mort, parce
que son cœur ne tenait qu'à la terre, parlât si
bien, agît si mal.[1]

---

[1] Il est certain, quoi qu'en ait dit plus haut Brienne, chapitre XIII, que le Cardinal envisagea la mort avec beaucoup de fermeté; ses douleurs, qui étaient fort vives, n'affaiblirent en rien son esprit. Jusqu'aux derniers momens il sut donner à la conversation un tour facile et gai. On lui vint annoncer qu'il paraissait une comète : « La « comète, dit-il en acceptant l'augure avec humilité, la « comète me fait trop d'honneur. » (*Note de l'Édit.*)

CHAPITRE XVI.

Mort du cardinal Mazarin. — Il reçoit l'indulgence *in articulo mortis.* — Le nonce fait un discours latin plus pieux qu'élégant. — Dernières instructions que le Cardinal donne à Louis XIV: *jamais de premier ministre.* — Motifs qui lui dictaient ce conseil. — Il possédait vingt-neuf abbayes.— Deux courtisans lui en demandent à la fois une qui vient à vaquer : parti qu'il prend pour les mettre d'accord. — Il donne par vanité son nom à dix-huit gros diamans dont il enrichit la couronne. — Pantalonnade du Cardinal avant sa mort. — Anecdote au sujet du collége Mazarin. — Trésors du Cardinal. — Bernouin, son valet de chambre, en détourne une partie. — Détails secrets. — Le Cardinal mourant veut qu'on lui parle de la miséricorde de Dieu, et non de sa sévérité. — Gens qui se font absoudre par le Pape des péchés qu'ils ne lui déclarent pas. — On ne se joue point impunément de Dieu.

Le Cardinal sentant que l'heure de sa mort approchait, demanda de gagner l'indulgence plénière *in articulo mortis* que les papes accordent à tous les princes du Sacré-Collége. M. Picolomini, nonce de Sa Sainteté, la lui appliqua. J'étais dans la chambre de Son Éminence, et j'ouïs distinctement tout ce qui se dit de part et d'autre. M. le nonce parla fort chrétiennement, et fit un petit discours latin plus pieux qu'élégant. Le Cardinal répondit en italien. Je ne me souviens plus des propres termes, mais en voici le sens : « Je vous prie, monsieur, de « mander à Sa Sainteté que je meurs son ser- « viteur, et lui suis très obligé de l'indulgence « qu'elle m'accorde et dont je reconnais avoir « grand besoin. Recommandez-moi à ses saintes « prières. » Voilà tout ce qu'il dit, au moins je n'entendis que cela, car il ajouta tout bas, à l'oreille du nonce, quelques mots que personne n'a sus. Cela fait, on lui administra l'extrême-onction; et depuis cette heure, il n'y eut que M. Joly, alors curé de Saint-Nicolas-des-Champs [1], et M. Colbert, qui entrèrent dans la chambre du Cardinal : je crois bien que le Roi et M. Letellier y entraient aussi lorsqu'il leur plaisait; mais pour le reste des courtisans, l'accès leur en fut interdit. On se contentait d'aller savoir des nouvelles de la santé du premier ministre, et M. Colbert, qui ne bougeait du petit passage obscur qui était entre la garde-robe du Cardinal et sa

---

[1] Il fut depuis promu à l'évêché d'Agen, à cause du service qu'il avait rendu à Son Éminence. (*Note de Brienne.*)

CHAPITRE XVI.

chambre, écrivait le nom de ceux qui se présentaient et en rendait compte à son maître.

Cela est peu important à savoir; mais ce qui le serait davantage, ce sont les instructions secrètes que, prêt à quitter le ministère, le Cardinal, comme on l'assure, laissa par écrit au Roi. D'autres prétendent qu'il se contenta de dire de vive voix à Sa Majesté ce qu'il était nécessaire qu'elle sût des affaires et des intérêts de son État; il lui recommanda surtout avec beaucoup de chaleur, s'il faut les croire, de n'avoir jamais de premier ministre, et lui dit qu'un Roi qui ne pouvait gouverner par lui-même, n'était pas digne de régner : effet de la jalousie du favori qui était en peine de voir, même après sa mort, un autre à sa place.[1]

Enfin Jules, cardinal duc Mazarini, mourut en la cinquante-neuvième année de son âge, la

---

[1] Aubery, dans son *Histoire du cardinal Mazarin*, dit que, pendant le dernier mois de sa vie, au château de Vincennes, Letellier écrivit, sous sa dictée, tout ce qu'il était nécessaire que Sa Majesté sût ou fît lorsque Son Éminence ne serait plus dans l'administration. S'il faut en croire, au contraire, les Mémoires du marquis de La Fare,

vingt et unième de son cardinalat, et de son ministère la dix-neuvième, le propre jour des ides de mars [1], fatal aux Jules (comme le remarque Priolo dans son histoire) : Jules César ayant été tué à Rome dans le sénat à pareille heure, et Jules Mazarin étant mort aussi le même jour à Vincennes dont il était gouverneur.

Mazarin ne donna jamais qu'un seul conseil à Louis XIV : *Sachez vous respecter vous-même*, lui disait-il, *et l'on vous respectera.* Peu de conseils ont été mieux suivis.

Quant à celui de n'avoir point de premier ministre, Louis XIV ne perdit jamais de vue cette importante recommandation, puisque, dans les instructions qu'il écrivit de sa main pour son petit-fils, qui allait régner en Espagne, il lui donna le même conseil.

« Je finis, lui dit-il, par un des plus importans avis que
« je puisse vous donner. Ne vous laissez pas gouverner ;
« soyez le maître : n'ayez jamais de favori ni de premier
« ministre. Écoutez, consultez votre conseil ; mais décidez.
« Dieu, qui vous a fait Roi, vous donnera les conseils
« nécessaires tant que vous aurez de bonnes intentions. »
(*Note de l'Édit.*)

[1] Le 9 mars 1661 : *Tandem idibus martiis, quem mensem fatalem Vates predixerant, Vincennis mortalitatem explevit. Eodem die Julius ille alter Romæ exspiravit.* Priolo, *de Rebus Gallicis*, lib. XI, pag. 22. (*Note de l'Édit.*)

Il disposa souverainement de tous ses biens, et le Roi signa son testament sans le vouloir lire [1]. C'est de ce testament mystérieux dont il est tant parlé dans les défenses de M. Fouquet : il assure, lui qui devait le savoir, que ce tes-

[1] Ceci n'est pas exact. Mazarin fit au Roi une donation pure et simple de tous ses biens, sans réserve aucune, le suppliant seulement, quoiqu'il ne prétendît pas l'obliger à quoi que ce fût, d'en disposer selon le projet dont Sa Majesté avait eu, de vive voix, connaissance. Le Roi n'accepta point, et Mazarin régla le partage de son immense succession.

Entre autres dispositions, il offrit un diamant magnifique à la Reine mère, un bouquet en diamans à la jeune Reine, et pria Monsieur, frère du Roi, d'accepter trente émeraudes d'un grand prix.

Il laissa, de plus, à don Louis de Haro, ministre d'Espagne, comme un témoignage de son amitié, un très beau tableau du Titien, qui représentait Flore.

Il légua au comte de Fuensaldagne, gouverneur des Pays-Bas, une grosse horloge à boîte d'or, pour marque de l'estime qu'il avait toujours eue pour lui.

Il voulut, par une clause expresse, que tous les gens de lettres auxquels il avait fait des pensions en conservassent, après lui, la jouissance leur vie durant.

Enfin, son testament contient une disposition plus que

tament n'avait jamais été vu de personne que du sieur Colbert, intendant alors de la maison du Cardinal, et de Lefouin, notaire affidé qui le reçut. Le Cardinal partagea de plus toutes ses abbayes entre les fils de ses nièces et ses créatures. L'abbaye de Saint-Victor de Marseille et celle de la Trinité de Vendôme échurent au cardinal de ce nom, autrefois duc de Mercœur, de qui elles ont passé au grand-prieur de France, son fils, et de Laure Mancini, nièce du Cardinal; l'abbaye de Saint-Honorat et celle de Saint-Jean-des-Vignes de Soissons au second fils du comte de Soissons et d'Olympia Mancini; la Chaise-Dieu, en Haute-Auvergne, au cardinal Mancini,

<small>jamais remarquable aujourd'hui. « Monseigneur le testateur « considérant, y est-il dit, qu'il n'y a rien de si important « que de s'opposer fortement aux entreprises du Turc « contre la chrétienté, lequel ayant eu le bonheur de faire « des progrès à la campagne passée, fait tous ses efforts « pour en faire encore de plus grands, il veut et ordonne « que de tous ses effets il en sera pris la somme de six « cent mille livres tournois, monnaie de France, pour être « remise en la ville de Lyon, et être employée par les « ordres de Sa Sainteté aux préparatifs pour défendre la « chrétienté contre un si puissant ennemi. » (*Note de l'Édit.*)</small>

et je crois qu'il eut aussi Saint-Cernin de Toulouse, toutefois je n'en suis pas bien assuré; le Bec à l'abbé Colbert; l'abbaye régulière de Cercamp, en Artois, à mon frère, qui n'en voulut pas à cause qu'elle était en règle, et eut, au lieu de Cercamp, Saint-Germain d'Auxerre, quoique de moindre revenu : M. de Lionne prit fort bien Cercamp pour son fils l'abbé, et la fit, à Rome, mettre en commende; il eut de plus Saint-Melene de Rennes, qu'il permuta depuis contre la riche abbaye de Chailly. Saint-Benigne de Dijon échut à l'abbé Letellier, maintenant archevêque de Reims, et Grand-Selve, de l'ordre de Cîteaux, à l'abbé Roquette, créature de M. Letellier, qui depuis lui a fait avoir encore l'évêché d'Autun. En cette qualité, il est président-né des États de Bourgogne, conjointement avec l'abbé de Saint-Benigne. L'archevêque de Reims a permuté depuis cette abbaye avec le prince Guillaume de Furstemberg contre la noble et ancienne abbaye de Saint-Remy de Reims, que le prince Guillaume, à présent évêque de Strasbourg, avait eue, si je ne me trompe, de la dépouille du Cardinal. Les moindres abbayes, car

Son Éminence en avait de toutes les sortes, furent distribuées à ses domestiques. L'évêque de Fréjus et l'abbé Ondedei, son neveu, en prirent chacun une, aussi-bien que les abbés Bentivoglio et Siri, tous quatre sans scrupule de la pluralité. Saint-Denis, en France, fut réservé pour retirer l'archevêché de Paris des mains du cardinal de Retz, le seul de tous les ennemis du cardinal Mazarin avec lequel celui-ci ne se reconcilia point à la mort.

On réserva aussi les abbayes de Saint-Ouen de Rouen, et Saint-Étienne de Caen pour le prince de la Roche-sur-Yon, second fils du prince de Conti et d'Anne-Marie Martinozzi; mais il n'en voulut point, disant fort spirituellement que ne se sentant pas appelé à l'état ecclésiastique, il ne voulait point manger des raisins sans cultiver la vigne. « S'agace les dents qui voudra, ajouta-t-il; monsieur mon père y a été pris, et je n'ai pas envie, après lui, de faire une chose dont je pourrais un jour me repentir. » On admira la prudence de ce jeune enfant, et on ne douta plus que le sang de Bourbon n'eût corrigé ce qu'il pouvait y avoir de malignité dans celui de Martinozzi ; car quoique madame sa mère ait toujours vécu très saintement, elle était Italienne et nièce d'un oncle qui n'était pas si scrupuleux qu'elle. Si le prince de la Roche-sur-Yon pensa si sagement en un âge si tendre, monseigneur le Duc, son cousin germain, n'y fit pas tant de façon, et prit fort bien Orcan et quelques autres abbayes de la dépouille du Cardinal pour un de ses fils encore au berceau. Mais Dieu, qui se rit de la prévoyance des grands de la terre, permit que ce pauvre enfant fût étouffé sous la multitude des grands bénéfices dont on avait surchargé ses faibles épaules.

Outre les abbayes dont j'ai parlé, le Cardinal jouissait avec bulles ou sans bulles de l'évêché de Metz, des abbayes de Saint-Arnoul, de Saint-Clément et de Saint-Vincent de la même ville ; idem de Saint-Médard de Soissons, de Saint-Pierre de Corbie, de Saint-Lucien de Beauvais, de Saint-Martin de Laon, de Saint-Taurin d'Évreux, de Saint-Michel en l'Herm, de Moissac, etc., etc. ; celles-ci furent données à des cardinaux pensionnaires de France, et amis du cardinal Mazarin ; mais comme je ne me souviens pas exactement de leurs noms, et à qui chaque abbaye fut donnée, je n'en dirai rien. Il me semble seulement que Fécamp, dont je n'ai point parlé, était aussi au Cardinal, et passa de lui au fils du duc de Neubourg, qui l'a encore.[1]

Voilà, si j'ai bien compté, vingt-neuf abbayes, sans l'évêché de Metz et les autres bénéfices dont j'ai oublié les noms. Je dirai seulement, pour conclure cet article curieux, qu'un jour je

---

[1] Le bon Aubery, l'historien du Cardinal, dit, au sujet de ce grand nombre d'abbayes possédées par Mazarin, qu'il ne faut pas croire qu'il les ait obtenues *toutes à la fois*, mais seulement *l'une après l'autre.* « On n'ignore pas « d'ailleurs, dit-il, que son *style ordinaire* était de mettre « sous son nom les meilleures abbayes qui venaient à va- « quer, pour en disposer aux occasions, selon qu'il serait « jugé plus à propos par le conseil. » Puis il ajoute : « En « un mot, on ne voit pas précisément quel intérêt pourrait « avoir et le peuple et l'État, que les grandes abbayes « fussent plutôt entre les mains des particuliers qu'en celles « d'un premier ministre ; il semblerait, au contraire, qu'au « dernier cas le peuple en dût être plus soulagé et l'État « mieux servi. » Cela n'est-il pas concluant ? qu'y pourrait-on trouver à redire ? (*Note de l'Édit.*)

demandai à Son Éminence, de la part de mon père, l'abbaye de Saint-Benigne de Dijon, vacante par la mort de l'abbé de Castille. « M. Le-
« tellier, me dit-il, me l'a demandée le premier
« pour monsieur son fils ; cela m'embarrasse : je
« suis dans la nécessité de désobliger l'un ou l'au-
« tre. » Sur quoi il se mit à penser quelque temps en lui-même sur la réponse qu'il ferait à mon père ; et tout d'un coup sortant de sa rêverie, il ajouta en souriant : « Pour les mettre d'accord, je
« suis d'avis de la garder pour moi. » Je repartis :
« Vous pouvez, monsieur, donner Saint-Beni-
« gne à M. Letellier, pourvu que vous ayez la
« bonté, à la première vacance, de vous sou-
« venir de mon frère, qui est pauvre. — Je
« vous le promets, dit-il ; mais cependant, tout
« bien considéré, je ne donnerai point Saint-
« Benigne à M. Letellier, puisque je n'ai point
« d'autre abbaye maintenant que je puisse
« donner à monsieur votre frère ; mais mandez-
« lui que si je la retiens pour moi, c'est à sa seule
« considération. »

J'avoue que cette réponse, qui peut-être est sans exemple, me mit en vraie colère ; je me retins pourtant, et je ne crus pas à propos de rien mander de cela à mon père, de peur de l'aigrir davantage qu'il ne l'était, avec sujet, contre ce ministre avare. Il ne trouvait rien de trop pour lui, tandis que les bons serviteurs du Roi ne pouvaient en tirer aucune grâce. J'en dis un mot à M. Letellier; je le priai de pousser sa pointe, et de forcer le Cardinal à lui accorder, malgré qu'il en eût, Saint-Benigne, l'assurant que mon père serait ravi qu'il l'eût, parce que cela ferait la planche pour lui; qu'autrement, ayant toujours mêmes prétentions, le Cardinal les éluderait de la même manière, et qu'enfin nous n'aurions jamais rien. Il en tomba d'accord, mais il ajouta qu'il ne voulait pas se faire une affaire avec son patron pour si peu de chose.

Je n'ai plus qu'un mot à dire du Cardinal. Sa vanité ne se contenta pas d'avoir obscurci la gloire des grands noms de la Porte et de la Meilleraie, il voulut encore que le nom de Mazarin fût confondu avec ceux de Valois, de Médicis, de Sancy, de Navarre et de Bourbon; et pour cela, il s'avisa de le donner à dix-huit gros diamans, qu'il mit parmi les pierreries de la couronne, à condition qu'ils s'appelleraient à jamais les Mazarins. En effet, les dix-huit Mazarins sont à présent meubles de la couronne, aussi-bien que le Sancy, les cinq Médicis, les quatre Valois, qui sont les plus gros rubis cabochons du monde, les deux Navarre, le Richelieu et les douze Bourbon. *Condeum in primis, per præteritorum oblivionem* (dit Priolo, son historien), *lapide adamante donavit non vulgaris pretii: Regi octodecim extra omne pretium, legavit; Mazzarinos denominatos, propagando nomini, et famæ ad posteros.* Cela me fait souvenir d'un conte assez drôle, car je doute de la vérité de ce fait, qui, toutefois, est trop singulier pour n'avoir pas place dans ce chapitre.

Quelques jours avant la mort du Cardinal, M. Tubeuf lui apporta quelque argent qu'il lui devait du jeu [1] : c'était le reste de bien plus grandes sommes qu'il avait perdues contre Son Émi-

---

[1] Tubeuf était président de la Chambre des Comptes et surintendant des finances de la reine Anne d'Autriche; il fut chargé par elle de faire bâtir le Val-de-Grâce. Il avait toute la confiance de la Reine mère, qui lui légua cent mille francs par son testament. (*Note de l'Édit.*)

nence au hoc Mazarin, car il avait donné son nom à ce jeu de son invention, comme au duc de Mazarin, au palais Mazarin, au collége Mazarin, aux dix-huit Mazarins, enfin jusqu'aux pâtés à la mazarine. Le Cardinal reçut cette modique somme, qui n'était, m'a-t-on dit, que de 1500 fr., et la mit dans sa cassette qui renfermait ses pierreries. Il les prit toutes les unes après les autres en disant à M. Tubeuf, qui s'attendait à recevoir de sa libéralité quelque beau diamant : « Je donne à madame « Tubeuf », ce qu'il répéta plusieurs fois en remuant ses bagues et ses bijoux, « je donne à « madame Tubeuf.... — Quoi? dit M. Tubeuf en tendant la main. — Le bonjour », ajouta Son Éminence; puis il referma sa cassette, et le pauvre Tubeuf se retira, comme on dit, avec sa courte honte : si cela est vrai, l'on peut dire qu'il joua la comédie jusqu'à la mort.

Je ne parlerai point des clauses de son testament, ce sont des mystères cachés qui n'ont jamais été sus, et ne le seront peut-être jamais de personne. Je dirai seulement qu'il laissa un fonds de deux millions entre les mains de l'exécuteur fidèle de ses dernières volontés, pour être employé au bâtiment du collége des Quatre-Nations conquises, et cent-mille écus aux Théatins pour construire leur église : l'une et l'autre disposition a été ponctuellement exécutée. Mais les cent mille écus n'ont pas été suffisans pour achever l'église des pères Théatins, qui, selon toutes les apparences, demeurera long-temps imparfaite [1]. Pour le collége des Quatre-Nations,

[1] Les cent mille écus légués par Mazarin pour achever l'église des Théatins ne suffirent point en effet. Ces religieux firent les fonds nécessaires à l'aide d'une loterie dont le Roi leur accorda les bénéfices. On a, de nos jours, transformé en habitations particulières cette église, qui occupait l'emplacement de la maison située quai Voltaire, n° 16. On n'avait déposé dans l'église des Théatins que le cœur du Cardinal; ses restes, suivant ses intentions et par les soins de Letellier, furent inhumés dans l'église du collége des Quatre-Nations. On appelait ainsi ce collége, parce qu'il recevait gratuitement des élèves choisis dans les quatre provinces que les traités de Munster et des Pyrénées avaient réunies à la France. Cette fondation du cardinal Mazarin cessa de subsister à l'époque de la révolution. En 1806, l'Institut tint ses séances dans les bâtimens du collége des Quatre-Nations; on y ouvrit des écoles pour le dessin, la sculpture, l'architecture, et ces bâtimens prirent alors le

chimérique dessin du Cardinal mourant, il est presque en sa perfection, et fait un des plus pompeux ornemens des quais de Paris. Sur quoi je me souviens d'avoir ouï dire au maréchal de Villeroy, pendant qu'on le bâtissait, que ce superbe collége serait fort propre pour loger les mousquetaires; il dit ces paroles dans la chambre du Roi au Louvre, et les dit assez haut pour que Sa Majesté les pût entendre; ce qui me fit dire à moi-même : « Tu n'aurais pas dit cela, « fin courtisan, du vivant du Cardinal. » Le Roi n'en fit que rire, et il n'en fut rien de plus. Or, bien que ce collége où le fondateur voulut être enterré sous le dôme de l'église, à l'exemple de son prédécesseur, qui se choisit sa sépulture sous le dôme de la Sorbonne, bien que ce collége, dis-je, soit achevé, quant aux bâtimens, et qu'il soit d'ailleurs richement doté [1], je doute toute-

titre de Palais des Beaux-Arts. On y a conservé, dans un vaste emplacement, la précieuse bibliothéque formée par les soins du Cardinal. (*Note de l'Édit.*)

[1] Il le fut aux dépens de l'ordre de Saint-Benoît, des mains duquel on a tiré l'abbaye de Saint-Michel pour l'annexer à perpétuité à ce collége. (*Note de Brienne.*)

fois qu'il y ait jamais d'écoliers : ce superbe édifice, selon toutes les apparences, sera converti, comme il l'est déjà, en chambres garnies. Les hommes proposent et Dieu dispose.

Outre les deux sommes dont je viens de parler et qui ont été employées en chaux et en pierre, vil usage du sang du peuple ! j'ai su de bonne part qu'après la mort du Cardinal on trouva neuf millions dans le bois de Vincennes, cinq au Louvre, sept à la Bastille, huit à la Fère, et quinze ou vingt à Sedan ou à Brissac, sans compter ceux qui avaient passé les monts, pour ne ressortir jamais d'Italie. Tout cela se monte à plus de cinquante millions de livres [1] : amas prodigieux d'or et d'argent qui valut une prison perpétuelle au pauvre surintendant, et qui a coûté la vie à tant de pupilles, de veuves et d'orphelins; mais enfin on peut dire que ces trésors immenses n'ont pas été tout-à-fait perdus, puisqu'ils sont revenus, par l'adresse du grand Colbert, aux coffres du Roi.

Je dirai à ce sujet une chose que je sais seul

[1] On dit que le seul abbé Elpidio Benedetti en a eu deux pour sa part. (*Note de Brienne.*)

en France; peut-être ferai-je un jugement téméraire, mais au moins ne le ferai-je pas sans beaucoup de vraisemblance. Le jour où le Cardinal reçut l'extrême-onction, dès qu'on eut reporté les saintes huiles dans la sainte chapelle de Vincennes, je m'en revins dans mon carrosse à Paris. Les mousquetaires du Roi manœuvraient dans la plaine, entre le bois de Vincennes et le faubourg Saint-Antoine; je m'arrêtai un moment pour les voir : j'aperçus alors Bernouin, premier valet de chambre du Cardinal, qui, d'une marche rapide, suivait à pied la grande route. Il reconnut ma voiture, et m'aborda. « J'ai, me dit-il, une affaire pressée à
« Paris pour le service de mon maître; vous
« m'obligeriez de me donner une place dans vo-
« tre carrosse »; il monta : je le menai jusqu'auprès du Louvre où il descendit, en me priant de ne dire à personne que je lui eusse fait ce plaisir, en un temps auquel il semblait qu'il dût être, plus que pas un autre, de service auprès de Son Éminence. Je le lui promis, et n'y fis point de réflexion pour lors; mais ayant appris depuis qu'il y avait au Louvre cinq millions de livres, comme

j'ai dit, je n'ai pu m'ôter de la tête que le fin Provençal, qui avait cet argent en sa garde, n'eût pris ce moment-là pour faire sa part, avant celle qui revenait aux héritiers du Cardinal. Quoi qu'il en soit, de pauvre qu'il était, il devint riche en une nuit, et reparut le matin, à Vincennes, comme si de rien n'était. Cela s'appelle prendre l'occasion aux cheveux ; c'est au lecteur à juger si ma conjecture est bien ou mal fondée.

Il ne me reste plus qu'un mot à dire des choses secrètes qui se passèrent entre M. Joly et le Cardinal son pénitent, un peu avant sa mort. Je ne rapporterai point tous les contes qui se sont faits sur ce sujet, et je ne dirai précisément que ce que je crois véritable. Il est certain que le Cardinal ne se confessa point à M. Joly, curé de Saint-Nicolas-des-Champs ; cet homme éloquent ne lui fut proposé par le maréchal de Grammont, son meilleur ami, que pour le consoler dans les derniers momens de sa vie. Son Éminence approuva son ami, et fit venir auprès de lui M. Joly. « Parlez-moi, lui dit-il en le « voyant entrer dans sa chambre, parlez-moi

« des miséricordes de Dieu; quant à ses juge-
« mens, je n'en crains déjà que trop la rigueur. »
M. Joly, à qui le maréchal avait bien fait sa leçon, le consola de son mieux, et ne lui dit rien
qui lui pût ôter l'espérance de son salut : pauvre et faible consolation pour ceux qui, par
leurs bonnes œuvres, ne l'ont pas mérité pendant leur vie! Le Cardinal, chargé du bien d'autrui, croit en être quitte devant Dieu pour faire
bâtir un collége et une église : belle restitution !
Il se fait donner par le Roi ce que le Roi n'a-
vait pas le pouvoir de lui donner : c'est juste-
ment comme ceux qui se font absoudre par le
Pape des péchés qu'ils ne lui déclarent pas, et
qui se croient absous. On ne se moque point
de Dieu, ou, si l'on s'en moque, ce n'est jamais
impunément. *Deus non irridetur!*

CHAPITRE XVII.

Momens qui suivent la mort du Cardinal. — Premiers ordres donnés à Brienne par le Roi. — Brienne apprend à Fouquet la mort du Cardinal. — Premier conseil tenu par Louis XIV à Vincennes. — Autorité de ses paroles. — Scène imposante. — La Reine met obstacle aux provisions expédiées en faveur du duc de Mazarin. — Elle donne par amitié un petit soufflet à Brienne, et lui pince la joue. — Elle traite assez mal le duc de Mazarin. — Dispersion des richesses, des équipages, des chevaux, des ameublemens du Cardinal. — Les couvertures de ses mulets servent, les jours de fête, de tentures aux Théatins.

J'étais dans la garde-robe du Cardinal, quand le Roi y entra appuyé sur le maréchal de Grammont et suivi du maréchal de Villeroy, qui avait été son gouverneur, et qui était du conseil secret; il y avait encore M. de Noailles, capitaine en quartier [1]. Le Roi regarda le maréchal de Grammont sans ôter son bras de dessus son épaule, et l'embrassant, lui dit en pleurant :

[1] Mazarin mourut à Vincennes, le 9 mars 1661. La cour habitait avec lui ce palais, qu'elle quitta le jour même pour se rendre à Paris. (*Note de l'Édit.*)

« Maréchal, nous venons de perdre un bon
« ami. » Le maréchal répondit en sanglotant :
« Véritablement oui, Sire; mais personne dans
« le royaume, après Votre Majesté, ne perd plus
« que moi à cette cruelle mort. » Le Roi sortit
aussitôt, et je le suivis. Bèzemault l'accompagna
jusqu'au bas du petit degré, et fit mettre bas la
carabine aux gardes du Cardinal. Le Roi le consola, et lui dit : « Bèzemault, console-toi, et
« me sers aussi bien dans ton gouvernement de
« la Bastille; tu as retrouvé un bon maître. » Bèzemault lui accola la cuisse en pleurant à chaudes larmes, soit de douleur, soit de joie. Je
suivis le Roi, et quand il fut entré au milieu du
grand degré qui conduit à l'appartement de la
Reine mère, il m'appela, et me dit très distinctement, quoique à l'oreille : « Brienne, expé-
« diez les provisions du gouvernement de Bre-
« tagne en faveur du duc de Mazarin, comme je
« l'ai promis à feu M. le Cardinal. » Je pris la
liberté de faire répéter à Sa Majesté, comme si
je n'eusse pas bien entendu; et le Roi m'ayant
alors redit la même chose, je répliquai fort respectueusement : « Je demande, Sire, pardon à

« Votre Majesté, si je l'ai fait répéter, mais la
« chose en valait bien la peine : je ne saurais ex-
« pédier les provisions sans avoir la démission de
« la Reine votre mère ; veut-elle bien me la
« donner? — Ah! pour cela non, dit le
« Roi. — Mais comment donc faire, Sire? les
« provisions seront nulles. — Ne laissez pas,
« dit le Roi, de les expédier, comme si la Reine
« ma mère avait donné sa démission, et que
« M. le chancelier les scelle, à la réserve du
« contre-sceau. »

Cet ordre, bien donné et bien entendu, le Roi
me rappela et me dit : « Avertissez M. le chan-
« celier et MM. les secrétaires d'État de se trou-
« ver demain matin au conseil extraordinaire
« que je veux tenir à sept heures du matin, et
« allez dire à M. le surintendant, en vous en
« allant à Paris, que je l'attends et veux lui par-
« ler; mais ne dites rien, que demain, à la Reine
« ma mère, du gouvernement de Bretagne. —
« Elle me lavera bien la tête, dis-je à Sa Ma-
« jesté. — Je le crois, et je m'y attends aussi
« bien que vous; mais je ne saurais qu'y faire.
« Exécutez mes ordres, et vous tenez en repos.

« Je l'ai promis, comment m'en dédire? — Cela
« est bien facile, Sire, si vous le voulez : dites,
« ou trouvez bon que je dise au duc Mazarin
« que, d'abord que la Reine aura donné sa dé-
« mission, j'ai ordre de lui expédier les provi-
« sions du gouvernement de Bretagne. —
« Cela ne serait pas mal, dit le Roi ; mais faites
« ce que je vous ai dit, nous verrons après com-
« ment apaiser la Reine ma mère et contenter
« le duc Mazarin. » Je partis, et rencontrai M. Fouquet, qui venait à pied par les jardins de Vincennes ; je fis arrêter mon carrosse, j'en descendis et m'acquittai de ma commission. « Le
« Cardinal est-il mort? me dit-il avec quelque
« surprise. Je ne sais plus à qui me fier ; les gens
« ne font jamais les choses qu'à demi. Ah! que
« cela est fâcheux ! le Roi m'attend, et je devrais
« être là des premiers. Mon Dieu ! M. de
« Brienne, dites-moi ce qui s'est passé, afin que
« je ne fasse pas de fautes par ignorance. » Je
lui contai tout en peu de mots sans l'arrêter, et
je m'en fus de ce pas à Paris.

---

[1] L'abbé de Choisy a eu quelque connaissance de ces particularités et des faits qu'on va lire. Le peu qu'il en

CHAPITRE XVII.

Quand j'y arrivai, personne ne savait encore la mort du Cardinal : je l'appris à M. le chancelier, qui l'envoya dire à M. le premier président, par son premier secrétaire, le Bret; et moi je la fus dire à MM. de la Vrillière et de Guénégaud, mes confrères, ensuite à mon père, qui se mit en mesure d'assister au conseil d'apparat, où le Roi souhaitait qu'il se trouvât. Il était fort infirme, et ne put se rendre à Vincennes qu'en chaise à porteurs, suivi de son carrosse, où je menai mes commis, avec son secrétaire, dans le mien. L'évêque d'Aire, mon parent, désira de m'accompagner, et le sieur Chef-de-Ville fut envoyé, de la part de ma mère, faire un com-

<hr>

dit, il le tenait de Brienne lui-même, comme il en convient de bonne foi au livre second de ses Mémoires; mais si l'on rapproche les deux versions, on verra tout ce qu'il y a de différence entre un homme qui raconte d'une manière incomplète et vague, sur le témoignage d'autrui, en confondant les faits et les personnes, et celui qui dit : J'y étais; voilà ce que j'ai vu, ce que j'ai entendu; qui n'omet aucune circonstance, peint les lieux, les hommes, leur maintien, leurs regards, et donne par cela même autant d'authenticité que d'intérêt au récit. (*Note de l'Édit.*)

pliment au Roi et à la Reine mère, sur la mort du Cardinal, en attendant qu'elle pût y venir elle-même.

Mon père fut fort surpris de l'ordre que le Roi m'avait donné. Nous dressâmes les provisions ensemble. Il était serviteur et ami particulier du maréchal de la Meilleraie, et moi du duc de Mazarin. Je retournai le soir assez tard chez M. le chancelier, qui les scella, au contre-scel près, et approuva l'expédient du Roi, et me dit, avec sa prévoyance ordinaire : « Je vois « fort mal, ou cette grimace de cour ne se fait « que *pro formá*, pour la forme seulement. — « Je le crois aussi, monsieur, lui dis-je, et « demain nous en serons éclaircis. »

Le lendemain 10, à sept heures précises du matin, j'entrai chez le Roi, d'après ses ordres. Je dis à Sa Majesté que M. le chancelier était arrivé et MM. mes confrères. « Tout à l'heure », dit le Roi en fouillant dans sa cassette. Il y prit un papier, et mit dessus les provisions du gouvernement de Bretagne que je lui présentai ; il me dit : « Après le conseil, allez voir la Reine « ma mère, et lui dites que vous m'avez remis

« ces provisions. » Il les montrait du bout du doigt. « Faites entrer mon conseil. »

Je sortis, et m'approchant de M. le chancelier, je lui dis qu'il pouvait entrer : et vous aussi, messieurs, ajoutai-je, le Roi vous demande. M. Letellier me fit passer devant lui, et voulut fermer la porte. Nous étions donc huit en tout, savoir : M. le chancelier, M. le surintendant, mon père, M. de Lionne, M. de la Vrillière, M. Duplessis-Guénégaud, M. Letellier et moi. Le Roi se découvrit et puis remit son chapeau, et se tenant debout devant sa chaise, adressa la parole à M. le chancelier : « Monsieur, je vous
« ai fait assembler avec mes ministres et mes se-
« crétaires d'État, pour vous dire que jusqu'à
« présent j'ai bien voulu laisser gouverner mes
« affaires par feu M. le Cardinal ; il est temps
« que je les gouverne moi-même. Vous m'aide-
« rez de vos conseils quand je vous les deman-
« derai. Hors le courant du sceau, auquel je ne
« prétends rien changer, je vous prie et vous or-
« donne, M. le chancelier, de ne rien sceller en
« commandement que par mes ordres, et sans
« m'en avoir parlé, à moins qu'un secrétaire

« d'État ne vous les porte de ma part. Or je vous
« demande votre avis sur les lettres que M. de
« Brienne le fils a expédiées par mon ordre,
« et que M. le chancelier a scellées à demi. » Il
les prit en même temps sur sa cassette et me dit
de les lire. On alla aux opinions après que Sa
Majesté eut dit : « Je l'avais promis au Cardinal,
« et j'ai voulu tenir ma parole. »

Je parlai le premier comme rapporteur, et fis
souvenir Sa Majesté de la liberté que j'avais prise
de la faire répéter, de l'objection relative à la
démission, et de l'avis qu'elle avait elle-même
ouvert au sujet du contre-scel. M. le surintendant parla ensuite, et dit que les lettres étaient
nulles. M. Letellier les défendit mal ; enfin l'avis
de mon père fut suivi. Il proposa qu'on sût de
la Reine mère si elle voulait donner sa démission ou non. « Si Sa Majesté l'accorde, dit-il,
« les lettres recevront leur effet par le contre-
« scel qu'y apposera M. le chancelier, sinon elles
« resteront nulles et sans effet, comme elles le
« sont jusqu'à présent. » Le Roi me chargea d'en
aller parler à la Reine sa mère, après le conseil.

Ensuite, le Roi se tourna vers nous, et nous dit : « Et vous, mes secrétaires d'État, je vous « ordonne de rien signer, pas même une sauve-« garde ni un passeport, sans mon commande-« ment; de me rendre compte chaque jour à moi-« même, et de ne favoriser personne dans vos rôles « du mois. Et vous, monsieur le surintendant, « je vous ai expliqué mes volontés; je vous prie « de vous servir de Colbert, que feu M. le Car-« dinal m'a recommandé. Pour Lionne, il est « assuré de mon affection, et je suis content de « ses services. Je prétends, Brienne, me dit-il, « que vous agissiez de concert avec lui dans les « affaires étrangères, et que vous écriviez à « mes ambassadeurs tout ce qu'il vous mandera « ou dira de ma part, sans nouvel ordre de « moi. » Je ne répondis que de la tête et d'une petite inclination de corps; puis le Roi ajouta : « La face du théâtre change. Dans le gouverne-« ment de mon État, dans la régie de mes « finances et dans les négociations au-dehors, « j'aurai d'autres principes que ceux de feu « M. le Cardinal. Vous savez mes volontés, « c'est à vous maintenant, messieurs, à les

« exécuter. » Plus n'en dit, et le conseil se sépara.[1]

Au sortir de ce premier conseil, où Sa Majesté commença véritablement à gouverner l'État par elle-même, je courus assister au lever de la Reine. « Vraiment, petit garçon, me
« dit-elle, je vous trouve bien hardi de disposer
« de mon gouvernement sans moi! Où sont les
« provisions, que je les déchire? — C'est le Roi,

---

[1] Cette résolution, ce ton d'autorité, cette grandeur imposante, durent surprendre un peu des ministres qui ne voyaient dans Louis XIV qu'un jeune homme occupé tout entier de plaisirs et de galanterie. Une circonstance dut ajouter à leur étonnement : quatre jours avant la mort du Cardinal, le Roi avait dit à Letellier : « Je veux gouverner par moi-même, entretenir les ministres les uns après les autres, assister au conseil, et n'y pas manquer un seul jour. » Letellier courut en prévenir la Reine mère, qui lui dit en lui riant au nez : *De bonne foi, le croyez-vous?* Il fallut bien se résoudre à le croire. Un écrivain du temps assure qu'Anne d'Autriche se montra fort irritée de n'être point appelée à ce conseil; il ajoute : Elle en parla même assez haut : « Je m'en doutais bien, disait-elle, qu'il serait
« ingrat et voudrait faire le capable. » Cependant le ton de la scène que Brienne va raconter n'annonce point un esprit bien profondément aigri. (*Note de l'Édit.*)

« Madame, qui les a. — Sont-elles scellées? — Oui,
« Madame, mais seulement à demi; le contre-scel
« y manque, parce que la démission de Votre
« Majesté n'y est pas. — Ni n'y sera, dit la Reine
« en se radoucissant. Je vois bien ce que c'est :
« on voudrait que je m'en démisse, mais je n'ai
« garde. Oh! que j'en dirai tantôt au petit camard
« de Mazarin. Allez; soyez sage une autre fois :
« je vois bien que vous n'avez pas tout le tort,
« et je vous pardonne. » Je pris sa belle main,
et, me mettant à genoux fort respectueusement,
je la baisai. Elle me donna un bon soufflet
sur la joue, puis ajouta : « Je crains de t'avoir fait
« mal. — Vous n'en sauriez faire, Madame, et
« moins à moi, votre créature, qu'à personne du
« monde. » Elle me donna un autre petit soufflet,
et me dit : « J'en suis bien aise; une autre fois,
« je frapperai plus fort. » Je tendis l'autre joue,
et la Reine me la pinça. « Tu n'auras que cela
« pour l'heure, dit-elle; va me chercher le duc
« de Mazarin, car je veux voir cette affaire finie
« avant que j'aille à la messe. »

D'après les ordres de la Reine, je joignis le
duc de Mazarin, et le menai chez Sa Majesté.

Elle le houspilla fort : à quoi je l'avais assez préparé. Elle lui dit, entre autres paroles remarquables : « J'en suis fâchée pour vous, mais « vous ne vaudrez jamais votre père. » Il n'eut point le commandement de Bretagne ni la survivance même que le Roi voulait lui accorder, et à quoi la Reine mère ne voulut jamais consentir à cause de la conséquence. Le duc de Mazarin, qui certes est un très pauvre homme, se défit du gouvernement de Brissac comme un sot (je n'ai point d'autres termes), et resta lieutenant-général de Bretagne sous la Reine. Il s'est même défait depuis de la lieutenance générale, et n'est plus que gouverneur d'Alsace, sans autorité et sans considération. La Reine prophétisa pour le coup : Le maréchal de La Meilleraie n'aurait pas fait cette faute. Le Cardinal Mazarin voulut, en choisissant pour gendre le fils du maréchal, reconnaître ce qu'il devait à la mémoire de Richelieu, son parent; mais je crois que, son nom et sa dévotion mis à part, il n'eût pu faire un plus mauvais choix.[1]

---

[1] Le cardinal de Richelieu était cousin germain du ma-

CHAPITRE XVII.

Le Cardinal, qui ne fut pas fort heureux en nièces et en neveux, quoiqu'il en eût tant, le fut encore moins en héritier. Le nom de Mazarin, qu'il a voulu à grand'peine immortaliser, est tombé bien bas, et je doute qu'il se relève ja-

réchal de la Meilleraie. Charles-Armand de La Porte, marquis de la Meilleraie, fils du maréchal, et qui prit le nom de duc de Mazarin en épousant Hortense Mancini, recueillit une succession qui montait à plus de trente millions. Ce mariage brillant ne fut point heureux, et ne pouvait l'être. Hortense était belle, vive, prodigue et galante; le duc de Mazarin poussait à l'excès la jalousie, l'avarice, et surtout la dévotion. Il fut aisé de reconnaître ceux qui dirigeaient sa conduite envers sa femme. « Imaginez, dit-
« elle dans les Mémoires qu'on lui attribue, un soin curieux
« de présenter à ma vue tous ceux que je ne pouvais souf-
« frir, et de corrompre ceux en qui je me fiais le plus, pour
« savoir mes secrets; une application infatigable à me dé-
« crier partout, et à donner un tour criminel à toutes mes
« actions; enfin tout ce que la malignité de la cabale bigote
« peut inventer et mettre en œuvre dans une maison où elle
« domine avec tyrannie, contre une jeune femme simple,
« dont le procédé peu circonspect donnait tous les jours de
« nouveaux sujets de triomphe à ses ennemis. Je me sers
« hardiment du mot de cabale bigote, car je ne crois pas
« que les plus rigoureuses lois de la charité m'obligent à

mais de sa chute. Sa gloire eut des termes bien courts; et qui saurait sans moi que l'illustre duché de Rhétel s'appela le duché Mazarin? Ce palais si grand et si beau, ces vastes galeries si remplies de curiosités, urnes, bustes, tableaux, statues antiques; ce palais, dis-je, n'est plus que l'ombre, pour ainsi dire, de celui que nos yeux ont vu avec admiration. Cette bibliothéque si nombreuse, où tant de gens savans s'assemblaient, est tout aussi bien détruite que celle qui fut vendue à l'encan par arrêt du parlement. Ces longues écuries, qui étaient pleines de tant de chevaux de manége, barbes, castillans, coursiers de Naples, anglais, en un mot de tant de bons coureurs, de tant d'attelages de carrosse, de tant de mulets si richement harnachés, quand

« présumer que les dévots par qui M. Mazarin s'est gouverné « soient du nombre des véritables après avoir dissipé tant « de millions. »

Il faut convenir, toutefois, que cette jeune femme *si simple* avait aussi parfois des *procédés* trop *peu circonspects*; les particularités rassemblées sous la lettre I peignent à la fois les travers du mari et les espiégleries ou les désordres de la femme. (*Note de l'Édit.*)

le *Compère* ¹ en avait le soin, contiennent à peine sept ou huit méchantes haridelles ². La belle mule de don Louis de Haro, après avoir servi de monture aux deux premiers ministres, a porté un médecin crotté³ sur le pavé de Paris; et les chars de triomphe du Cardinal, après qu'on en eut vendu les velours et la broderie, ont été métamorphosés en carrosses à cinq sous. Les couvertures des mulets seules ont eu un meilleur sort, puisqu'elles servent maintenant, dans les grandes solennités, de tenture à l'église des Théatins. Ce qui était trop bon pour des bêtes de charge n'est pas trop bon pour Dieu! Quel vaste champ pour les réflexions à qui veut juger sainement des choses de ce monde!

¹ Fontenelles, écuyer du Cardinal; on lui avait donné ce surnom. (*Note de Brienne.*)

² J'ai placé dans les Éclaircissemens (*voyez* Note L) la description qu'a donnée Felibien du palais Mazarin, des appartemens qui le composaient, et des meubles dont il était orné. Felibien n'a pas oublié d'y faire mention des écuries, dont la magnificence avait excité déjà les railleries de Scarron dans sa *Mazarinade*. (*Note de l'Édit.*)

³ Desfougerais. (*Note de Brienne.*)

CHAPITRE XVIII.

Situation de Brienne à la cour. — Elle part pour Fontainebleau. — Il devient amoureux de mademoiselle La Vallière, et désire avoir son portrait en Madeleine. — Le Roi veut qu'on la peigne en Diane : *Elle est trop jeune pour être peinte en pénitente.* — Brienne découvre la passion du Roi. — Sa terreur. — Curieux entretien de Brienne avec Louis XIV, sur ce sujet, dans le cabinet de *Théagène et Chariclée.* — Trait d'un parfait courtisan. — Opinion du vieux comte de Brienne sur cette méchante affaire. — Nouvel entretien avec le Roi. — Il fait peindre mademoiselle La Vallière en Diane, et Brienne en Actéon dans le même tableau. — Fête de Vaux. — Mademoiselle Meneville et Fouquet. — Le marquis de Richelieu et mademoiselle de Lamothe-Houdancourt. — Aventure scandaleuse arrivée dans les appartemens mêmes de la jeune Reine.

Je brillais alors assez à la cour, et je partageais tous les plaisirs du Roi. J'avais l'honneur de jouer presque tous les jours à la paume avec Sa Majesté ; j'étais du jeu de la Reine mère. Les appartemens n'étaient pas encore rétablis lors de la disgrâce de M. Fouquet, avec qui l'on m'avait parfaitement raccommodé. Notre rupture était venue de ce que le surintendant s'imaginait faussement que je n'avais pas voulu épouser sa fille, qui est maintenant la duchesse de Charost; mais Langlade, secrétaire du cabinet, nous réconcilia, et il me fit payer une somme de 30,000 francs, sur les arrérages de mes appointemens et de mon cahier de frais.

La cour fut à Fontainebleau; le Roi y devint amoureux de mademoiselle de La Vallière, fille d'honneur de Madame. Je la trouvais fort aimable; je lui disais toujours quelques douceurs en passant : elle m'écoutait assez favorablement, mais je n'en étais pas amoureux; peut-être le serais-je devenu. Or, il arriva que voulant avoir le portrait de Sa Majesté, je fis venir à Fontainebleau Lefebvre de Venise, célèbre faiseur de portraits en petit : Nanteuil y était aussi, et travaillait au portrait du Roi en pastel [1]. Sa Majesté m'accorda la grâce que je lui demandai, de faire peindre son portrait par Lefebvre. Un jour que j'étais chez Madame, le Roi y vint pour

---

[1] « Sa Majesté, dit Perrault en parlant de cet artiste, lui « fit donner cent louis d'or pour son portrait peint en pastel; « ensuite Nanteuil grava ce portrait dans toute sa gran- « deur, c'est-à-dire aussi grand que nature : ce qui n'avait « encore été tenté avec succès par aucun graveur. Sa

voir sa nouvelle maîtresse, et me trouva dans l'antichambre avec elle. Il nous demanda ce que nous faisions; je lui répondis fort simplement, parce que c'était la vérité, que je proposais à mademoiselle de La Vallière de me permettre de la faire peindre par Lefebvre, en Madeleine; et non content de cela, je dis avec la même ingénuité : « C'est que son visage, qui a quelque « chose de l'air des statues grecques, me plaît « fort. » Elle rougit, et le Roi passa sans répondre.

Le soir même de cette aventure je m'aperçus de leurs amours. Le Roi parlait avec beaucoup d'attention et de vivacité à sa nouvelle maîtresse, et moi de penser à l'heure même à ma bévue; mais comme j'avais l'esprit fort présent, je pris mon temps, comme il la quittait et s'éloignait de la fenêtre où s'était passé ce doux entretien, pour demander devant lui à mademoiselle de La Vallière si elle était toujours dans la réso-

---

« Majesté en fut si satisfaite, qu'elle créa pour lui une « charge de dessinateur et graveur de son cabinet, avec des « appointemens de mille livres, et lui en fit expédier des « lettres-patentes très honorables. » *Hommes illustres,* p. 97. (*Note de l'Édit.*)

lution de se faire peindre en Madeleine. Le Roi revint sur ses pas, et me dit : *Non : il faut la faire peindre en Diane ; elle est trop jeune pour être peinte en pénitente.* J'entendis trop bien ce langage, mais je ne fis semblant de rien, et le lendemain, qui était un jour de conseil, je me levai de fort bonne heure, car je n'avais pas fermé l'œil de toute la nuit, tant la rencontre du jour m'avait éveillé et alarmé tout ensemble. Sa Majesté me voyant entrer si matin dans sa chambre, dont toutes les entrées m'étaient permises, même de sa garde-robe ¹, où j'entrais en tout temps, sans avoir eu besoin de *Brevet d'affaires.* Elle vint à moi, entra dans le cabinet de *Théagène et Chariclée*, et ferma la porte au verrou. Cela m'émut un peu, car le Roi n'avait pas accoutumé d'en user ainsi. Alors s'approchant de moi d'un air sérieux, mais honnête, il me dit, sans la nommer : « L'aimez-vous, Brienne ? — Qui, Sire, répondis-je, mademoiselle de La Vallière ? » Le Roi dit : « Oui, c'est elle dont j'entends parler. » Alors, je me

¹ Lisez la note L, qui est dans les Éclaircissemens. (*Note de l'Édit.*)

remis, et me possédant extrêmement, je repartis avec une présence d'esprit admirable : « Non pas encore, Sire, tout-à-fait; mais je vous avoue que j'ai beaucoup de penchant pour elle, et que si je n'étais pas marié je lui ferais offre de mes services. — Ah! vous l'aimez! pourquoi mentez-vous ? » dit le Roi fort brusquement, et presque en soupirant. Je répondis avec beaucoup de respect : « Sire, je n'ai jamais menti à Votre Majesté. J'aurais pu l'aimer, mais je ne l'aime pas encore assez, quoiqu'elle me plaise, pour dire que j'en sois amoureux.—C'est assez, et je vous crois.

— « Mais, Sire, puisque Votre Majesté me fait tant d'honneur, lui dis-je, me permettra-t-elle de lui découvrir ingénûment ma pensée ? — Oui, dites; je vous le permets. — Ah, Sire ! dis-je en faisant un gros soupir, elle vous plaît encore plus qu'à moi, et vous l'aimez ! — Oh bien ! dit le Roi, que je l'aime ou que je ne l'aime pas, laissez-là son portrait et vous me ferez plaisir. — Ah, mon cher maître ! dis-je en lui accolant la cuisse, je vous ferai un plus grand sacrifice; je ne lui parlerai de ma vie, et suis au désespoir de ce qui s'est passé. Pardonnez-moi cette innocente méprise de mes yeux, à laquelle mon cœur n'a point de part, et ne vous souvenez jamais de ce que j'ai fait. — Je vous le promets, dit le Roi en souriant; mais tenez-moi votre parole, et ne parlez de ceci à personne. — Dieu m'en préserve! personne n'a plus de respect que moi pour Votre Majesté. » Je ne pus achever ces paroles sans m'attendrir, et je versai quelques larmes, car j'ai les yeux et le cerveau fort humides. Le Roi s'en aperçut, et me dit : « Vous êtes fou; à quoi bon pleurer?... L'amour t'a trahi, mon pauvre Brienne : avoue la dette! — Je m'en garderai bien, lui dis-je : je pleure de tendresse pour vous; elle n'y peut avoir aucune part. — Oh bien soit! n'en parlons pas; je t'en ai trop dit. — Votre Majesté m'a fait trop d'honneur, mais j'espère que je ne tomberai plus dans une faute semblable. »

Ce dialogue dura le temps qu'il m'a fallu pour le raconter. Le Roi eut la bonté de me laisser remettre, et me fit sortir par la porte qui donne dans la salle des Gardes de la Reine sa femme; ce que je fis. Quand je revins au logis, mon père s'aperçut que j'avais pleuré, et me demanda ce que j'avais. Je lui contai la chose et mon malheur, sans aucun déguisement; il me dit : « Voilà une méchante affaire pour vous ! — Cela peut être, mais je ne le crois pas. J'ai bien répondu, et jamais mon esprit ne m'a mieux servi au besoin. — Il est vrai que vous avez très bien répondu. Je suis fâché de ne vous avoir pas averti : je sais, il y a plus de quinze jours, les amours du Roi ; la Reine mère m'en a parlé. — Que faut-il, monsieur, que je fasse ? — Rien du tout : saluez mademoiselle de La Vallière civilement, mais froidement, sans plus vous amuser à elle, ni parler d'elle aucunement, comme je me suis aperçu que vous faisiez ; et renvoyez votre peintre tout à l'heure, sans qu'il achève le portrait du Roi : c'est le plus court. — Permettez-moi, monsieur, de vous contredire ; cela ferait parler, et je ne puis le renvoyer sans en dire un mot au Roi. — Vous le pouvez, et j'approuve votre pensée. »

Le matin même, je dis un mot au Roi au sortir du conseil. « Le portrait que Lefebvre a commencé de Votre Majesté, ne me paraît guère bien; je n'en suis nullement content: celui de Nanteuil est beaucoup mieux. Votre Majesté trouve-t-elle bon que je le renvoie, et que je me prive de l'honneur qu'elle a bien voulu m'accorder de la faire peindre ? — Il est vrai que mon portrait ne me paraît pas bien, mais je vous l'ai permis; je veux que vous l'ayez, autrement, cela ferait parler : car madame et mademoiselle de La Vallière veulent se faire peindre par Lefebvre, et ce peintre vous en a l'obligation. — C'est moi, Sire, qui l'ai tout entière à Votre Majesté, de vouloir bien que j'aie son portrait dans mon cabinet de tableaux, où il sera en fort bonne compagnie. — Oui, dit le Roi; on m'a dit que vous aviez les plus beaux tableaux qu'il y ait en France. — J'en ai quelques uns, Sire; mais ils sont tous à votre humble service. — Je te remercie, Brienne; je ne voudrais pas t'en priver. »

Je dis à mon père ce qui venait de se passer, et il avoua que j'avais eu raison. Lefebvre fit le portrait de Madame, en Vénus, très bien accompagné de Cupidon; et dans le lointain, il avait placé Adonis chassant. Il réussit bien moins à celui de mademoiselle de La Vallière. Il la peignit en Diane, et mit Actéon dans le paysage; et ce pauvre Actéon.... c'était moi ! malice innocente que le Roi me fit, ou qui peut-être arriva par hasard, le peintre venant de faire mon portrait, que toute la cour avait admiré et auquel il avait très bien réussi.

Me voici arrivé à la disgrâce de M. Fouquet, dont je suis très bien instruit, et dont je vais rendre un compte très exact à mes lecteurs. La fête de Vaux se fit, et comme je voulais en être avec MM. de Lauzun et de la Bazenière, mon père me dit de n'y pas aller; je le crus et je restai à Fontainebleau. Je ne fis point alors de réflexion sur ce qui l'avait empêché de permettre que j'allasse à la fête de Vaux; mais à quelques jours de là, je m'aperçus de l'amour que M. Fouquet portait à la belle Meneville, fille d'honneur de la Reine mère; et ce fut dans la chapelle, où l'on entre par la salle des Cent-Suisses, que je m'en aperçus la première fois. M. Fouquet était fou à lier ; il donna cinquante mille écus à cette fille, et madame Duplessis-Bellière servit de confidente à cet impudent, qui, à la vue de toute

CHAPITRE XVIII. 173

la cour, faisait de si grands frais en amour. Méneville trompa le bon Guitault, capitaine des gardes de la Reine mère, et lui donna d'abord son argent à garder. Elle rendit depuis cette somme au surintendant, qui lui promit de la faire valoir; mais tout fut perdu par sa disgrâce. Je ne sais ce qu'est devenue cette belle.[1]

Il m'arriva vers le même temps, au même lieu, c'est-à-dire à Fontainebleau, une fort plaisante aventure. Le marquis de Richelieu, le plus impudent des hommes et le plus emporté dans ses galanteries, était fou de mademoiselle de Lamothe[2], fille d'honneur de la Reine mère, fort jolie, mais moins belle que Meneville. Il était dans une situation fort naturelle avec elle,

[1] Mademoiselle de Meneville, fort belle personne en effet, avait été long-temps aimée du duc de Damville; il s'était même engagé par écrit à l'épouser, mais il ne se pressait point de tenir sa promesse. On dit qu'il s'était aperçu des intrigues de sa maîtresse avec le surintendant d'autres écrivains assurent cependant qu'elle ne reçut jamais les cinquante mille écus dont parle Brienne, et que des lettres trouvées dans la cassette même de Fouquet la justifièrent entièrement sur ce point. (*Note de l'Édit.*)

[2] Depuis la duchesse de Ventadour. (*Note de Brienne.*)

à la porte même de la chambre de la jeune Reine, assis sur un tabouret, en dehors, dans la salle des Gardes, où il n'y avait alors qu'une très faible clarté. Sa nymphe était sur ses genoux..... Je n'en dirai pas davantage; il suffit que je les pris sur le fait. Qui fut surpris? ce fut le marquis de Richelieu. Il s'emporta; je crus qu'il m'allait battre, mais il se retint, et je me mis à rire de sa colère. « Va, lui dis-je, « mon pauvre ami, le don que Junon fit au fils « de Vénus l'emportait sur celui que t'a fait ta « mère. » Cela le fit rire à son tour; il me répondit par une polissonnerie à l'avantage de sa maîtresse, qui avait, disait-on, tout petit : les yeux, la taille, la bouche et cætera.

Le lendemain, à mon lever, il vint me faire un éclaircissement; je lui jurai le secret, et l'ayant rassuré, nous continuâmes d'être bons amis comme si de rien n'eût été. Toutes les fois que je rencontrais mademoiselle Lamothe, elle ne pouvait s'empêcher de rire de l'aventure du tabouret, ni moi non plus. [1]

---

[1] Charlotte-Éléonore-Madeleine de la Mothe-Houdan-

court, fille du maréchal de ce nom, épousa, en 1671, Louis-Charles de Levis, duc de Ventadour.

A l'époque dont parle Brienne, une intrigue de cour se tramait en secret pour enlever à mademoiselle de La Vallière le cœur de son amant. Dans le dessein d'y parvenir, on voulait donner au Roi mademoiselle de la Mothe pour maîtresse : elle avait, comme on voit, d'autres inclinations. Bussy en dit un mot dans l'*Histoire amoureuse des Gaules*. Après avoir raconté une scène de jalousie entre Louis XIV et mademoiselle de La Vallière, « Le Roi vit le
« jour suivant, dit-il, mademoiselle de la Mothe, qui est une
« beauté enjouée, fort agréable, et qui a beaucoup d'esprit ;
« il lui dit beaucoup de choses fort obligeantes. Il fut toujours
« auprès d'elle, soupira souvent, et en fit assez pour faire
« dire dans le monde qu'il en était amoureux, et pour le
« persuader à madame sa mère, qui grondait sa fille de ne
« pas répondre à la passion d'un si grand monarque *.
« Toutes les amies de la maréchale s'assemblèrent pour en
« conférer ; et après être convenues que nous n'étions plus
« dans la sotte simplicité de nos pères.... elles querellèrent à
« outrance cette aimable fille. Mais elle avait dans le cœur
« une secrète attache pour le marquis de Richelieu, ce qui
« faisait qu'elle voyait sans plaisir l'amour que le Roi lui
« témoignait. »

* Ce qu'il y a de plus étrange, c'est que madame la maréchale de la Mothe-Houdancourt fut nommée peu de temps après gouvernante du Dauphin. (*Note de l'Édit.*)

La sincère madame de Motteville confirme le témoignage de Bussy dans ce qu'elle dit des projets qu'on avait conçus avec l'espoir de donner mademoiselle de la Mothe pour maîtresse à Louis XIV. La Fare, qui débrouille encore mieux cette trame dans ses Mémoires, assure qu'elle était ourdie par madame la comtesse de Soissons. Les personnages les plus élevés de la cour s'entremettaient alors dans toutes ces honteuses intrigues; on ambitionnait le vil honneur d'être l'ami, le complaisant, l'allié d'une maîtresse en titre; et l'on rougit, il faut bien le dire, de voir Montausier lui-même prêter l'appui de son nom et de ses discours à ces brillantes infamies. (*Voyez* Note M.) (*Note de l'Édit.*)

CHAPITRE XIX.

Disgrâce de Fouquet. — Il est leurré de l'espoir d'être chevalier des ordres. — Fabert refuse de faire des preuves de noblesse. — La cour applaudit à sa conduite. — Honneur que fait Louis XIV à Brienne le père, en nommant un chevalier des ordres sur sa présentation. — Entretien de Brienne avec Fouquet. — Craintes, irrésolutions du surintendant. — Rencontre des deux cabanes qui portent Colbert et Fouquet sur la Loire. — Le Roi arrive à Nantes, à franc étrier, sur des chevaux de poste. — Il dit à Brienne : *Je suis content de vous*. — Aspect mystérieux que présentait à Nantes l'intérieur du château. — La clochette. — Brienne préside les États de Bretagne ; présent qu'il en reçoit. — Le Roi l'envoie chez M. Fouquet; il y trouve Lauzun. — Deux courtisans cherchant réciproquement à se surprendre leurs secrets. — Pensionnaires qu'avait le surintendant à la cour; — La Feuillade était du nombre. — Paysannes de Belle-Isle qui viennent, au son de la flûte, danser chez le surintendant la veille de son arrestation. — Brienne décrit leur danse et leur costume.

La résolution était prise par le Roi de faire arrêter M. Fouquet dans Vaux même, le jour de la fête qu'il donnait à Sa Majesté, et où *les Fâcheux*, de Molière, furent représentés pour la première fois. La Reine mère l'empêcha, et dit au Roi : « Ah, mon fils ! cette action ne vous fera guère d'honneur ; le pauvre homme se ruine pour vous faire bonne chère, et vous le feriez arrêter prisonnier dans sa maison ! » Le Roi crut la Reine sa mère, et remit sa capture, qui était résolue, à Nantes, afin de s'assurer tout d'un temps de M. Fouquet et de Belle-Isle.

La duchesse de Chevreuse était avec le marquis de Laigues à Fontainebleau pour cette affaire. Elle avait obligé celui-ci à s'allier avec M. Colbert le ministre, qui n'était même alors que contrôleur des finances. Cette duchesse, toujours intrigante, et qui avait conservé assez d'ascendant sur l'esprit de la Reine mère, la fit consentir à la perte de M. Fouquet, quoique Sa Majesté l'aimât, parce qu'il l'avait toujours bien fait payer de son douaire et des pensions considérables que le Roi son fils lui donnait depuis sa majorité.

Ce complot ainsi formé par les intrigues du marquis de Laigues, qui certainement était mari de conscience de la duchesse, le Roi obligea M. Fouquet à se défaire de sa charge de procureur-général au parlement de Paris. Il donna dans le piège ; car Sa Majesté lui fit espérer de

CHAPITRE XIX.

le faire chevalier de l'ordre en le déclarant son premier ministre, dès qu'il ne serait plus procureur-général. On faisait alors des chevaliers, et je rapporterai ici deux faits singuliers, dont l'un regarde mon père, et l'autre le maréchal de Fabert.

Ce maréchal, très homme de bien, et qui ne s'en faisait point accroire, refusa, non d'être chevalier des ordres du Roi, mais de faire des preuves de noblesse afin de l'être. « Votre Majesté, dit-il au Roi, sait que je ne suis pas gentilhomme; je puis l'être maintenant que je suis maréchal de France; mais mon père était libraire à Metz, et j'ai vendu moi-même des almanachs. Après cela, irai-je me déshonorer en me faisant passer pour gentilhomme? — Mais d'autres le font bien, dit le Roi. — Je ne suis l'exemple de personne en cela; je me contente de l'honneur que Votre Majesté m'a fait de me donner le bâton de maréchal de France, que j'ai peut-être mérité par mes services; mais il ne sera jamais dit que pour être chevalier de l'ordre j'aie fait un mensonge et une fausseté[1]. » Toute la cour

[1] Abraham Fabert, maréchal de France en 1658. On

loua son action, et MM. d'Estrades et Beringhen, dont la noblesse (à ce qu'on disait alors) n'était guère plus certaine, ne purent s'empêcher de louer en M. Fabert ce qu'ils n'avaient pas cru devoir pratiquer.

L'autre fait, c'est que M. Henri-Auguste de Loménie, comte de Brienne, ministre secrétaire d'État, mon père, avait été reçu en chapitre chevalier des ordres du Roi, après avoir fait ses preuves, et devait l'être à la première promotion. Cela se passa sous le règne de Louis XIII, quand il quitta sa charge de prévôt de l'ordre, et en retint le cordon et les honneurs, non plus en qualité d'officier de l'ordre, ce qui ne se refuse guère, mais de chevalier déjà reçu, et agrégé à l'ordre du Saint-Esprit.

Le Roi, pour obliger M. Fouquet à se défaire de sa charge de procureur-général, déclara qu'il ne ferait aucun chevalier de ses ordres qui fût

---

prétend que Mazarin lui avait fait proposer de servir d'espion dans l'armée; Fabert répondit : « Peut-être faut-il à « un ministre des gens qui le servent de leurs bras et « d'autres de leurs rapports; je ne puis être que des pre- « miers. » (*Note de l'Édit.*)

de robe ou de plume, pas même le chancelier de France, M. le premier président du parlement de Paris, ni aucun des secrétaires d'État. M. de Brienne se trouvait dans ce cas; mais, étant reçu, il croyait que cela ne le regardait plus. Cependant la Reine mère lui en parla, et lui dit que le Roi avait fait une loi qui certainement ne serait point enfreinte en sa faveur. Mon père, un peu surpris, parla au Roi, et Sa Majesté l'ayant écouté avec beaucoup de patience, lui dit que cela était impossible; «mais, ajouta-t-il (avec cette honnêteté dont il sait charmer tous les cœurs quand il lui plaît), mon cher monsieur de Brienne, vous êtes à mes yeux le meilleur et le plus fidèle de mes serviteurs, comme vous l'avez été du Roi mon aïeul et du Roi mon père; ne pouvant vous accorder ce que vous me demandez, je veux vous faire un honneur que je n'accorde qu'aux Princes de mon sang, c'est que je nommerai de votre main et à votre place tel chevalier qu'il vous plaira de me nommer. Comptez bien que cette marque d'amitié et de distinction est infiniment plus considérable pour vous, qui avez déjà le collier et les honneurs de l'ordre, et pour votre maison, que ne le serait votre promotion même. Enfin, je vous le commande »; et tout de suite il ajouta, en adoucissant sa voix, « je vous en prie. » Il finit en disant : « Je veux être obéi ; qu'il n'en soit plus parlé. » Mon père ne put s'empêcher de pleurer de joie, et nomma son gendre, le marquis de Gamaches, que Sa Majesté accepta.[1]

Je reviens à la prise de M. Fouquet. Le Roi, qui a toujours conduit ses affaires avec beaucoup de prudence et de secret, ne s'ouvrit de la résolution qu'il avait prise de faire arrêter le surintendant qu'à trois personnes : la Reine sa mère, M. Letellier, et mon père, qu'il laissa auprès de la Reine mère pour conseil et pour mettre les scellés sur les papiers de M. Fouquet. La duchesse de Chevreuse et Laigues le savaient aussi, mais l'exécution leur en était cachée. Quoiqu'il y ait bien de l'apparence que M. Colbert en avait connaissance, on dit cependant que le Roi lui en fit une finesse, parce que

---

[1] Nicolas-Joachim Rouault, marquis de Gamaches, qui avait épousé Marie-Antoinette de Loménie. (*Note de l'Édit.*)

CHAPITRE XIX.

M. Colbert n'osa jamais parler à Sa Majesté de faire arrêter M. Fouquet, et se contenta de faire agir la duchesse de Chevreuse, dont le petit-fils a depuis épousé l'aînée de ses filles : tout le monde sait cela ; mais ce qui suit est moins connu.[1]

Le Roi me commanda de prendre la cabane à Orléans, et de descendre par la Loire en diligence jusqu'à Nantes, où les États se tenaient, et d'y arriver avant lui. Je partis à l'heure même. La veille, j'avais entretenu fort long-temps M. Fouquet dans sa chambre. Il avait la fièvre tierce, et sortait de son accès. Il me questionna fort sur ce qu'on disait du voyage de Nantes, qu'il avait, ajouta-t-il, conseillé au Roi. « Ma foi, lui dis-je sans entrer nullement dans sa pensée, je n'en sais rien du tout. — M. votre père ne vous a-t-il rien dit? —

---

[1] Du moins n'en connaît-on quelque chose que par ce que l'abbé de Choisy put en saisir dans ses entretiens avec Brienne ; mais il y a loin, comme on va le voir, des notions fugitives que donne une conversation souvent interrompue, au récit détaillé d'un écrivain qui fut lui-même acteur dans les scènes qu'il raconte. (*Note de l'Édit.*)

Non, monsieur. — Mais le marquis de Créqui sort d'avec moi, et vient de m'avertir que la duchesse de Chevreuse m'a rendu de très mauvais offices. — Je ne sais point cela non plus. — La Reine mère m'a fait dire par Barthillac de me garder de la duchesse. — C'est vous, monsieur, qui me l'apprenez. — Je ne suis plus procureur-général, et je ne serai plus long-temps surintendant. On me leurre d'un collier de l'ordre qu'on ne me donnera peut-être jamais, et me voilà perdu sans ressource. J'ai même prêté au Roi le million que M. de Harlai m'a payé sur le prix de ma charge, dont il me doit encore quatre cent mille livres. J'ai quelque argent sur les aides, mais ces fonds ne sont guère assurés [1]. J'ai bien encore quelque somme assez considérable entre les mains d'un de mes plus fidèles amis [2]; mais tout cela est peu de chose, si l'on

---

[1] C'était treize ou quatorze cent mille livres dont il avait les rescriptions des fermiers des aides dans sa poche quand il fût arrêté. (*Note de Brienne.*)

[2] C'était sept cent mille livres que lui gardait M. Chanut, dont la reconnaissance fut aussi trouvée dans sa poche quand on l'arrêta. (*Note de Brienne.*)

doit m'ôter la surintendance. Je dois plus de quatre millions, auxquels je m'étais engagé pour les dépenses de l'État (il me disait tout cela d'un air triste et abattu). Mais quoi! il faut se résoudre à tout. Je ne saurais croire que le Roi veuille me perdre! — Le Roi, lui dis-je, monsieur, vous a trop promis pour vous tenir tant de choses. Croyez-vous qu'il veuille avoir un premier ministre? Et pour le collier de l'ordre, je le tiens fort mal assuré. Vous n'êtes plus procureur-général; la faute est faite; le meilleur parti que vous puissiez prendre, c'est de parler à la Reine mère, qui vous aime, et qui vous a fait donner l'avis de la mauvaise volonté que la duchesse de Chevreuse a pour vous. — Je l'ai fait, et elle ne m'a rien dit que de général, et peut-être ne sait-elle rien des desseins du Roi contre ma personne. Pourquoi le Roi va-t-il en Bretagne, et précisément à Nantes? Ne serait-ce point pour s'assurer de Belle-Isle? — Si j'étais à votre place, j'aurais cette crainte, et je la croirais bien fondée. — Le marquis de Créqui m'a dit la même chose que vous, et madame Duplessis-Bellière aussi.

Je suis fort embarrassé, je vous l'avoue, à prendre une bonne résolution. Nantes, Belle-Isle! Nantes, Belle-Isle! « Il répéta plusieurs fois ces deux noms; puis enfin il me dit : « Mais m'enfuirai-je? c'est ce qu'on serait peut-être bien aise que je fisse. Me cacherai-je? cela serait peu facile; car quel prince, quel État, si ce n'est peut-être la république de Venise, oserait me donner sa protection? Irai-je à Livourne? cela n'est guère honorable pour moi. Vous voyez ma peine; dites-moi, ou écrivez-moi exactement tout ce que vous apprendrez de ma destinée, et surtout gardez-moi le secret. » Il m'embrassa les larmes aux yeux, et je ne pus m'empêcher de pleurer; il me faisait une vraie compassion, et il en était digne.

Je partis le lendemain de cette conversation; et comme je m'embarquais à Orléans pour Nantes, je rencontrai, sur le port, Paris, commis de M. Jennin, trésorier de l'Epargne, en exercice, qui allait monter dans sa cabane. Comme il était mon ami, je lui dis de monter dans la mienne, et que nos gens se tiendraient dans celle qu'il avait retenue. Ariste, mon premier

commis, l'en pria aussi, et lui dit que nous serions plus en liberté et moins incommodés du bruit et du feu de la cuisine, qu'on faisait dans sa cabane. Il y consentit, et nous nous embarquâmes ensemble dans ma cabane. Étant arrivés au-dessus d'Ingrande, M. Fouquet, accompagné de M. de Lionne, son ami intime, passa dans une fort grande cabane, à plusieurs rameurs, et je les saluai. Un moment après passa une autre cabane, où était M. Letellier avec M. Colbert; je les saluai encore, et Ariste dit, sans que je fusse préparé à cela : « Ces deux ca-
« banes que nous voyons encore, l'une et l'autre
« se suivent avec autant d'émulation que si les
« rameurs disputaient un prix sur la Loire : l'une
« des deux, ajouta-t-il, doit faire naufrage à
« Nantes. » Paris, commis de l'Epargne, pâlit et dit : « Ah! ce sera sans doute la première,
« tant le proverbe est véritable, que les *premiers vont devant!* » Moi, à qui ceci était tout nouveau, et qui vis la surprise du pauvre Paris, je tâchai de le rassurer, mais il n'y eut pas moyen; nous ne parlâmes d'autre chose que de cette rencontre fortuite et singulière jusqu'à

Nantes, où j'arrivai le soir même. Le Roi, accompagné de M. le Prince, du duc de Saint-Aignan, premier gentilhomme de sa chambre; du duc de Gèvres, capitaine des gardes en quartier; de Puyguilhem [1], qui commençait à entrer en faveur auprès du Roi; du maréchal de Villeroi, et de plusieurs autres seigneurs de la cour, arriva le lendemain à Nantes, sur des chevaux de poste; et ce voyage eut quantité d'aventures, dont la plus fâcheuse fut la prise du pauvre M. Fouquet. [2]

Artagnan se trouva à Nantes avec une brigade

---

[1] Antonin-Nompar de Caumont, comte et depuis duc de Lauzun, si fameux par la faveur que lui accorda Louis XIV, par l'éclat du mariage qu'il fut sur le point de conclure avec Mademoiselle, par son emprisonnement à Pignerol, où il se retrouva près du malheureux Fouquet, enfin par les services qu'il rendit à Jacques II, roi d'Angleterre, ne fut d'abord connu, dans sa jeunesse, que sous le nom de marquis de Puyguilhem. (*Note de l'Édit.*)

[2] Parmi les aventures de ce voyage, il y en eut une qui pouvait être funeste au Roi lui-même. Il fit la route partie à cheval, à franc étrier, comme dit Brienne, partie dans des carrosses de relais qui ne lui appartenaient pas : « L'évêque « d'Angers lui donna le sien, dit l'abbé Arnaud dans ses

de mousquetaires, et Chavigny, capitaine aux gardes, avec sa compagnie, à l'arrivée du Roi, qui descendit au château de Nantes, où il me trouva au bas du degré. Je pris l'étrier de son cheval. Il s'appuya sur mon bras pour monter le degré, et me dit : « Je suis content de vous », ce qu'il ne m'avait jamais dit; « vous avez fait « bonne diligence. M. Letellier est-il arrivé? — « Oui, Sire, et M. le surintendant aussi. Ils me « passèrent à Ingrande, et nous arrivâmes tous « ici hier assez tard. — Voilà qui va bien. Dites « à M. Boucherat de me venir parler. — Je crois, « Sire, l'avoir vu dans la salle » : il y était en effet, et je l'avertis. Sa Majesté lui parla longtemps à l'oreille, et m'appelant ensuite, me dit

« Mémoires, et M. le duc de Beaufort, qui se mit en la
« place du cocher, *eut l'honneur* de verser Sa Majesté. »

Un courtisan qui était du voyage, le duc de Saint-Aignan, en écrivit en vers, et par ordre du Roi, une relation qui fut envoyée de Nantes aux deux Reines. Ce sont des vers de grand seigneur, écrits avec naturel et beaucoup de facilité. Le poète n'a eu garde d'omettre la circonstance du carrosse versé; l'on trouvera quelques passages de cette relation dans les notes. (*Voyez* Note N.) (*Note de l'Édit.*)

d'aller savoir des nouvelles de la santé de M. Fouquet, et de venir lui redire comment il se trouvait du voyage. « Demain, dis-je, ce sera le jour « de sa fièvre, si je ne me trompe. — Oui, dit le « Roi; c'est pourquoi je voudrais bien lui parler « aujourd'hui. » J'y fus, et le trouvai à moitié chemin de sa maison au château de Nantes, où il allait assez lentement, dans son carrosse. Je fis arrêter le mien, et lui dis que Sa Majesté m'envoyait l'avertir de l'aller trouver, si sa santé le lui permettait. « Vous lui direz que vous m'a- « vez trouvé en chemin », et il arriva un moment après moi. Le Roi me voyant entrer me dit : « Dites à Boucherat de me venir parler ; « vous le trouverez chez lui. » Je l'avertis, et il me pria de l'attendre chez lui à souper, ajoutant qu'il ne tarderait pas à revenir. Il était intendant pour Sa Majesté auprès des États de Bretagne, qui se tenaient alors à Nantes, comme j'ai dit, et il m'avait fait marquer une maison qui tenait à la sienne, où il avait fait faire une porte de communication. Comme je n'avais point d'autre équipage que mon carrosse, que j'avais envoyé quinze jours avant moi, je mangeai tou-

CHAPITRE XIX.

jours, tant que je fus à Nantes, à la table de M. Boucherat, maintenant chancelier de France.

Le lendemain étant allé de fort bonne heure chez le Roi, je trouvai la salle des gardes pleine de mousquetaires, et la porte qui donnait dans la chambre du Roi, fermée. Un mousquetaire était en faction devant cette porte ; il me dit que Sa Majesté l'avait fait condamner, et qu'on n'entrait que par la terrasse, dont il me montra la porte de la main. Un autre mousquetaire vint me conduire ; mais je ne vis point de gardes-du-corps. Le château de Nantes est mal bâti : il y a un parapet en forme de terrasse, avec une balustrade peinte en vert, qui règne tout le long de cette terrasse, et au bout se trouve un petit corridor fort étroit, pratiqué dans l'épaisseur du mur, de même que la terrasse. Ce corridor conduit à la chambre qu'occupait le Roi, et l'on avait fait condamner la porte qui, de cette chambre, donnait dans la salle des gardes, afin de placer devant cette porte une fort longue table, qui était toute couverte de papiers. Je rencontrai Rose, qui écrivait sur une petite table fort basse, dans le corridor, devant une fenêtre, et ensuite le duc de Saint-Aignan, assis sur une chaise de paille, aussi fort basse. Il m'arrêta et me dit qu'il avait ordre de n'introduire personne dans la chambre du Roi, sans avertir; il entra donc, après avoir sonné une clochette d'argent : le Roi leva une toilette de taffetas vert, et en couvrit les papiers qui se trouvaient sur la longue table dont j'ai parlé, puis Sa Majesté dit : « Qui est-ce ? — C'est M. de Brienne, répondit M. de Saint-Aignan. — Faites-le entrer. » La clochette sonna quand j'entrai; et je ne comprenais rien à ce carillon, ce qui fit que je tournai la tête; le Roi y prit garde et me dit : « C'est pour Rose que « Saint-Aignan sonne »; et en effet, Rose entra en même temps, et le Roi lui ayant parlé, il prit une liasse de papiers sous la toilette et sortit. Après que j'eus rendu compte à Sa Majesté de diverses affaires, qui toutes regardaient les États de Bretagne, placés dans mon département, elle me congédia, et me dit de me rendre à l'assemblée, et de venir lui rendre compte, après son dîner, de ce qu'on aurait fait. « Pressez, me « dit le Roi, pressez M. le commissaire d'avancer « les choses le plus qu'il le pourra. Je veux m'en

« retourner au plus tôt à la cour. Que l'on se
« borne à traiter l'affaire des dons gratuits; les
« autres s'achèveront bien en mon absence. Je
« ne veux point attendre ici la clôture des États;
« on peut les terminer sans moi. » J'allai donc à
l'instant remplir les intentions de Sa Majesté.

Je pris séance dans les États sur le banc des
pairs de Bretagne, entre M. le maréchal de la
Meilleraie, et M. Boucherat, commissaire, qui
me céda le pas, parce que j'étais plus ancien
conseiller d'État que lui, et de plus, secrétaire
d'État de la province, et envoyé exprès par Sa
Majesté. Je fis entendre ses volontés aux États,
et je sortis pour les laisser délibérer. Je rentrai
un moment après, M. Boucherat ayant pris la
peine de me venir avertir, et il me fit réponse
que l'affaire des dons gratuits serait terminée à
la prochaine séance, c'est-à-dire le lendemain
qui était un jeudi, à pareille heure. Le maréchal
de la Meilleraie, se levant de sa place, me conduisit à la buvette, accompagné de deux dépu-
tés, où l'on me donna un très bon déjeuner. Il
me semble que je parlai assez bien, quoique je
n'eusse eu pour préparer ma harangue qu'au-

tant de temps qu'il m'en fallut pour aller, du château, au lieu où s'assemblaient les États. Je ne laissai pas que de faire une harangue dans les formes, et je parlai couvert. Le maréchal, après le déjeuner, me ramena dans la salle, et M. le commissaire me dit : « L'assemblée, mon« sieur, a pris le temps de votre absence pour « délibérer sur le présent qu'elle vous ferait. « Outre les 10,000 livres que la province ac« corde à M. le comte de Brienne, ministre et « secrétaire d'État, à chaque tenue d'États, elle « vous prie d'agréer, sous le bon plaisir du « Roi, 12,000 livres pour votre venue, et pour « cette fois seulement, sans conséquence. » Le maréchal, qui n'avait point opiné, dit : « C'est « trop peu. — C'est plus que je ne mérite, « dis-je ; je remercie les États de leur généro« sité et honnêteté à mon égard, et vous, mon« sieur, en particulier (c'est au maréchal que je « parlais) de votre bonne volonté » ; et je sortis.

Je ne crus pas devoir remercier M. le commissaire en particulier, et je lui en fis une excuse en dînant. Il me dit que j'avais bien fait, et qu'étant l'homme du Roi, c'était Sa Majesté que je devais remercier. Je m'acquittai de ce devoir l'après-dînée même. Le Roi me dit que c'était peu de chose, mais qu'il me le donnait de bon cœur. Il m'envoya savoir des nouvelles de la santé de M. Fouquet, et m'ordonna de venir lui en rendre compte sur-le-champ. Je partis aussitôt, et montant dans mon carrosse, je traversai une grande partie de la ville de Nantes, qui est fort longue. Puyguilhem, car il ne portait point encore le nom de Lauzun, sortait de chez M. Fouquet comme j'y entrai. « Je veux te parler, me dit Puyguilhem »; et nous nous assîmes dans la salle. Il me questionna fort long-temps, et battit la campagne pour me tendre divers panneaux. J'eus l'adresse de les éviter tous. Il voulait que je lui avouasse que je savais le sujet pour lequel Sa Majesté était venue à Nantes, et me demanda une fois ou deux si elle n'irait point à Belle-Isle. Ce mot, qu'il dit avec beaucoup de négligence, et par un à-propos fort mal à propos, me mit sur mes gardes, et je connus son dessein. Changeant alors de ruse et de discours, il me demanda si je ne m'étais point aperçu que La Feuillade fût une des créatures du surinten-

dant. « Il faut, dit-il en jurant le nom de Dieu,
« que ce b.....-là soit son pensionnaire. — Ma
« foi, lui dis-je fort simplement, si cela est, il
« n'est pas le seul. Graves, à ma connaissance,
« a répandu en son nom plus de cent mille
« écus parmi les courtisans, à Fontainebleau,
« pendant le séjour que le Roi y a fait ; mais,
« par bonheur, je n'ai point eu de part à cette
« distribution. Et toi, lui dis-je en riant et
« le regardant fort attentivement, ne t'en es-tu
« point ressenti ? — Oh que oui ! — Tu es bien
« hardi de prendre de l'argent ! Cependant le
« Roi t'aime, que dirait-il s'il venait à le sa-
« voir ? » Alors il me fit une fausse confidence,
et continua ainsi son mensonge ; car il avait
menti sûrement à dessein de me faire parler. Il
ne prit jamais d'argent de M. Fouquet, mais il
voulait savoir si je n'en avais point reçu.

« M. Pélisson m'a donné l'assurance, lui dis-je,
« que je toucherais sur le don gratuit des États
« de Bourgogne, 40,000 livres de mes appoin-
« temens. — Je m'attends bien d'être payé sur
« le même fonds, répondit-il, de 30,000 livres
« que Graves, en partant de Fontainebleau,

« m'a promis de me faire toucher à Nantes. » Puis, faisant un long détour, il se jeta sur les amours du Roi et de mademoiselle de La Vallière, et me demanda si je m'en étais aperçu. Je me tirai comme je pus de ce mauvais pas, et nous retombâmes sur les pensionnaires de M. Fouquet, ce qu'il avait le plus à cœur de savoir. « Pour La Feuillade, lui dis-je, il ne s'en cache « pas. — Ni moi non plus; le Roi veut bien que « nous prenions l'argent que Graves nous « donne. — Si cela est, tu fais bien de le « prendre. On ne saurait mal faire tant que « l'on obéit au Roi. » J'en restai là, et notre conversation finit par des embrassades et force protestations d'amitié.[1]

[1] « Fouquet donnait pour quatre millions de pensions à « ses amis de cour, dit l'abbé de Choisy (*Mém.*, p. 110), « et il était d'assez bonne foi pour compter sur eux et pour « les juger capables de le soutenir dans un changement de « fortune. » Ce système de corruption lui avait mieux réussi dans d'autres circonstances. Gourville a raconté naïvement de quelle manière, à quel taux, le surintendant, par ses conseils, achetait l'appui, les suffrages, l'éloquence, ou, selon l'occasion, le silence des principaux chefs du Parlement. (*Voyez* Note O.) (*Note de l'Édit.*)

Elle eût été plus longue, si des paysannes de Belle-Isle, fort proprement parées n'étaient alors entrées dans la salle. Madame la surintendante y vint un moment après avec Gourville, et ces paysannes dansèrent fort légèrement, devant elle, des passe-pieds du pays, au son de la flûte et du violon. Elles étaient belles, et dansaient très bien. J'en fus surpris et charmé : nos baladins ne dansent pas mieux. Elles avaient le pied et l'oreille très justes. Elles étaient vêtues d'écarlate, avec de grandes bandes de velours noir en zigzag au bas de leurs jupes, et par-devant elles portaient des corps fort étroits avec des manches amarantes, toutes galonnées d'or et de noir aussi en zigzag, ce qui était fort galant. Leurs bras et leurs gorges nues : beaucoup de blancheur et d'embonpoint, et de fort belles dents. J'aurais pris volontiers plaisir à les voir plus long-temps; mais pour exécuter les ordres du Roi j'entrai chez M. Fouquet.

CHAPITRE XX.

Gaîté de Fouquet. — Il croit triompher de ses ennemis. — Brienne soupe chez le Roi. — Il arrive trop tard, et ne trouve point de place à table. — Il porte la santé de Louis XIV, qui le remercie. — Sur quels indices il juge la perte de Fouquet certaine. — Dissimulation de Louis XIV. — Il retient Brienne auprès de lui, en le mettant d'un quart dans son jeu, au brelan. — D'après ses ordres, Brienne se rend à six heures du matin chez le surintendant. — Il était déjà arrêté. — Mousquetaires à sa porte. — Brienne aperçoit Fouquet dans un carrosse garni de treillis en fer. — Paroles de Louis XIV à Brienne. — Papiers trouvés dans la poche du surintendant. — Le duc de Gesvres, son intime ami, se désespère de n'avoir point été chargé de son arrestation. — Le Roi retourne à Fontainebleau : *Sa chasse était faite.* — Gourville s'enfuit en Poitou. — Étrange vanité de Fouquet dans ses amours.

Au moment où je me fis annoncer, M. Fouquet, qui avait une fièvre périodique, entrait dans le frisson d'un nouvel accès. Je lui parlai pourtant, ayant fait dire que je venais de la part du Roi. Il était dans sa robe de chambre, couché sur son lit, le dos appuyé contre une pile de carreaux de damas vert; il me demanda ce que je voulais. « Rien, monsieur, répondis-je, sinon savoir comment vous vous portez.— Fort bien, à ma fièvre près, qui ne sera rien. J'ai l'esprit en repos, et je serai demain hors de mes inquiétudes. Que dit-on au château et à la cour ? — Que vous allez être arrêté. — Puyguilhem vous l'a-t-il dit ? car vous avez parlé long-temps ensemble : je vous ai vu entrer ; il sortait d'avec moi. En tous cas, il est mal informé et vous aussi ; c'est Colbert qui sera arrêté, et non moi. — En êtes-vous bien assuré ? lui dis-je. — On ne peut l'être mieux. J'ai moi-même donné les ordres pour le faire conduire au château d'Angers, et c'est Pélisson qui a payé les ouvriers qui ont mis la prison hors d'état d'être insultée. — Cela va bien, et je le souhaite, lui répondis-je, mais Puyguilhem vous trompe ; vos amis craignent fort pour vous. Toutes les manigances qui se font au château ne me plaisent guère ; et les précautions qu'on a prises de condamner la porte de la salle, la table du Roi couverte de papiers et de lettres de cachet, qu'on apporte par douzaine de chez M. Letellier ; Saint-Aignan et Rose, toujours en sentinelle dans le petit corridor, enfin la clochette ; tout cela ne vous présage rien de bon. — C'est moi, dit-il d'un air fort gai, qui ai donné au Roi tous ces avis, afin de mieux couvrir notre jeu. — Dieu le veuille! je le souhaite, mais je n'en crois rien. Que dirai-je au Roi de votre part? — Que demain l'affaire du casuel et du don gratuit sera terminée, et qu'on lui accordera sa demande, à son mot, sur l'un et l'autre article. Quant à l'état de ma santé, prenez la peine de lui dire que j'entrais dans mon accès quand vous êtes arrivé, qu'il ne sera pas long, je pense, et que cela n'empêchera pas que je ne sois demain d'assez bonne heure à son lever. » Il me retint encore quelque temps, but à ma santé de l'eau fort chaude avec du sucre et de la cannelle, et le frisson passa.

Il eut un moindre accès que le précédent, sua beaucoup, et le soir quand j'y retournai je le trouvai habillé avec son chapeau, et gaillard comme s'il n'avait point eu la fièvre. Je le vis manger un petit poulet rôti de fort bon appétit, et boire un peu de vin pur. Je fus donc au château; et comme j'avais beaucoup d'expéditions à signer, il fallut m'arrêter à mon logis, d'où je ne partis qu'à sept heures du soir. Je ne pus parler au Roi avant neuf heures, qui fut le temps qu'il me renvoya chez M. Fouquet. Le Roi me parla peu, et me dit seulement : « J'ai « affaire ; à tantôt le reste. Vous souperez ici ; « trouvez-vous à onze heures à mon souper. » Je remerciai Sa Majesté. C'est la seconde fois que j'ai mangé à sa table pendant tout le temps que j'ai eu l'honneur d'être à son service [1]. La première, dans le bateau de Libourne à Bordeaux, et cette seconde fois, à Nantes : encore ne mangeai-je pas avec lui, parce que sa table était pleine, mais sur le buffet, de ce que Sa Majesté me fit l'honneur de mettre elle-même sur une des assiettes de son cadenas, et de me donner de sa main. Ce n'est pas que Puyguilhem ne tournât son siége pour me faire placer, et le partager avec moi, mais je vis que nous serions trop pressés, et je pris mon parti de

[1] C'était un très grand honneur. On trouvera (Note P) de curieux détails sur le dîner du Roi, sur la manière dont on y pouvait être admis, le cérémonial qu'on y observait, et les exclusions que l'usage ou la volonté du prince avaient établies. (*Note de l'Édit.*)

manger debout. Cependant la Reine me fit donner un placet; je soupai fort bien d'une perdrix et d'un râble de marcassin, et m'adressant à Puyguilhem, qui fut le seul dont je reçus une honnêteté, je pris la liberté de lui porter la santé du Roi, dont Sa Majesté me remercia d'un coup de tête, en me disant : « Vous n'avez « pas oublié les bonnes coutumes d'Allemagne. »

Après le souper, il entra dans sa chambre, et me questionna long-temps sur la santé de M. Fouquet. Il ne s'ouvrit pas néanmoins de son dessein, mais il le laissa entrevoir, et je ne doutai plus de sa perte. Ce qui acheva de me convaincre, et me causa une fort mauvaise nuit, jugeant très bien que j'étais sur le point de perdre un fort généreux ami, ce fut deux choses : la première, que Sa Majesté me demanda si j'avais trouvé, en sortant, de ses mousquetaires devant le logis de Fouquet, qu'il n'appela plus monsieur; la seconde, qu'après m'avoir ainsi parlé avec plus de confiance, il me retint à jouer, et voulut que je fusse d'un quart avec Puyguilhem et d'un quart avec lui, au brelan [1].

[1] Je gagnai trois cent quinze pistoles d'un côté, et autant

Le Roi prit soin de me dire à la fin du jeu :
« Allez un peu vous reposer, car il est tard, et
« il faut que demain vous soyez à six heures du
« matin chez Fouquet, et l'ameniez, car je veux
« aller à la chasse. » Que signifiait tout cela?
sinon que le pauvre Fouquet n'était plus rien,
le Roi ne le traitant plus de monsieur.

Je fus me reposer sur mon lit sans me déshabiller, et mon valet de chambre ne se coucha pas. Je lui fis mettre mon réveil sur cinq heures, et m'étant levé aussitôt, je pris du linge, et il n'était pas encore six heures à ma montre quand j'arrivai chez M. Fouquet. Je trouvai qu'il était déjà parti; sa porte était gardée par six mousquetaires et un officier. Je descendis de mon carrosse, et l'officier m'ayant demandé ce que je voulais, je lui dis que je venais de la part du Roi pour avertir M. le surintendant qu'il était

de l'autre dans mes deux quarts, qui firent six cent trente pistoles, dont je ne touchai que deux cent quatre-vingt-douze, par je ne sais quel mécompte qui se trouva dans les marques. Puyguilhem me paya à Fontainebleau, et le Roi s'informa de moi s'il m'avait payé. Il gagna bien, pendant le voyage de Nantes, cent mille livres. (*Note de Brienne.*)

CHAPITRE XX.

heure de partir. Il n'est plus ici, me dit-il, il est allé au château; mais M. Boucherat y est, qui fait l'inventaire de ses papiers. Mon cœur se serra à cette parole, et à l'aspect encore plus terrible des mousquetaires. Je fis descendre M. le commissaire, qui me dit seulement :
« Dites, s'il vous plaît, à Sa Majesté que vous
« m'avez trouvé ici, et que j'exécute ses ordres;
« elle sera contente de mon travail et des dé-
« couvertes que j'ai faites. » Je partis à l'instant, et dis à mon cocher de fouetter les chevaux : en un moment je fus devant la porte du château, et vis un carrosse fermé de cages ou treillis de fer, et entouré de mousquetaires. Artagnan était dans le carrosse avec son prisonnier. Ainsi la capture était déjà faite quand j'arrivai, et il n'était que sept heures un quart à ma montre.[1]

---

[1] « Le Roi, qui savait que le surintendant avait acheté
« quasi tous les hommes de la cour, dit madame de Motte-
« ville, n'osa se confier à son capitaine des gardes pour
« l'arrêter; il se servit d'Artagnan, créature du feu Car-
« dinal, qui commandait ses mousquetaires. Comme le sur-
« intendant sortait de chez le Roi, et qu'il voulait retourner

Bien des gens me disaient par le chemin que M. Fouquet venait d'être arrêté par Artagnan. Je saluai le Roi, et lui dis que M. Boucherat était en besogne. J'avais eu le temps de me remettre : M. de Lionne était pâle et défait comme un homme à demi mort. Le Roi lui dit quelques paroles obligeantes en ma présence, et que Sa Majesté voulait bien que j'entendisse, comme celles-ci : « Les fautes sont personnelles ; vous « étiez son ami, mais je suis content de vos « services. Brienne, continuez de recevoir de « Lionne mes ordres secrets. La disgrâce de « Fouquet n'a rien de commun avec lui. » Je

---

« chez lui, il fut averti par La Feuillade qu'il y avait « quelque ordre contre lui. Le surintendant, recevant cet « avis, au lieu de se mettre dans sa chaise, voulut entrer « dans celle d'un autre pour se sauver ; mais d'Artagnan, « qui le suivait, et qui avait l'œil sur celle où il devait se « mettre, voyant qu'il ne venait pas, le poursuivit comme « il allait déjà prendre un chemin détourné. Il l'arrêta de « la part du Roi, et le fit mettre aussitôt dans le carrosse « qui était *préparé* pour cet effet. » On vient de voir, par ce qu'a dit Brienne *des cages ou treillis de fer,* qu'on n'avait négligé véritablement aucune précaution en *préparant* le carrosse. (*Note de l'Édit.*)

me le tins pour dit; et cette parole de Sa Majesté, prononcée d'un ton de maître, fut pour moi un second coup de massue. M. Boucherat entra, et remit au Roi les deux rescriptions dont j'ai parlé plus haut, et qu'il avait prises dans la poche de M. Fouquet. Celle de douze cent mille livres sur les aides, et celle de sept cent mille livres sur M. Chanut, avec quelques autres papiers. Le duc de Gesvres, l'un des plus intimes du surintendant, fit le fou; il jurait et pleurait très fort : c'était affectation, grimace, politique d'un fin courtisan, et d'autant plus fin qu'il ne le paraît pas. « Pourquoi me désho-
« norer? disait-il. J'aurais arrêté mon père, à
« plus forte raison mon meilleur ami. Est-ce
« qu'il soupçonne ma fidélité? Qu'il me fasse
« couper le cou. » Et cent autres paroles, qu'il disait fort haut afin que le Roi les entendît. Le maréchal de Villeroi tâchait de remettre son esprit, qui paraissait fort agité, et je me joignis à lui, comme parent fort proche du duc de Gesvres, mon cousin et mon ami particulier. Le Roi entendit bien ce manége, et dit à M. le Prince : « Gesvres est bien en colère, mais je

« l'apaiserai. » La Feuillade faisait cent postures de possédé, mais le Roi ne le vit pas. Enfin, ayant pris congé de Sa Majesté, qui partit à l'heure même pour Fontainebleau (*sa chasse était faite*), j'allai dîner avec M. le maréchal de Villeroi, et M. Boucherat s'y trouva. On parla de l'aventure du pauvre M. Fouquet; et il fut jugé à mort dans ce repas; mais il s'est tiré d'affaire, ou plutôt MM. Colbert et Berrier, en lui prenant ses papiers, lui ont sauvé la vie contre leur intention.

Gourville demanda au Roi, par M. Letellier, la permission de prêter deux mille pistoles à madame Fouquet, à quoi Sa Majesté consentit; et lui ayant rendu ce service, il prit le chemin du Poitou, pour se mettre lui-même à couvert. On dit qu'on l'aurait fait arrêter, sans M. le Prince, qui répondit au Roi de la bonne conduite de Gourville; mais lui, ne se tenant pas fort en sûreté, s'échappa de la cour, et se retira en Poitou, dans les terres du duc de La Rochefoucault, où il n'avait pas peur d'être pris. Il passa dans la Franche-Comté, après s'être voulu voir lui-même pendre en effigie, à Paris, où il resta caché pendant quelque temps pour mettre ordre à ses affaires, et sauver avec lui ses papiers [1]. Je partis de Nantes un jour après le Roi, et je trouvai les postes si rompues, que j'eus toutes les peines du monde à regagner Amboise, où je remontai la Loire en bateau à voiles, ayant trouvé le vent favorable. Le troisième jour, nous fûmes à Blois, où mon carrosse attendait Vivonne et La Feuillade. Nous dînâmes ensemble aux *Trois Marchands*, assez bien, et je me mis dans le carrosse jusqu'à Orléans, où nous arrivâmes d'assez bonne heure, le jour même, parce qu'ils avaient des relais. Ces deux partisans de M. Fouquet en dirent de belles par le chemin, La Feuillade surtout, qui ne se possédait pas. Ils n'ont pas laissé d'être l'un et l'autre maréchaux de France, La Feuillade par son

---

[1] Gourville était fort honnête homme ; il était gros joueur et faisait bonne chère : je le voyais assez souvent alors. Sa conversation était agréable ; il n'aimait pas les dévots, les faux s'entend, et il en faisait à table de bons contes.* (*Note de Brienne.*)

*Ses contes étaient souvent des récits fort fidèles, quoique étranges. On peut voir, Note Q, ce qu'il rapporte au sujet de madame de Saint-Loup. (*Note de l'Édit.*)

mérite [1], et l'autre par la faveur de madame de Montespan, sa sœur, dont je parlerai dans la suite.

On conduisit M. Fouquet du château d'Angers à Vincennes, puis à la Bastille.

Je ne parlerai point de son procès, parce que

[1] François d'Aubusson, duc de La Feuillade et maréchal de France. Je me bornerais à ces trois mots sur un homme également célèbre par l'excès de son courage et de son adulation, si je n'avais trouvé dans une note des chansons manuscrites, deux faits qu'on ne lit point ailleurs.

En 1666, La Feuillade apprit que Saint-Aunais, vieux gentilhomme languedocien qui avait passé au service d'Espagne, tenait des discours contre Louis XIV. Il prit à l'instant la poste pour aller se battre avec lui; mais Saint-Aunais, vieux et cassé, prit la chose en plaisanterie, et refusa le cartel.

Il fut du nombre des six mille Français qui, de l'aveu tacite de Louis XIV, allèrent combattre contre les Turcs en 1664, sous le fameux Montecuculi. A la bataille de Saint-Gothard, gagnée par ce grand capitaine, La Feuillade, en l'absence de Coligny, commanda les Français; il leur dit, pour toute harangue : « Camarades, il y a trois « cents lieues d'ici à Vaugirard, et point d'autre chemin « pour y aller que de passer sur le ventre à ces b......-là; « marchons ! » (*Note de l'Édit.*)

je n'étais plus à la cour.: je dirai seulement que M. d'Ormesson, l'un de ses rapporteurs, qui ne conclut pas à la mort, en perdit sa fortune ; que Roquesante, conseiller du parlement d'Aix, ouvrit l'avis de l'exil hors du territoire du royaume, comme il y avait déjà six voix à la mort ; qu'il fit revenir un des juges, et fut suivi des autres qui n'avaient pas encore opiné. Ainsi, contre toute espérance, le pauvre Fouquet eut la vie sauvée ; mais ne put, toutefois, éviter la mort civile, pire que la mort honteuse que Roquesante et Sainte-Hélène, les deux plus habiles de ses juges, lui sauvèrent. Ils le rendirent ainsi plus malheureux qu'il ne l'aurait été, si on l'avait fait mourir par la main du bourreau. M. le chancelier Séguier, qui présidait à son procès, conclut à la mort, quoique sa voix ne pût lui nuire : il était sauvé. « N'importe, dit-il ; il ne « sera pas dit que, le croyant coupable, j'aie « conclu à lui sauver la vie » : ce qui parut peu humain, et ne fit pas grand honneur au chancelier. M. Boucherat se récusa, sous prétexte vrai ou faux de parenté, et ne voulut pas être de ses juges.

Le Roi ayant commué la peine de l'exil en prison perpétuelle, ce qui était une étrange faveur, il fut conduit de la Bastille à Pignerol, où il a fini ses jours fort chrétiennement, après dix-neuf ans de captivité. Il allait être élargi, dit-on, quand il mourut de surprise et de joie, d'avoir eu enfin la consolation de voir sa femme. Sur quoi je citerai un passage du testament politique attribué à M. Colbert.

« Ce fut en cette année, y est-il dit, que mou-
« rut à Pignerol, M. Fouquet, que Votre Ma-
« jesté avait condamné à une prison perpétuelle,
« en échange du bannissement qu'il devait souf-
« frir par son arrêt. Il supporta sa disgrâce avec
« une constance qu'on n'eût jamais attendue d'un
« homme amolli par le luxe et par les plaisirs,
« et qui, parmi les affaires importantes dont il
« était chargé, mêlait tous les divertissemens,
« ou pour mieux dire toutes les débauches de
« la jeunesse. »

Cela n'est pas tout-à-fait vrai : M. Fouquet n'était débauché ni par le vin ni par les femmes ; mais il se serait épuisé pour avoir la satisfaction de coucher une nuit avec une duchesse, qui refusa, dit-on, les cent mille écus que le surintendant lui fit porter. Il se rabattit sur Meneville, fille d'honneur de la Reine mère, en rabattant aussi moitié de la somme, puisqu'il ne lui donna que 150 mille livres, comme je l'ai dit plus haut.

CHAPITRE XXI.

Mazarin s'habillant dans sa chambre pendant qu'on y tenait le conseil, et jouant tantôt avec un singe, tantôt avec une fauvette. — Opinion de Brienne sur son testament politique. — Ordre et composition du conseil établi par le Roi. — Tous les ministres debout, le Roi seul assis. — Brienne avait le talent de bien lire. — Rencontre de Batteville avec le comte d'Estrades à Londres. — Le Roi soupait chez la Reine, entouré de la cour, quand Brienne lui apprend cette nouvelle à voix basse. — Il quitte la table avec emportement. — Scène avec sa mère. — Satisfaction que fait le roi d'Espagne. — Disgrâce de Brienne. — Injustes accusations dont il est la victime. — On l'exile. — Le Roi seul veut le rappeler; mais ses ennemis l'emportent. — Il vend sa charge à de Lionne.

J'ai déjà rapporté comment Sa Majesté prit en main la conduite de ses affaires, et l'on a vu la relation, fort exacte, du premier conseil qui se tint en sa présence.

De tous les ministres, celui qui avait le plus de part dans sa confiance, c'était M. Letellier; aussi ce fut lui qui fit seul, avec le Cardinal mourant, la distribution de tous ses bénéfices. Les fils du duc de Vendôme et du comte de Soissons, petits-neveux du Cardinal, furent les mieux partagés. M. Letellier ne s'oublia pas, et prit Saint-Benigne de Dijon pour l'abbé son fils, et ne fit tomber à mon frère que l'abbaye de Cercamp, dans l'Artois, dont mon père ne voulut pas, à cause qu'elle est régulière. Il eut, en échange, celle de Saint-Germain d'Auxerre; M. de Lionne attrapa Saint-Melène de Rennes en Bretagne; l'abbé Bentivoglio, Saint-Valery-sur-Somme; et M. Colbert, le Bec, Bompart et quelques autres. Il commençait à se faire connaître au Roi. On sait qu'il fit entrer dans les coffres de Sa Majesté quarante millions laissés par le Cardinal, quoique d'après le testament, qu'avait signé le Roi lui-même, ils appartinssent à M. le duc Mazarin. En cela, M. Colbert ne fit rien que de louable; mais la ruine de M. Fouquet, qui fut un coup de sa main, est une tache dont sa mémoire ne peut être lavée.

Le Roi, après la mort du Cardinal, changea tout l'ordre des conseils, ou pour mieux dire rétablit le bon ordre, car ce n'avait été proprement que confusion sous le ministère du Cardinal. Les conseils se tenaient dans sa chambre, pendant qu'on lui faisait la barbe et qu'on l'habillait; et souvent il badinait avec sa fauvette et sa guenon, tandis qu'on lui parlait d'affaires. Il ne faisait asseoir personne dans sa chambre, pas même le chancelier, ni le maréchal de Villeroi. Le Roi ne manquait jamais de venir prendre une longue leçon de politique après le conseil. Le Cardinal, dit-on, ne lui a rien caché, et peut-être quelque jour verra-t-on le testament politique de ce ministre habile. Or je dirai, au sujet de ces sortes de testamens, tels que celui du cardinal de Richelieu, celui de M. Colbert et du marquis de Louvois au Roi, que ce ne sont que des pièces feintes, écrites par d'habiles écrivains, qui ne raisonnent pas tant mal. Ces Mémoires pourront me servir un jour pour faire ceux de M. le comte de Brienne, ministre et secrétaire d'État, mon père; mais cela demande beaucoup de loisir et de travail [1]. Pour le loisir, j'en ai assez; pour la peine, je la crains, quoique aucun homme du monde n'écrive autant

---

[1] Les Mémoires de M. de Brienne le père n'ont été publiés, pour la première fois, qu'en 1719. Brienne le fils, brouillé depuis long-temps avec sa famille, pouvait ignorer que ces Mémoires existaient en manuscrits. (*Note de l'Édit.*)

que moi, et ne barbouille une si grande quantité de papier.

Dès que Sa Majesté eut réglé son conseil, en la forme que j'ai dit, on commença à s'assembler une fois la semaine. Le chancelier, Pierre Séguier; les ministres Brienne, Lionne et Letellier; les secrétaires d'État La Vrillière, Guénégaud, Brienne le fils, et Louvois, qui était reçu en survivance dès le vivant du Cardinal, mais qui n'exerça qu'après sa mort. Ces huit personnes composaient le conseil, sans compter Sa Majesté. Le Roi nous écoutait assis. Tous les ministres étaient debout. Le chancelier était à la gauche de Sa Majesté, du côté du lit, et s'appuyait, s'il voulait, sur la balustrade : tous les autres, comme ils se trouvaient [1]. Le secrétaire d'État qui rapportait s'avançait vis-à-vis Sa Majesté, et s'il fallait écrire, il s'asseyait sur un placet qui était au bout de la table, où il y avait une écritoire et du papier.

Le maréchal de Villeroi et le surintendant

[1] Cependant au conseil des finances, les ministres étaient assis en présence du Roi, parce qu'il pouvait souvent y être nécessaire d'écrire et de calculer. (*Note de l'Édit.*)

Fouquet, avant sa disgrâce, venaient quelquefois à ces conseils, mais moins exactement que le chancelier et les secrétaires d'État. Mon père y manquait souvent, à cause de ses grandes infirmités; et comme il ne pouvait se tenir debout, il s'asseyait sur le placet qui était au bout de la table : M. de Lionne s'appuyait d'ordinaire contre le chambranle de la cheminée. J'étais celui des secrétaires d'État qui parlait le plus; et si j'eusse voulu, à l'exemple de M. Letellier, lire tout du long les dépêches que je recevais, j'aurais, seul, occupé plusieurs séances; mais je ne rapportais que sur extraits : cela déplut au Roi, qui veut tout voir et tout savoir. Sa Majesté m'ordonna de lui venir lire les dépêches de ses ambassadeurs, à mesure que je les recevais, et du reste, de continuer dans le conseil secret à en faire le rapport sur mes extraits. M. de Lionne était informé, en droiture, par les ambassadeurs, des choses les plus importantes, et leur écrivait tous les ordinaires; mais les longs détails ne se mandaient qu'à moi, à qui toutes les dépêches s'adressaient, mon père s'étant entièrement déchargé sur moi de ce soin. Il n'y avait que M. de Lionne et moi, dans le conseil secret, qui sussions lire; les autres ne faisaient qu'ânonner, et c'était d'ordinaire moi à qui le Roi faisait lire les longues pièces qu'ils apportaient, hors celles qu'apportait M. Letellier, très mauvais lecteur, mais qui n'aimait pas que personne le soulageât. Peut-être que la vue de ces messieurs baissait, ou plutôt qu'ils n'avaient jamais appris à bien lire; car il ne faut pas s'y tromper, c'est un art plus difficile qu'on ne se l'imagine. Je lisais rapidement, mais le Roi n'en perdait pas un mot, ce qui faisait remarquer davantage la lenteur de M. Letellier, qui fatiguait beaucoup Sa Majesté. Je m'offris plusieurs fois de le soulager dans cette fatigue, mais en vain. Peut-être qu'il ne voulait pas qu'on vît ce qui était dans les lettres de M. Courtin, qui étaient extrêmement longues, et qu'il n'en lisait que ce qu'il voulait bien que tout le monde sût [1]; il rendait compte du reste à Sa Majesté, en parti-

[1] M. Courtin était alors chargé, ainsi que le président Colbert, de régler les limites de la Flandre, de concert avec des commissaires nommés par l'Espagne. (*Note de l'Édit.*)

culier. M. Colbert fut enfin agrégé à ce conseil; mais ce ne fut qu'après la prison de M. Fouquet. Tel était le conseil de Sa Majesté.

Comme la cour était de retour à Fontainebleau, après le voyage de Nantes, la bagarre de Londres arriva. Le carrosse de Batteville, ambassadeur d'Espagne, prit de force le pas sur le carrosse de M. d'Estrades, ambassadeur de France, à l'arrivée, je crois, de l'ambassadeur de Danemarck. Cette fâcheuse nouvelle me fut apportée par un courrier extraordinaire; il était bien onze heures du soir. J'en allai donner avis à mon père. Il me dit d'en courir, sur l'heure, avertir Sa Majesté, et de ne me pas laisser prévenir; car le courrier avait des lettres pour M. de Lionne. J'y allai donc. Sa Majesté soupait avec la Reine et Monsieur, à la même table chez la Reine sa mère. « Qu'y a-t-il de nouveau, « Brienne? me dit le Roi, dès qu'il m'aperçut. « — C'est, Sire, un courrier de M. d'Estrades, « qui vient d'arriver; et je rendrai compte à « Votre Majesté de l'affaire pour laquelle il le « dépêche, après qu'elle aura soupé. » Le Roi, sans me répondre, avance la tête, et me prenant

CHAPITRE XXI.

le bras, me commande de lui dire ce que c'était. Il fallut obéir. Je le prévins pourtant, et lui dis à voix basse : « Ne soyez point surpris, Sire, s'il « vous plaît, car il y a ici bien des spectateurs. » Après quoi, je lui contai que les gens de Batteville, ayant coupé les traits des chevaux du carrosse de son ambassadeur, tué le postillon, et coupé le jarret des chevaux, le carrosse de Batteville avait pris le pas devant l'autre, et que le fils de M. d'Estrades avait été blessé. Le Roi, sans me répondre, se lève de table avec un tel mouvement de colère qu'il pensa la renverser, et me tenant toujours le bras, me mène dans la chambre de la Reine sa mère, pour entendre la lecture de la dépêche. La Reine le suivit, et lui dit : « Qu'y a-t-il donc ? « — C'est qu'on veut nous brouiller, le Roi « mon frère, et moi », reprit Sa Majesté fort simplement, et en se calmant un peu; car je ne l'ai vu guère en colère que cette fois-là. La Reine le pria d'achever de souper. « J'ai « soupé, Madame, dit-il en haussant la voix. « J'aurai raison de cette affaire, ou je décla- « rerai la guerre au roi d'Espagne, et je l'obli-

« gerai à céder à mes ambassadeurs la pré-
« séance dans toutes les cours d'Europe. — Ah,
« mon fils! dit la Reine en soupirant, ne rom-
« pez pas la paix qui m'a coûté tant de larmes.
« Songez que le roi d'Espagne est mon frère »;
en ajoutant ces mots, elle ne put s'empêcher
de pleurer. « Laissez-moi, je vous prie, Ma-
« dame; je veux entendre la lettre de d'Es-
« trades. Allez vous remettre à table, et qu'on
« me garde seulement un peu de fruit. » La Reine
sortit et se remit à table, voyant que le Roi
le voulait. Je restai un bon quart d'heure avec
lui, puis quand il m'eut donné ses ordres,
je passai toute la nuit à écrire, et ne laissai
pas de me trouver à son lever.

On tint conseil extraordinaire sur cette affaire. Enfin, le Roi obtint du roi d'Espagne
ce qu'il voulut; le Roi son beau-père aimant
mieux céder la préséance à son gendre que de
rompre la paix. On en prit acte, et l'ambassadeur d'Espagne fit cette déclaration à Sa Majesté, en pleine audience, dans le salon de son
appartement du Louvre, où tous les ambassadeurs qui étaient à Paris se trouvèrent : le

Nonce, Venise, la Suède, le Danemarck, la Hollande et Gênes¹. Je fis traduire en latin, par le père Cossart, cet acte de renonciation que l'abbé Letellier lui porta, et que le père Cossart aurait fait encore plus volontiers pour moi que pour lui; mais j'eus ce petit déboire, et à quelques jours de là je fus exilé.

Or, pour achever cet article, auquel je pourrais ajouter mille petites particularités dont on peut se passer, je dirai seulement qu'au retour du voyage de Nantes, M. Letellier me proposa de recevoir M. Lepelletier, maintenant ministre d'État, pour prendre de lui les ordres, au lieu de M. de Lionne, en ajoutant que la conjoncture était favorable pour l'éloigner du conseil. J'en parlai à mon père, qui se mit fort en colère, et n'y voulut jamais consentir. Ce fut la première faute qu'on me fit faire pour me perdre. La seconde démarche qu'on fit ensuite contre moi, ce fut de me laisser traduire en latin un acte de

¹ Ces questions de préséance entre ambassadeurs avaient déjà donné lieu, soit à des rixes violentes, soit à des scènes passablement ridicules; on en trouvera des exemples dans les Éclaircissemens. (*Voyez* Note R.) (*Note de l'Édit.*)

mon département, comme j'avais traduit avec succès les traités de campagne que Sa Majesté fit avec le protecteur Cromwell pour la conquête de Dunkerque. Enfin l'on acheva de me perdre en parlant méchamment du gain que j'avais fait à l'abbé de Gordes; j'eus cette obligation à la comtesse de Soissons [1] et à madame de Lionne. On me fit, à ce sujet, passer dans l'esprit du Roi pour le plus adroit filou de la cour : on alla jusqu'à lui dire que j'avais gagné à la lunette (qu'on appelait la machine) des sommes considérables au comte de Tott, ambassadeur de Suède, et au prince Ferdinand de Furstemberg [2], maintenant cardinal, ce qui était très faux.

Le Roi consentit à m'éloigner de la cour pour

---

[1] Olympia Mancini, femme du comte de Soissons, prince de la maison de Savoie. (*Note de l'Édit.*)

[2] Le prince de Furstemberg, évêque de Strasbourg, s'était dévoué aux intérêts politiques de Louis XIV; il en fut la victime. Le Roi voulut le porter à l'électorat de Cologne; mais l'Empereur et le pape Innocent XI, qui s'y opposèrent, firent donner cette principauté au frère du dernier Électeur. (*Note de l'Édit.*)

quelque temps, et m'en fit donner l'ordre par mon père, afin d'adoucir cette disgrâce. Je ne fus pas plus tôt parti pour Beauchamp, maison que mon beau-frère avait auprès de son marquisat de Gamaches, que le Roi, ne me voyant plus sous sa main, et n'étant plus servi par mon père aussi ponctuellement, parce que ses grandes infirmités ne le lui permettaient pas, dit à Montaigu, mon cousin, officier des Chevau-Légers : « Petit maître, nous nous sommes « bien pressés d'éloigner le petit Brienne; il me « fait faute, je le veux rappeler; mais ne le lui « mandez pas encore. » Ma perte était jurée. Sa Majesté le dit à la vérité, mais mes ennemis l'empêchèrent de le faire, et je fus obligé de donner ma démission, en faveur de M. de Lionne, pour 900,000 livres, dans un temps où j'en refusais encore 1,800,000 livres de M. Fieubet[1], après en avoir refusé de M. l'abbé Fouquet 1,400,000 livres dans Lyon, avec l'assurance d'un brevet de duc. Mais alors ma femme et madame Bouthilier, qui, sur une

---

[1] M. Fieubet était chancelier de la Reine mère. (*Note de l'Édit.*)

vaine prédiction d'astrologues, s'imaginaient que je gouvernerais l'État, s'y opposèrent; et peut-être, en effet, cela me serait-il arrivé, aussi bien qu'au marquis de Louvois, mon confrère, si son père, réuni avec M. de Lionne, que j'eusse pu perdre et ne perdis pas, ne m'eût lui-même (je dis M. Letellier) abandonné et sacrifié à l'ambition de mon concurrent [1]. Voilà l'histoire, en deux mots, de ma disgrâce.

[1] Quoi qu'en dise Brienne, M. Letellier lui avait longtemps montré de la bienveillance; mais comme, suivant une expression spirituelle de madame de Motteville, *M. Letellier, dans le nombre de ses amis, était lui-même celui qu'il aimait le plus,* il est probable que, sans nuire au jeune secrétaire d'état, il ne voulut point pallier ses fautes et le défendre contre ses ennemis. (*Note de l'Édit.*)

CHAPITRE XXII.

Madame de Brienne se jette aux genoux de la Reine mère. — Sa Majesté obtient du Roi un adoucissement au sort de Brienne. — On lui permet d'habiter le couvent des Carmélites, à Saint-Denis. — Il trouve des consolations dans les lettres, et se met à composer des vers français. — Il devient dévot. — Il fait sa confession générale au père Heineuve, jésuite, et commence *à connaître Dieu, qu'on ne connaît guère à la cour.* — Il fait pour les Carmélites de petits cantiques sur des airs du monde. — Il quitte Saint-Denis pour la maison de Vanvres, où le duc de Montausier vient le voir. — On veut obtenir sa démission. — Après beaucoup de résistance, il la donne. — Sa femme en meurt de chagrin. — Il entre à l'Oratoire, et s'en repent. — Dieu l'appelait à la Chartreuse. — Il s'engage dans le parti janséniste. — Sorti de France en fugitif, il y rentre. — On l'arrête. — Austérités qu'il s'impose. — Il y succombe. — Sa ferveur diminue. — Il a le goût des estampes, et dépense 80,000 fr. — Ses parens le font interdire. — On l'enferme à Saint-Lazare. — Résignation. — Sentimens chrétiens.

Henriette de Bouthilier, ma femme, s'étant jetée aux pieds de la Reine mère, conduite par madame de Brienne, ma mère, et accompagnée par madame Bouthilier, qui vivait encore, et que Sa Majesté ne haïssait pas, la supplia, les larmes aux yeux, d'avoir pitié de mon innocence, et de ne permettre pas qu'elle fût opprimée. La Reine mère eut la bonté d'en parler au Roi, et Sa Majesté trouva bon que mon père me fît rapprocher de Paris. Il m'écrivit, et me manda de venir à Saint-Denis, en France, où Sa Majesté m'ordonnait de me tenir jusqu'à nouvel ordre. On m'avait fait préparer un appartement très proprement meublé, en dehors du monastère des Carmélites, dont mon père et ma mère étaient les fondateurs. Mes amis vinrent m'y rendre visite, et j'en reçus beaucoup pendant les deux mois que j'y restai. C'était un peu après les fêtes de Noël de l'année 1663 que j'y arrivai. Le Marquis de Gamaches, chevalier des ordres du Roi, mon beau-frère, voulut m'y accompagner. Je ne puis assez me louer de la bonne chère qu'il me fit dans sa maison de Beauchamp, et de toutes les marques d'amitié qu'il me donna pendant mon exil. Il fit tout ce qu'il put pour en adoucir l'amertume; et moi, de mon côté, pour conter mes douleurs, et pour y faire quelque diversion, j'eus recours aux muses, que j'avais jusqu'alors peu

CHAPITRE XXII.

cultivées. Jamais je ne composai de si beaux vers latins, ni n'en fis un si grand nombre en si peu de temps. Ce fut là aussi que je commençai, pour m'amuser, à m'occuper de la poésie française, à laquelle je ne m'étais point encore appliqué. J'y eus beaucoup de peine dans le commencement : je la trouvai beaucoup plus difficile que la poésie latine; mais, à force de travail, j'y fis enfin quelques progrès. On ne peut croire les obligations que j'ai aux lettres; sans elles je serais mort cent fois de chagrin. Il n'y a qu'elles et la prière qui m'aient soutenu dans mes disgrâces.

Je m'étais mis dans la dévotion quelque temps avant mon départ de Paris, et j'avais fait une confession générale au père Heineuve, jésuite d'une haute piété. Un peu avant qu'on ne m'exilât, je ne connaissais encore Dieu et ses voies que très imparfaitement : *ce n'est guère à lui que l'on pense à la cour.* Le père Heineuve commença à me le faire connaître, et me dit que la marque la plus assurée de la prédestination était d'être affligé en cette vie, qui passe comme une ombre. « Bienheureux ceux, me dit-il,

« qui souffrent persécution pour la justice, le
« royaume de Dieu sera leur partage. Bien-
« heureux encore ceux qui pleurent leurs pé-
« chés, ils seront consolés un jour; et ce grand
« jour de l'éternité, où commencera leur bon-
« heur, et finiront leurs peines, est plus proche
« qu'on ne le pense. » Ce langage m'était tout
nouveau; je ne croyais pas que la souffrance
fût un bien, je le sais maintenant par mon expérience. La croix est le chemin qui conduit à
la gloire.

Mais revenons à mon sujet. Je ne me plaisais
pas à Saint-Denis, non que je ne reçusse beaucoup de consolations dans les entretiens fré-
quens que j'avais avec la mère Madeleine,
prieure, sœur du président de La Grange, un
de mes meilleurs amis, et avec ma nièce, sœur
Marie-Julie de Gamaches, qui vient d'être élue
prieure l'année dernière. Elle m'excitait alors à
lui faire de petits cantiques de dévotion sur les
airs du monde, dont j'avais la tête toute remplie :
ce qui m'a beaucoup servi, je l'avoue, pour acquérir cette prodigieuse facilité de rimer. Comme
donc je m'ennuyais à Saint-Denis, un monastère

CHAPITRE XXII.

de filles ne convenant nullement alors à ma dignité, je priai mon père de trouver bon que je changeasse la maison des Carmélites pour celle de Vanvres, qui était en ce temps à M. le président de Thion, mon ami particulier : ce que la cour m'accorda. J'y fus encore quelque temps, et ce fut là que M. le duc de Montausier me fit l'honneur de me rendre visite avec M. le marquis de Gamaches, mon beau-frère, pour m'exhorter à la patience dans mon malheur, et à l'obéissance en même temps aux volontés du Roi. Je ne m'attendais pas à ce compliment de la part d'un des meilleurs amis de mon père, et cela me fit faire beaucoup de réflexions, que je n'avais pas encore faites. Je répondis en bon politique, quoique je ne le sois guère, et parus me vouloir soumettre à tout ce que Sa Majesté désirait de moi ; mais, dans le fond, ma résolution était prise de mourir secrétaire d'état, de me cacher, comme le cardinal de Retz, et de ne donner jamais ma démission. Ma femme m'inspira ce conseil, parce que ma charge était son amour, et je puis dire sa folie. En effet, je n'eus pas plus tôt donné depuis, malgré moi, ma démission¹ que ma femme, qui était grosse, devint inconsolable, et mourut à quelques mois de là avec son fruit, de pure douleur. Elle répandait des larmes avec une si grande abondance, que les draps de son lit en étaient tout trempés, et que les mouchoirs ne pouvaient lui suffire : c'est qu'elle avait un cœur de reine, cette pauvre femme ; mais elle avait fort mal placé son amour. Je lui devins insupportable, et elle ne gardait plus de mesures avec moi, comme si j'eusse été l'artisan de sa perte. Elle perdit peut-être son âme avec celle de son fils, qu'on trouva dans son sein, où la douleur de la mère l'avait étouffé. J'en fus touché plus que je ne puis dire et qu'on ne le peut croire ; et sans délibérer davantage, peut-être même sans vocation, mais poussé par ma douleur, je me jetai comme un fou dans l'Oratoire, où je ne fus pas plus tôt que je m'en repentis.

¹ J'y fus déterminé par la peur que j'eus de perdre le peu de bien qui me restait si je rompais mon ban, et par la crainte de fournir à mes ennemis un prétexte pour m'opprimer et pour ruiner entièrement mes enfans ; car j'avais alors un fils et deux filles. (*Note de Brienne.*)

Je ne pouvais me faire plus de mal que je m'en fis par cette action précipitée. Dieu m'appelait à la Chartreuse, et je n'obéis pas à sa voix. De là sont venus tous les malheurs de ma vie.

A peine entré dans l'Oratoire, je m'aperçus que ce n'était pas là le lieu où Dieu m'appelait. Cependant je fis bonne mine à mauvais jeu : je m'y tins sept années durant dans un fort grand calme; et si le jansénisme, où je m'engageai fort imprudemment, ne fût venu à la traverse, peut-être serais-je encore à Saint-Magloire, où je me plaisais assez; mais l'envie d'être chartreux gâta tout. Je ne fus ni chartreux ni père de l'Oratoire, *inde mali labes;* voilà la source de tous mes malheurs. Il fallut sortir de France comme un fugitif, un proscrit : je n'y revins que pour me faire enfermer dans la prison du monde la plus honteuse, où j'ai pensé perdre le peu de raison qui me reste. J'ai passé trois hivers sur les bords de la mer Baltique. Je reviens sur ma bonne foi, on m'exile : je romps mon ban, on m'enferme; je sors de prison, l'on m'y remet, et je n'en sors enfin que pour être de nouveau renvoyé en exil. Tâchons de me tenir où je suis, de peur de pis. »

Mon père et ma mère, qui vivaient encore, me déterminèrent à entrer dans l'Oratoire, voyant qu'on ne voulait pas me recevoir dans la Chartreuse de Paris. C'est une nouvelle obligation que j'eus à M. Letellier, et au petit ministre le bigot Pelletier, qui dirent que j'étais fou, et qu'on ne me reçût pas. Cependant, au lieu d'aller postuler ailleurs, où j'aurais été reçu certainement, j'entrai dans l'Oratoire, et comme j'ai dit, je ne fus pas long-temps sans m'en repentir. Tant que mon père vécut, on ne me dit rien ; je jouissais encore d'une pension considérable, que je m'étais réservée sur la terre de Brienne, sans celle de Pougy, que je n'avais pas encore donnée à mon fils. C'était du bien beaucoup plus qu'il ne m'en fallait pour vivre très honorablement dans l'Oratoire ; mais ma tête

---

[1] Brienne passe rapidement sur cette époque de sa vie ; il avait ses raisons. On a pu voir, dans la notice qui précède ses Mémoires, quelques explications moins laconiques sur les causes de son exil et de sa longue captivité. (*Note de l'Édit.*)

s'échauffa à force de veilles, de jeûnes et de pénitence. Je voulais mener la vie de chartreux chez les oratoriens, ce qui me jeta dans de très grandes insomnies. Enfin, je succombai sous le faix de mes austérités mal réglées, et je devins fort infirme. Je me cassai la tête (c'est le terme), et je devins inhabile à toute sorte d'exercices réguliers, et fort à charge à moi-même et aux autres.

Le bain et le lait me rétablirent un peu; mais ma ferveur ne battait plus que d'une aile. Enfin, je me rejetai dans la curiosité des estampes et des tableaux pour me désennuyer. J'en achetai pour une somme de 80,000 livres. On en murmura. Ma bibliothéque m'avait bien coûté 80,000 livres, sans qu'on m'en eût fait un crime: on m'en fit un de mes estampes; et je fus obligé de les rendre à Chauveau, qui me les avait vendues. C'était l'œuvre complet de Marc-Antoine que j'avais payé 6,000 livres ou environ : je perdis beaucoup sur mes autres estampes. Je donnai mes tableaux à mon fils avec une belle et curieuse bibliothéque, en m'en réservant toutefois l'usufruit ma vie durant. L'on m'en dépouilla après m'avoir interdit. Mon frère se la fit adjuger pour 14,000 livres payables au mineur, en quatorze années, quoique Léonard offrît de constituer une rente de 4,000 livres au profit de mon fils, pour le prix de mes livres. On maria ma fille, sans mon consentement, au comte de Cayeux, second fils de mon beau-frère, cadet de Picardie. J'étais enfermé alors à Saint-Lazare, et condamné, par avis de parens, à la mort civile. On réduisit ma pension à 5,000 livres, dont 3,000 pour mon entretien, et 2,000 pour ma nourriture, qu'ont touchées MM. de la Mission, pendant dix-neuf années; ce qui fait 38,000 livres pour eux, et pour moi, 57,000 livres, dont je me suis refait petit à petit une nouvelle bibliothèque de sept à huit mille volumes, qui me suffit pour mon usage, et que j'augmente tous les jours considérablement de mon épargne. J'ai encore quelques tableaux, de la santé et de la joie, malgré mes peines. O mon Dieu, que vous êtes bon! si vous ne m'aviez humilié puissamment, je n'aurais jamais connu vos justices.

CHAPITRE XXIII.

Madame de Longueville. — Elle engage Brienne dans le jansénisme, qui était *l'horreur du Roi et la chimère des jésuites.* — Secret qu'on exige de lui. — La princesse, malgré sa dévotion, entend raison sur le chapitre de ses amours. — Ressemblance du comte de Saint-Paul, son fils, avec le duc de Larochefoucauld. — Elle est aussi soumise à ses directeurs qu'autrefois à ses amans. — Mot licencieux de Christine de Suède à la reine Anne d'Autriche. — La duchesse de Longueville en rit avec Brienne. — Elle revoyait et corrigeait, à cette époque, tous les écrits de M. Arnauld. — Piété sincère dont elle était animée. — Éloge que fait de cette princesse le Père Talon, jésuite, qui l'assistait à ses derniers momens.

La duchesse de Longueville [1], sœur du prince de Condé, m'avait tenu sur les fonts de bap-

---

[1] Anne-Geneviève de Bourbon-Condé, duchesse de Longueville, dont le nom se trouva mêlé à presque toutes les intrigues que firent naître, de son temps, la galanterie, la politique, et plus tard la dévotion. Elle avait dans sa jeunesse une piété si sincère et si confiante, qu'elle se croyait à l'abri des séductions du monde. « Elle y fut trompée, dit « Villefort, l'historien de sa vie, et s'aperçut qu'elle por-

tême, avec feu le cardinal de La Valette. Il s'appelait Apollon ; mais ils me donnèrent le nom de ma mère, qui s'appelait Louise, et celui de mon père, qui portait le nom de saint Henri. Ainsi je fus nommé Louis-Henri ; je pris à la confirmation celui de Joseph. Je ne fus pas plus tôt confrère de l'Oratoire, que madame la duchesse de Longueville, que j'avais rencontrée

« tait ce trésor dans un vase plus fragile qu'elle ne pensait, « comme elle en convint bien des fois depuis. » Ce fut dans un bal, où elle était allée vêtue d'un cilice sous ses habits de fête, que les doux poisons de la louange, et peut-être ceux de l'amour, se glissèrent pour la première fois dans son cœur. Beau texte pour ceux qui prêchent contre la danse, mais faible preuve en faveur des vertus du cilice ! (*Voyez*, à ce sujet, la Note S.)

On sait la part qu'elle eut aux troubles de la Fronde : je n'en dirai rien. Mais j'ai rassemblé dans la même note des détails moins connus sur sa conversion et sur l'intérêt courageux qui l'attachait à MM. de Port-Royal. On y trouvera surtout le récit d'une discussion qui eut lieu dans le cabinet même du Roi, entre l'archevêque d'Embrun d'une part, et le grand Condé de l'autre, qui prenait ainsi que Louvois, dans cette circonstance, parti pour les jansénistes : c'est une scène de haut comique. (*Note de l'Édit.*)

chez ma mère, en mon habit de clerc, avec mon compagnon, le père Quesnel, me vint voir la première, après m'avoir fait de grands reproches de ce que je ne l'avais vue, ni lorsqu'elle était le plus du monde, ni depuis que j'y avais renoncé moi-même. Elle m'envoya son carrosse le lendemain, et me retint à dîner avec elle, en la compagnie de madame la maréchale d'Humières, ma cousine, et de mademoiselle de Vertus, sa confidente dans toutes ses affaires, et tout-à-fait unie d'amitié et d'intérêt avec les religieuses de Port-Royal de Paris et des Champs (car la séparation des deux monastères n'était pas faite encore). On ne parla de rien dans cette première conversation, où je me trouvai toutefois sans compagnon.

Je la vis souvent, et nous ne fûmes pas long-temps à tomber sur le jansénisme. Je lui dis que j'étais ami, depuis long-temps, de M. d'Andilly et de M. Varet, et que je le serais, quand il lui plairait, de M. Arnauld [1]; elle en fut ravie, et

[1] Le célèbre Antoine Arnauld, qui, persécuté par ses ennemis, resta quelque temps caché, sous un déguisement, à l'hôtel de Longueville, où ses imprudences et ses distrac-

m'apprit qu'on le nommait M. l'Aimé, en son nom de frère; qu'elle dirait à madame Angran de me le faire voir, mais qu'il fallait garder le secret, et ne parler de lui qu'avec beaucoup de réserve à l'Oratoire.

Me voilà donc initié dans les mystères du jansénisme, l'horreur du Roi, et la chimère des jésuites, parmi lesquels j'avais néanmoins beaucoup d'amis.

Comme j'avais été plusieurs fois à l'appartement de M. le comte de Saint-Paul sans l'y trouver, il me fit l'honneur de me venir voir à Saint-Magloire. Je fus surpris tellement de sa visite, et plus encore de sa ressemblance avec le duc de Larochefoucauld, qu'il m'embarrassa, et que je dus lui paraître tout interdit : il crut peut-être que cela était de l'essence du petit collet, et je me tirai d'affaire comme je pus. J'en fis le conte à madame sa mère, qui ne put s'empêcher

---

tions trahissaient à chaque instant son secret. C'est à cette occasion que Boileau, devant qui l'on parlait des recherches ordonnées, disait-on, par le Roi, pour arrêter Antoine Arnauld, répondit par ce mot si noble et si fin : *Le Roi est trop heureux pour le trouver.* (*Note de l'Édit.*)

d'en rire ¹. Elle entendait fort bien la raison sur le chapitre de ses amours. Je jugeai, à la voir encore si fraîche, qu'elle devait avoir été d'une grande beauté; mais son haleine était insupportable. Elle me fit faire, un jour, tout le tour de sa chambre à reculons. Je la fuyais, et ne pouvais éviter de respirer l'air empesté qui sortait de sa belle bouche : belle du moins quand elle la tenait fermée.

Je ne fus donc pas long-temps sans voir MM. Arnauld et Nicole. Je conterai ailleurs le bien et le mal que je sais d'eux : le mal ne regarde que M. Nicole; car je n'ai connu que du bien dans M. Arnauld. ²

Revenons, quant à présent, à madame de

---

¹ Charles Paris de Longueville, d'abord comte de Saint-Paul, celui qui pendant les troubles de la Fronde reçut le jour à l'Hôtel-de-Ville, et qui eut pour parrains le prevôt des marchands et les échevins. Sa mort fut plus remarquable encore que sa naissance : il périt au passage du Rhin, le 12 juin 1672. (*Note de l'Édit.*)

² Brienne n'a pas tenu sa promesse; il reparle encore dans ses Mémoires des jansénistes, mais ne dit mot de M. Nicole. (*Note de l'Édit.*)

Longueville. Jamais femme ne fût aussi soumise qu'elle à ses directeurs et à ses amans : c'est le même principe, sinon que l'amour est différent. Elle était janséniste de très bonne foi, de même qu'elle avait fait ses galanteries fort sincèrement, et toujours à tambour battant : une princesse du sang ne craint rien, et celle-ci marcha toujours la tête levée. Je lui dis une fois, fort imprudemment, une sottise, que j'avais entendu dire à Compiègne, par la Reine Christine de Suède, à la Reine mère. Elle m'en gronda fort, et me dit ces paroles de saint Paul : *Ne nominentur inter vos.* Je lui disais donc que cette Reine effrontée, parlant à la plus sage Reine du monde, avait dit, en des termes obscènes, que je n'oserais citer ici : « Ma foi, madame, je suis bien fâchée « d'être femme, cela gâte bien les plus doux « plaisirs ; si j'étais homme, ce serait autre « chose! »

Je dis à madame de Longueville les propres mots que j'avais entendus, et cette princesse, avec toute sa dévotion, qui était fort suivie, ne put s'empêcher de rire de cette impudente ingénuité de la Reine Christine. « Je

« n'ai jamais parlé comme cela, dit-elle, quoi-
« que j'aie été plus décriée. »[1]

C'est ainsi qu'elle parlait, mais toujours avec un agrément, une grâce qui charmaient les cœurs.

On ne peut avoir plus d'esprit, ni mieux écrire qu'elle écrivait. Les belles lettres que j'ai vues d'elle ! Elle revoyait les écrits de M. Arnauld, et les corrigeait de sa main. C'est elle qui a formé M. Nicole : il a beaucoup profité dans son entretien. Elle m'aimait assez ; car, à parler proprement, elle n'aimait que sa personne : mais M. Arnauld, son directeur, étant devenu son amant

---

[1] Madame de Motteville, en parlant de la reine Christine, ne confirme que trop ce que rapporte ici Brienne de la licence de ses propos. « Elle paraissait, dit-elle, inégale,
« brusque et libertine en toutes ses paroles, tant sur la re-
« ligion que sur les choses à quoi la bienséance de son sexe
« l'obligeait d'être retenue ; elle jurait le nom de Dieu, et
« son libertinage s'était répandu de son esprit dans ses
« actions. » Ce fut dans ce même voyage de Compiègne où Brienne lui entendit tenir de si singuliers discours, qu'elle eut une scène assez vive avec les jésuites, après avoir assisté à la représentation d'une tragédie, dans leur collège. (*Voyez* Note T.) (*Note de l'Édit.*)

spirituel, elle en était folle comme elle l'avait été, en d'autres temps, du duc de Larochefoucauld, qui ne l'a guère ménagée dans ses Mémoires. Je lui offris un jour de la défendre, et de répondre si bien au duc de Larochefoucauld, que je couvrirais lui de confusion, elle de gloire. « Dieu vous en garde, mon filleul ! s'écria-t-elle ; n'agitons point ces choses-là. » Je me le tins pour dit, et ne lui en parlai plus de ma vie.

Elle m'a fort oublié durant ma prison de dix-neuf années, ou peu s'en faut. Je n'ai pu, pendant tout ce temps-là, qui m'a duré un siècle, avoir de ses nouvelles. Elle était morte, et, dit-on, fort chrétiennement, quand je fus élargi ; peut-être que si elle eût vécu, elle en aurait eu de la joie : car, dans le fond, je crois qu'elle m'aimait.

Elle était fort avare, comme le sont tous les Bourbon-Condé ; cependant elle a fait de grandes restitutions, et des profusions plus que royales aux jansénistes.

Elle a bâti une maison à Port-Royal des Champs, sur le fonds des Religieuses ; elles en ont hérité après sa mort. Malgré le jansénisme, le Père Talon, jésuite, qui l'assistait à la mort, l'a canonisée, disant partout : *Janséniste tant qu'on voudra, elle est morte comme meurent les saints!*

CHAPITRE XXIV.

Un mot des amours du Roi avec madame de Montespan. — Madame de Maintenon comparée par Brienne à sainte Clotilde. — Politique de Louis XIV. — Rapide aperçu de ses expéditions militaires. — Campagne de Hollande. — Mot plaisant du bourguemestre d'Amsterdam, au moment où l'on veut rendre les clefs de la ville. — Inimitié des officiers impériaux contre le prince de Lorraine, leur général. — Pont de Philisbourg qu'on fait crouler sous lui. — Poison dont il est mort, selon Brienne. — Louvois obtient la place de chancelier pour son père. — Mort de Louvois. — Mot du Roi en l'apprenant. — Louvois, deux jours plus tard, *eût été mis à la Bastille.* — Louis XIV donne la paix à l'Europe.

MAIS comment trouver une transition de cette mort édifiante, aux amours du Roi, pour madame de Montespan ? comment y parvenir sans révolter contre moi ce Dieu de bonté que j'implore ? il faut le faire toutefois, et le faire sans l'offenser le moins du monde, ni le grand Roi même, dont je me suis engagé de parler.

Je dirai donc que Louis-le-Grand pécha comme David : Dieu lui a fait la grâce d'imiter ce roi, l'un des aïeux de son fils, dans sa péni-

CHAPITRE XXIV.

tence; et si madame de Montespan, femme d'un esprit charmant, mène une vie pieuse aujourd'hui, à tout péché miséricorde!

Ce n'est pas cela que le lecteur attendait de moi : j'en conviens; mais quoi? il y a des choses sur lesquelles un historien doit tirer le rideau.

Le marquis de la Fare a raconté, dans ses Mémoires, le commencement des amours du Roi et de madame de Montespan. « Elle eut l'adresse, dit-il, de faire deux choses « en même temps : l'une de donner à la Reine une opinion « extraordinaire de sa vertu, en communiant devant elle « tous les huit jours; l'autre de s'insinuer de manière, dans « les bonnes grâces de La Vallière, qu'elle ne la quittait « plus. » (Page 67.) La Reine changea bien depuis sur son compte, et s'en expliquait trop crument. (*Voyez* Note U.) Cependant la piété de madame de Montespan n'était pas feinte; on en peut juger du moins par les rigueurs de sa pénitence, qui étaient extrêmes. Mais c'était de ces dévotions de formes qui, s'alliant avec l'esprit d'intrigue, ne corrigeant d'aucun défaut, ne prévenant aucun désordre; admettent d'avance, pour chaque faute, la facile ressource des pratiques expiatoires : il y avait plus de vrai repentir et de piété dans un soupir de La Vallière que dans les jeûnes et les mortifications auxquels se soumettait sa rivale. (*Note de l'Édit.*)

Je dirai seulement, car ceci peut édifier, qu'il est plus admirable, à l'âge où le Roi se trouve, et dans la haute fortune à laquelle le ciel a élevé ce héros, de se retirer du péché, comme Dieu lui en a fait la grâce, que de prendre Mons et Namur. Il a rencontré une seconde Esther, qui l'a sauvé du naufrage. Elle est digne, cette Esther, de toute louange; et outre que je lui ai obligation, en mon particulier, je l'ai toujours fort honorée : et je ne crains point de dire que madame de Maintenon doit être comparée à sainte Clotilde, qui retira Clovis de l'idolâtrie, chose plus facile à faire que de retirer un prince aimable, et toujours heureux, de l'adultère [1]. La pauvre Fontange fut la victime qu'il immola à l'Amour : elle tomba comme une hécatombe aux marches de l'autel que les amans élèvent à ce

---

[1] Tout le monde sait que Louis XIV épousa secrètement madame de Maintenon. Brienne s'exprime avec la réserve d'un contemporain; mais les mots d'Esther et de sainte Clotilde donnent assez à penser. L'abbé de Choisy nous a fait connaître la cause qui détermina Louis XIV à ce mariage; il est assez singulier que ce soit d'un abbé qu'on l'ait apprise. (*Voyez* Note V.) (*Note de l'Édit.*)

dieu. C'est un langage bien différent de celui que je tenais tout à l'heure : qu'on s'en prenne au fils de Vénus, dont on ne doit parler qu'en termes poétiques. Je n'en dirai pas plus, à présent, sur les amours du Roi.

Quant à ses conquêtes, à ses vertus, le champ est bien vaste; et comme je ne suis plus du monde ni de la cour, il ne m'appartient guère de pénétrer dans les secrets de ce monarque habile, le plus craint et le plus aimé des souverains. La politique a moins de part à ses conseils que la justice et la religion. Il défend et protége un Roi, son cousin germain, opprimé par son gendre, et en même temps il soutient seul la cause de l'Église contre le schisme et l'hérésie. Dieu bénit visiblement la justice de ses armes. On lui reprend Namur, sa conquête; et peut-être que Dieu n'a permis ce léger échec que pour couronner de nouveau les exploits de ce héros, qui combat pour la défense des rois, et pour la religion, inséparable dans cette guerre, où la maison d'Autriche, qui se pique d'être si catholique, n'a pas rougi d'entrer contre l'unique protecteur et défenseur de la foi. Quel opprobre devant Dieu et devant les hommes, pour un empereur qui tient toute son autorité du Pape, et pour un roi catholique qui a reçu l'inquisition dans ses États !

La guerre de Flandre, dont on a tant parlé, était plus spécieuse que juste ; et le marquis de Louvois, tout bien considéré, fit très mal de la conseiller au Roi : l'envie qu'il avait de régner dans la guerre, lui fit faire cette faute, qui jeta l'épouvante et la terreur dans l'Allemagne et la Hollande. L'Espagne vit prendre Douay, Tournay, Armentière, Oudenarde et Lille même, la plus importante place après Mons, qui lui restait dans le voisinage d'Arras, sans trop se mettre en défense. Il n'en fut pas de même de l'Allemagne, ni surtout des Hollandais. Ces républicains, toujours ennemis des rois, parlèrent si haut, que Louis-le-Grand consentit à donner un frein à ses conquêtes, lorsqu'il eut pris ces places, qui lui tenaient lieu d'équivalent pour la dot de la Reine sa femme. Mais comme la peur ne se guérit pas, celle qu'avaient eue les Hollandais s'augmenta quand ils virent Sa Majesté maîtresse de la Lys. Vanberning, leur ambassadeur en France, et l'une des plus fortes têtes qui fût dans les Provinces-Unies, fut chargé de traiter de la paix, dont il arrêta les bases à Saint-Germain. Il se donna de si grands airs ensuite, qu'il se vanta d'avoir arrêté le soleil, et fit battre à son coin cette médaille, où l'on voyait d'un côté la figure du Roi, et de l'autre le soleil avec ces mots de l'Écriture : *Sta sol.* [1]

Il faut peu de chose, quelquefois, pour causer un grand embrasement. Cette insolence, jointe à un autre affront, dont je parlerai plus tard,

---

[1] « Ce Vanberning, échevin d'Amsterdam, avait, dit « Voltaire, la vivacité d'un Français et la fierté d'un Espa- « gnol; il se plaisait à choquer, dans toutes les occasions, la « hauteur impérieuse du Roi, et opposait une inflexibilité « républicaine au ton de supériorité que les ministres du « Roi commençaient à prendre. »

Brienne rapporte plus bas, une de ces circonstances dans lesquelles la rudesse altière du républicain *se plaisait à choquer* la hauteur du monarque.

Quant à la médaille, Voltaire prétend qu'elle n'exista jamais; cependant ceux qui ont annoté le *Siècle de Louis XIV* conviennent qu'une médaille semblable fut en effet frappée, mais qu'elle ne fut faite que beaucoup plus tard, en 1709, à l'occasion de la bataille d'Hochstedt. (*Note de l'Édit.*)

irrita tellement Sa Majesté, qu'elle se résolut d'humilier les Hollandais[1]. Jamais entreprise ne fut mieux conduite, ni plus sagement exécutée. Le marquis de Louvois s'acquitta très bien des ordres que le Roi lui donna sur ce sujet; mais la rapidité des armes de Sa Majesté lui fit perdre la tête : et parce que c'était M. le Prince qui avait donné le conseil de détruire les fortifications des places qu'on prenait, et de passer outre, sans affaiblir l'armée victorieuse par les garnisons qu'il faudrait autrement laisser dans chaque place conquise, ce ministre ambitieux, et le plus absolu qui fut jamais, s'y opposa. Sa Majesté manqua ainsi de prendre Amsterdam, qui fut sur le point de se soumettre. On délibéra dans le conseil municipal si l'on ne porterait point les clefs au Roi. « *Invincibles héros*, dit le « bourguemestre, *attendez au moins qu'on les « demande.* »

[1] Le Roi s'y préparait depuis long-temps en secret. On en jugera par un entretien de Gourville avec M. de Lionne sur l'état militaire de la Hollande; ce passage des Mémoires de Gourville est dans les Éclaircissemens, Note X. (*Note de l'Édit.*)

Je passe divers événemens de guerre et de politique; autrement, ce ne serait jamais fait. M. de Turenne gagna plusieurs combats en Allemagne; et enfin, couvert de gloire, il y fut tué d'un coup de fauconneau.

La même année, en 1675, le maréchal de Créqui se fit prendre, mal à propos, dans Trèves, après la perte de la bataille de Consarbruck, où nous fûmes fort bien étrillés; ce que le gazetier avoua de très bonne foi, sans dissimuler la perte que nous avions faite. L'évêque de Wurtzbourg se déclara contre nous, et l'évêque de Munster quitta notre parti. Le prince de Lorraine prit Philisbourg pour l'empereur; et les officiers en eurent tant de jalousie, que le moment de son triomphe pensa devenir celui de sa mort : le pont de la place fondit sous lui, par l'artifice des principaux de la cour de l'empereur, qui, le voyant en trop grande faveur auprès de ce prince, avaient résolu de le faire périr. Depuis, ils l'ont fait empoisonner par ses domestiques, personne n'en doute : ces traîtres d'impériaux, qui tous ne valent rien, ont mis eux-mêmes le feu aux poudres de Bellegarde, et sont cause, par cette horrible trahison, que cette importante ville est retombée sous la domination des Turcs.[1]

Je ne dis rien non plus de la faute que fit le Roi, de faire rendre aux Suédois toutes les places de la Poméranie, que l'électeur de Brandebourg avait eu le bonheur de reprendre sur eux. Sa Majesté a eu tout le loisir de se repentir de cette générosité, faite à contre-temps. Charles-Quint n'aurait pas fait cette faute, et Philippe II encore moins.

Le prince d'Orange échoua plus tard devant Maëstricht, et cependant le maréchal d'Humières s'empara d'Aire, sous la conduite du marquis

---

[1] Charles V, duc de Lorraine, nommé généralissime des armées impériales en 1676. La France, qui s'était emparée de ses États, refusait de le reconnaître; espérant alors y rentrer de vive force, il avait mis sur ses étendards : *Aut nunc aut nunquam.* Il ne put pourtant y pénétrer; et plus tard, quand on offrit de les lui rendre, à l'exception de Nancy, cette condition lui parut trop honteuse pour y souscrire. Il continua de commander les troupes de l'Empire, et mourut à Wells, près de Lintz, des suites d'une esquinancie qui le fit périr en trente heures. Les assertions de Brienne, dans ce passage, peuvent paraître au moins hasardées. (*Note de l'Édit.*)

CHAPITRE XXIV.

de Louvois, qui donna tous les ordres de ce siége, en l'année 1677.

Valenciennes fut prise d'assaut par le Roi en personne. Le marquis de Louvois, que Sa Majesté envoya aussitôt, empêcha le pillage. Cambrai et Saint-Omer furent attaqués en même temps; celui-ci par Sa Majesté, l'autre par Monsieur, son frère unique, qui défit le prince d'Orange à la journée de Cassel, village heureux aux Philippe français.

L'heureux ministre de la guerre fit M. Letellier, son père, chancelier de France. M. Colbert s'était fait passer avocat pour l'être; mais le marquis de Louvois l'emporta, et Sa Majesté commanda à M. Colbert de se désister de sa prétention.

Depuis, Louvois, à la mort de son père [1], fit tomber les sceaux, de concert avec le marquis de Seignelay, entre les mains de Louis Boucherat, grand parleur, mais le plus pauvre chancelier de France qui fut jamais.

Ces deux ministres donc, toujours concurrens et rivaux de gloire et d'autorité, s'accor-

[1] Michel Letellier, chancelier en 1677 : Louis Boucherat lui succéda en 1686. (*Note de l'Édit.*)

dèrent pour faire M. Boucherat chancelier, plutôt que M. Pussort, qui en était digne, et l'autre non; mais il les incommoderait moins, se dirent-ils : ils ont deviné juste, et trouvé un chancelier comme il leur fallait. Le marquis de Seignelay est mort de trop de débauches de ratafias et de femmes, et le marquis de Louvois l'a suivi de près; et pour celui-ci, la mort l'a surpris quand il s'y attendait le moins.

Villacerf, qui le vit mourir, en porta la nouvelle au Roi, et eut sa charge de surintendant des bâtimens. Monsieur étant accouru à ce bruit, vint faire son compliment de condoléance au Roi, et lui dit : « La grande perte, Sire, que vous « venez de faire ! — Moi ! point du tout ; dites « sa famille. Si Louvois ne fût mort si prompte- « ment, vous l'auriez vu à la Bastille avant deux « jours. » Sa mort avait dessillé les yeux au Roi, et la guerre de Piémont encore plus.[1]

---

[1] C'était jusqu'à présent une opinion généralement répandue que Louvois, lorsqu'il mourut, était à la veille d'une disgrâce. Les mots rapportés par Brienne peuvent changer ces conjectures en certitude; il est également certain que Louis XIV laissa percer comme une joie secrète

CHAPITRE XXIV.

Le marquis de Louvois avait poussé à bout le duc de Savoie, et nous attira, par son avarice, ce fâcheux contre-temps, qui a duré jusqu'à cette année (1696), où j'écris ceci, et où les nouvelles de Paris viennent de m'apprendre que Turin est investi.

Il ne me reste plus rien à dire, sinon que le Roi prit en personne la grande ville de Gand et sa forte citadelle; il se rendit maître ensuite d'Ypres, aussi-bien que du fort de Lewen, que jusqu'alors on avait cru imprenable, tant la situation en est avantageuse. Ainsi Sa Majesté se trouvant en état d'accorder la paix aux Hollandais, elle consentit à leur rendre Maestricht, par le traité de Nimègue, qu'elle conclut avec eux; et comme elle n'avait pris Limbourg et Gand que dans la vue de les rendre aux Espagnols, elle ferma le temple de Janus pour la seconde fois. Le Roi pouvait devenir alors le maître de l'Europe, il ne le voulut pas.

d'échapper au joug de son ministre. Saint-Simon a peint à ce sujet, avec la vivacité de couleurs qu'il donne à ses tableaux, une scène dont il avait été témoin dans sa jeunesse. (Éclaircissemens, Note Y.) (*Note de l'Édit.*)

CHAPITRE XXV.

Révocation de l'édit de Nantes. — *Missionnaires bottés*. — Le Roi force Genève à souffrir qu'on y célèbre la messe. — Villes acquises par la corruption.—Fautes politiques.—Commentaire sur un passage du Testament politique attribué à Colbert. — Disgrâce de M. de Pomponne. — Comment ce ministre fut la victime des intrigues du contrôleur-général et de son frère. — La peur qu'eurent les Jésuites de voir M. Arnauld cardinal contribua à la perte de M. de Pomponne, son neveu.

IL n'y avait qu'une profonde paix dans la chrétienté qui pût faire prendre au Roi la résolution de chasser l'hérésie de Calvin de son royaume; il ne prit conseil, dans cette affaire, que de sa conscience et du père La Chaise, jésuite, son confesseur. M. Colbert, sans doute, ne la lui aurait pas conseillée, et M. de Pomponne encore moins. Pour en venir à bout, il commença par faire démolir tous les temples qui ne se trouvaient pas aux termes de l'édit de Nantes; il envoya aux huguenots des missionnaires et des dragons à la fois : on appelait ceux-ci des missionnaires *bottés*, pour les distinguer de ceux qui ne l'étaient pas; mais ces missionnaires bottés firent plus de conversions par la crainte, que les autres par leurs prédications [1]. Le Roi avait déjà cassé les chambres de l'édit dans le parlement de Toulouse, de Bordeaux et de Grenoble; enfin Sa Majesté cassa pour jamais l'édit de Nantes, et ce fut le dernier acte que scella le chancelier Letellier : ensuite elle obligea ceux de Genève à souffrir, de gré ou de force, que la sainte messe, ce vrai sacrifice des chrétiens, fût célébrée dans leur ville, ce qui n'avait pas été

---

[1] Fénelon fut chargé d'une mission dans la Saintonge; mais elle fut toute de douceur, de paix et de charité. « Les « huguenots, dit-il dans les relations qu'il en a laissées de « sa main, paraissent frappés de nos instructions jusqu'à « verser des larmes.... ils nous disent sans cesse : *Nous serions « volontiers d'accord avec vous, mais vous n'êtes ici qu'en « passant. Dès que vous serez partis, nous serons à la merci « des moines, qui ne nous prêchent que du latin, des indul-« gences et des confréries. On ne nous lira plus l'Évangile ; « nous ne l'entendrons plus expliquer, et on ne nous parlera « plus qu'avec menaces.* »

Plus bas il ajoute : « Les jésuites de Marennes sont quatre « têtes de fer qui ne parlent aux nouveaux convertis, pour « ce monde, que d'amendes et de prison, et pour l'autre,

fait depuis l'année 1535, que les prêtres en furent chassés.

Ce changement si considérable et si peu attendu dans la France, qui est encore environnée des protestans d'Angleterre et d'Allemagne, des calvinistes de la Hollande, incorporés avec les anabaptistes et les sociniens, qu'ils tolèrent, réveilla l'ambition du prince d'Orange, et lui fit jeter les fondemens de la fameuse ligue d'Augsbourg, où le ministre Claude, qui vivait encore, et Jurieu, le fanatique, qui est devenu fou, assistèrent de sa part au nom des églises privées des saints ministères. Chose étrange! que les princes de la maison d'Autriche, d'Espa-

« que du diable et de l'enfer; nous avons eu des peines
« infinies à empêcher ces bons Pères d'éclater contre notre
« douceur, parce qu'elle rendait leur sévérité plus odieuse,
« et que tout le monde les fuyait pour courir après nous,
« avec mille bénédictions. »

Sa mission fut bientôt calomniée par les jésuites; le Père La Chaise le fit rayer de la feuille où il était inscrit pour l'évêché de Poitiers, et le Roi prit dès-lors quelques fâcheuses impressions contre lui. (*Éclaircissemens historiques sur les causes de la révocation de l'édit de Nantes*, par Rhulière, pages 90 et 250.) (*Note de l'Édit.*)

gne et d'Allemagne, aient pu se résoudre à entrer dans une ligue aussi odieuse, malgré les remontrances du Pape et la prospérité sans exemple de Louis-le-Grand, et qu'Innocent XI, ce pontife d'ailleurs si saint et si zélé, ait osé faire proposer au Roi, par son nonce, le cardinal Angelo Ranuzzi, de rétablir le luthéranisme dans Strasbourg, quand Sa Majesté venait d'en remettre l'évêque en possession de son église!

On n'a jamais bien su comment Strasbourg est tombé entre les mains de Louis-le-Grand. L'honneur et la conduite de cette importante négociation sont dus au marquis de Louvois, plus encore qu'aux trois millions que Sa Majesté sacrifia pour remettre la religion catholique, apostolique et romaine dans Strasbourg; de même qu'elle donna dix-huit cent mille livres pour l'acquisition de Casal, deux villes également importantes, et dans lesquelles ses troupes entrèrent sans coup férir, le même jour, tant le marquis de Louvois avait bien pris ses mesures [1].

[1] La surprise et la force eurent autant de part à la reddition de Strasbourg que la corruption; quant à la ville de

Cependant, comme le Roi savait que les Impériaux se préparaient à lui déclarer la guerre, il les prévint, et voulut que M. le Dauphin eût la gloire de reprendre Philisbourg. Il rompit donc le premier la trêve, à laquelle on prétend qu'il avait fait une grande brèche, par la conquête de Luxembourg, et par les fortifications de Strasbourg, qui ont coûté des sommes immenses, de même que la construction de Huningue, à la vue et sous le canon de Bâle, dont cette place imprenable est maintenant comme la citadelle.

Je n'entre point dans le détail de ces nouvelles conquêtes depuis la rupture de la trêve. Les fortifications de Sar-Louis et de Mont-Louis, l'un sur la Sarre, et l'autre sur la Moselle, ne laissèrent pas de s'achever ; et si cette nouvelle guerre n'avait rejeté l'Europe dans le plus effroyable embrasement qui fut jamais, et qui

---

Casal, qui appartenait à Charles-Ferdinand de Gonzague, dernier duc de Mantoue, ce prince, livré aux plus honteux désordres, vendit lui-même secrètement cette place à Louis XIV, et fit punir ensuite ceux qui la lui avaient livrée. (*Note de l'Édit.*)

CHAPITRE XXV.

n'est pas encore prêt à s'éteindre, je louerais plus que je ne fais la prévoyance de Sa Majesté, qui ne peut être blâmée d'avoir prévenu ses formidables ennemis.

Une des plus grandes fautes qu'elle ait faites, c'est d'avoir laissé sortir de France les ministres[1], et d'avoir accordé au maréchal de Schomberg la même liberté[2]. Il a fait une fin très malheureuse en Irlande. Le ministre Claude ne l'a pas faite meilleure dans son lit; et Jurieu souffre la peine et la confusion qui étaient dues à ses éga-

[1] *Voyez*, sur le bannissement des ministres protestans, la Note sous la lettre Z. (*Note de l'Édit.*)

[2] Quelques années avant la révocation de l'édit de Nantes, les protestans comptaient encore des noms très illustres: Ruvigny dans la diplomatie, Schomberg à la tête des troupes; dans la marine, Duquesne, qui avait eu la gloire de vaincre Ruyter; et parmi la haute noblesse, la maison de La Force, qui à cette époque se laissa séduire la dernière à l'appât des honneurs et des dignités. Schomberg périt à la bataille de la Boine, gagnée par le protestant Guillaume III contre le dévot Jacques II et les troupes françaises. Duquesne, qui mourut en France deux ans après lui, n'y put obtenir un tombeau. Hâtons-nous d'ajouter que l'infortuné Louis XVI, dont la piété fut toujours tolé-

remens, s'il est devenu fou, comme on me l'a dit de bonne part. Je ne parlerai point ici de nos brouilleries avec Rome, dont je suis maintenant assez bien instruit. L'auteur du Testament politique de M. Jean-Baptiste Colbert [1] s'est déclaré entièrement partial pour la cour de Rome et pour sa doctrine, qui, sur l'indépendance du Pape et sa supériorité sur le concile général, n'est pas conforme à celle de l'Église de France : je crois cette dernière doctrine préférable à celle des ultramontains.

Mais j'ai une petite glose à faire sur la disgrâce de M. de Pomponne ; voici comment M. de

rante, répara cet outrage fait aux cendres d'un héros, en ordonnant que la statue de Duquesne fût placée dans le palais même de nos Rois*. (*Note de l'Édit.*)

[1] Imprimé à La Haye en 1694. C'est un de ces ouvrages supposés dans lesquels Sandras de Courtilz a mêlé quelques faits très vrais à beaucoup d'assertions inexactes. (*Note de l'Édit.*)

* La religion de Duquesne avait, de son vivant, éloigné de lui les faveurs de la cour; Louis XIV le lui fit sentir. Duquesne répondit au Roi, avec la noble confiance d'un soldat : *Lorsque j'ai combattu pour Votre Majesté, je n'ai pas songé si elle était d'une autre religion que moi.* (*Note de l'Édit.*)

Colbert raconte cette disgrâce dans son Testament politique :

« Votre Majesté, dit-il, page 309, avait donné la charge de secrétaire d'état des affaires étrangères à M. de Pomponne, et l'avait fait ministre en même temps; il en avait l'obligation à M. Letellier, qui ayant peur que Votre Majesté n'en gratifiât ou le cardinal de Bonzy, ou le président de Mesmes, qui la briguaient tous deux, et que leur mérite n'obscurcît celui de son fils, qui n'était pas encore dans son brillant, employa en sa faveur tout le crédit qu'il avait sur l'esprit de Votre Majesté. Depuis cela, le marquis de Louvois avait eu en pensée de l'unir à sa charge, remontrant à Votre Majesté que les fonctions des départemens des étrangers devaient lui être attribuées, comme elles l'avaient été autrefois sous MM. d'Herbault et de Puysieux, qui avaient eu ensemble les départemens de la guerre et des étrangers; et qu'ainsi le secret de la guerre et des affaires étrangères, qui avaient tant de liaison ensemble, ne devait être qu'entre les mains d'une seule personne. »

« Votre Majesté eut la bonté de me communiquer ce qui se passait, sur quoi je pris la liberté de lui dire que le marquis de Louvois avait mauvaise grâce de faire paraître tant d'ambition; que la demande qu'il lui faisait marquait une démangeaison de commander aux autres, qui ferait peur à un autre monarque; qu'enfin il donnait lieu de croire par sa conduite qu'il ne serait jamais content que vous ne lui eussiez mis une couronne sur la tête; mais que si j'étais en votre place, je lui ferais une telle réponse, qu'il rentrerait si bien en lui-même, qu'il ne me ferait jamais une telle demande. »

« Voilà en quel état étaient les choses, quand mon frère [1] m'envoya le double de la nouvelle du mariage de la princesse de Bavière, dont il avait signé les articles à Munich, et qu'il venait d'envoyer à Votre Majesté; mais que M. de Pomponne ne lui avait pas encore apprise, parce

---

[1] Colbert de Croissy, premier président au parlement de Metz, négociait alors à Munich le mariage de Monseigneur le Dauphin avec la princesse Marie-Anne-Victoire de Bavière. (*Note de l'Édit.*)

CHAPITRE XXV.

qu'il s'en était allé chez lui, à la campagne, où il faisait bâtir.

« J'en fis compliment à Votre Majesté, croyant ne lui apprendre rien de nouveau ; mais elle me dit que M. de Pomponne ne lui en avait pas encore parlé, et qu'elle s'en étonnait. Quand M. de Pomponne fut revenu, et qu'il voulut réparer la faute qu'il avait faite, Votre Majesté lui dit qu'il pouvait s'en retourner chez lui, puisqu'il y avait tant à faire, et qu'elle en mettrait un autre à sa place, qui aurait plus de soin de faire sa charge. Elle m'envoya quérir en même temps, et me dit qu'elle la donnait à mon frère.

« Je sais bien, continue l'auteur, page 311, qu'on a conté cette affaire d'une autre façon dans le monde, et qu'on a dit que, d'intelligence avec mon frère, j'avais reçu un courrier avant M. de Pomponne, et que nous lui avions joué cette pièce pour avoir sa charge ; mais je n'en veux pour témoin que Votre Majesté : elle sait mieux que personne tout ce qui en est. »

Tout cet article, qui concerne M. de Pomponne, est faux d'un bout à l'autre.

Premièrement : M. Letellier n'a eu aucune part

au choix que fit Sa Majesté de M. de Pomponne; elle agit en cela de son propre mouvement.

Et ce qui suit, que le marquis de Louvois n'était pas encore dans son brillant, est aussi faux. La première guerre de Flandre était finie, et celle de Hollande venait de commencer : qu'on juge si ce ministre si puissant, et le premier mobile de ces guerres, après le Roi, n'était pas encore dans son brillant! tout cela est donc dit sans preuve.

Pour la disgrâce de M. de Pomponne, elle est très mal colorée. Quand M. Colbert de Croissy fut envoyé à Munich, elle était concertée et résolue entre lui et son frère. Le courrier qui apporta la dépêche fatale à M. de Pomponne, ne le trouvant pas à la cour, rendit le duplicata contre l'ordre à M. Colbert, qui reçut la lettre de son frère avant M. de Pomponne, à qui le courrier alla ensuite porter son paquet, en sa maison de Pomponne auprès de Lagny. Or, il y a du chemin de Versailles ou de Saint-Germain à Lagny ; et de plus, de Pomponne il fallait revenir à Saint-Germain, où la cour était, je crois, alors. Y a-t-il apparence que le coup ne fût pas prémédité ?

CHAPITRE XXV.

et M. de Pomponne fut-il si malhabile homme que de ne pas rejeter toute la faute sur Colbert, qui était à Munich? il était en droit de le faire. Depuis quand envoie-t-on à d'autres le double des dépêches du secrétaire d'état en charge? et encore, depuis quand s'est-on avisé de rendre des paquets à personne à la cour, avant le sien, qui est celui du Roi? si cela ne s'appelle pas un guet-apens, j'avoue qu'il n'y en eut jamais.

Enfin, pour conclure cette glose, beaucoup plus véritable que le texte, je dirai que M. de Pomponne eut tort de s'absenter pendant une conjoncture où le Roi, son maître et son bienfaiteur, était dans une telle impatience de savoir des nouvelles du mariage qui se traitait à la cour de Bavière, que Sa Majesté ordonna à M. Colbert de lui dépêcher des courriers de moment à autre : c'était bien là le temps de s'amuser à faire bâtir sa maison de Pomponne, qu'il a fort accrue et embellie! mais il lui en coûte bon, puisqu'il a perdu sa charge [1].

[1] Une des amies les plus fidèles du ministre disgracié, madame de Sévigné, ne peut cependant se dissimuler tout-à-fait ses torts. « On dit que tant de voyages à Pomponne,

J'ajoute à cela que ce ministre est la lenteur même, et de plus, que feu M. l'archevêque de Paris et le père de La Chaise avaient inspiré à Sa Majesté le désir de mettre un fort saint Pape à la

« et quelquefois des courriers qui attendaient, même celui
« de Bavière, que le Roi attendait impatiemment, ont un
« peu attiré ce malheur ; mais vous comprendrez aisément
« ces conduites de la Providence, quand vous saurez que
« c'est M. le président Colbert qui a la charge : comme il
« est en Bavière, son frère la fait en attendant, et lui a
« écrit en se réjouissant, et pour le surprendre, comme
« si on s'était trompé au-dessus de la lettre : *A monsieur,*
« *monsieur Colbert, ministre et secrétaire d'état.* » (*Lettres de madame de Sévigné*, t. VI, p. 25.)

La *Biographie universelle*, à l'article *Arnauld de Pomponne*, attribue à Louvois cette petite espiéglerie de cour, qui, par la remise des dépêches, précipita la chute du ministre. Brienne entre, comme on voit, dans des détails qui semblent en accuser Colbert ; mais que ce soit l'un ou l'autre, il faut bien donner dans cette disgrâce une grande part à l'indolence de M. de Pomponne. Son amie en convient elle-même. (*Voyez* Note AA.) Il fut plaint, cependant, et devait l'être. « Un ministre de cette humeur, avec une faci-
« lité d'esprit et une bonté comme la sienne, dit madame
« de Sévigné, est une chose si rare, qu'il faut souffrir qu'on
« sente un peu une telle perte. » (*Note de l'Édit.*)

raison. Ils craignaient de trouver M. de Pomponne en leur chemin, et on l'accuse même de n'avoir pas gardé le secret exactement sur cet article, ayant cru devoir informer M. Arnauld, le docteur, son oncle, de ce qui se passait contre Rome, afin qu'il s'en fît un mérite auprès du Pape. Je sais que cela lui fut reproché : or, sur le chapitre du secret, le Roi est fort délicat : et l'avis que le cardinal d'Estrées donna à Sa Majesté, que M. Arnauld serait infailliblement cardinal s'il voulait l'être, et si elle ne l'empêchait pas, fut la principale cause de la disgrâce de son neveu. On a fait mille contes sur sa fortune, qui a duré si peu. J'étais persuadé, quant à moi, que le jansénisme et la peur qu'eurent les jésuites de voir M. Arnauld cardinal [1], ont contribué, plus que toute autre chose, à la perte de M. de Pomponne. Dans le fond, il n'était guère propre à remplir la charge de secrétaire d'état des étrangers : la maison du Roi eût été assez pour lui. Il fallait le laisser dans les ambassades ; et pour en finir par où j'ai commencé, je dis que si M. Letellier avait cru devoir proposer quelqu'un

[1] *Voyez*, à ce sujet, la Note BB. (*Note de l'Édit.*)

au Roi, il n'aurait jeté les yeux que sur M. Lepelletier.

Le Roi n'a pas toujours été également heureux dans le choix de ses ministres; mais grâce à sa sagesse, et surtout grâce à la bonté de Dieu, les choses ont long-temps prospéré sous son gouvernement.

Je ne vois qu'une seule chose qui reste à expier à ce grand prince avant sa mort; car la vie exemplaire qu'il mène maintenant, fait assez voir qu'il n'est plus retombé dans les péchés qu'il a pleurés. Il a sinon trop aimé la louange, au moins un peu trop souffert qu'on le louât avec excès : il ne devait pas permettre qu'on fît tant de vers pour lui, ni qu'on dressât dans Paris, ni ailleurs, tant de statues de bronze et de marbre à son honneur.

C'est une des choses qui déplaît le plus à Dieu; car enfin l'idolâtrie est un grand péché. « Tu ne te feras point d'image taillée pour l'a- « dorer! » dit Dieu à son peuple : or, je n'ignore pas que les statues des princes ne sont pas faites pour être adorées; mais enfin ce sont des statues et des images qui, dans la vérité, ne de-

CHAPITRE XXV.

vraient être consacrées qu'au culte des saints, par rapport au saint des saints?

Supprimez donc, grand roi! tant de dépenses inutiles, et qui peuvent, à votre dernière heure, vous causer de cuisans remords! arrêtez, contenez l'enthousiasme des poètes et des orateurs, même des prédicateurs, qui ne croiraient jamais faire un beau sermon s'ils n'y mettaient bien ou mal votre éloge! Voilà ce que souhaite un homme qui, après avoir eu l'honneur de vivre auprès de vous dans son enfance, de vous servir dans sa jeunesse, passe la vie à se rappeler, dans la retraite, la plupart des actions publiques ou secrètes qu'il vous a vu faire.

J'en sais plus d'une qu'on ne lira pas sans intérêt dans les chapitres suivans.

CHAPITRE XXVI.

Détails sur Louvois, ses débuts; rien n'annonce dans sa jeunesse les talens qu'il montra depuis. — Sordide avarice de M. Letellier son père. — Éclat de la cour à Saint-Jean-de-Luz. — Costumes du temps; leur magnificence. — Luxe et vanité de Brienne. — Il lit le serment que le Roi fait sur l'Évangile, à Saint-Jean-de-Luz. — Brienne se méprend alors sur le génie de Louis XIV. — Il lui trouvait si peu d'intelligence, qu'il en était étonné. — Inimitié entre M. de Turenne et Louvois. — On soupçonne ce ministre d'avoir livré Philisbourg et Mayence pour se rendre nécessaire. — Le maréchal de Gramont perd la bataille d'Honnecourt pour obéir à Richelieu. — Chanson qu'on fait à ce sujet contre lui. — Louvois, amant de la maréchale de Rochefort. — Vivacité des souvenirs de Brienne.

M. COLBERT, dans son Testament politique, dit, à la page 161 du Chapitre III : « Ce fut en ce temps, Sire, que vous commençâtes à faire travailler sous vous le marquis de Louvois, à qui vous aviez accordé la survivance de la charge de M. Letellier son père; mais il était si dur et si peu porté au travail, que M. Letellier vous pria, Sire, de ne vous pas donner de peine davantage pour un sujet si ingrat, car il ne croyait pas qu'il pût jamais réussir; et comme d'ailleurs il aimait ses plaisirs, il le regardait comme un homme plus capable de manger et de dissiper ce qu'il avait amassé, que d'y joindre quelque chose par son travail (en quoi il se trompait fort, puisque le marquis de Louvois a amassé des richesses infiniment plus grandes que celles de son père; quoiqu'on les fasse monter à plus de vingt millions). Mais Votre Majesté, qui avait mille bontés pour sa famille, lui dit de se donner patience, et que ce qui ne se faisait pas en un jour se faisait quelquefois en deux; qu'elle ne désespérait pas, comme lui, de rien faire de son fils; qu'il fallait de l'indulgence pour la jeunesse, et la ramener plutôt par la douceur que par les menaces. Votre Majesté se donna donc la patience de le dresser, et, en effet, M. de Louvois doit au Roi sa fortune, son savoir-faire, et ce comble d'honneurs, de charges et de biens où il est parvenu. »

Puisque j'ai parlé de Colbert, il est bien juste que je dise un mot de Louvois, que Colbert, son rival, a d'ailleurs assez bien jugé dans l'ouvrage dont je viens de citer un passage.

Le marquis de Louvois, mon confrère, annonçait d'abord fort peu d'esprit; il était vif, emporté, brutal, et ne se modérait en rien. Monsieur son père [1], l'homme du monde le plus sage et le plus avisé, avait alors de l'estime pour moi; il me croyait sage et me trouvait d'assez bonnes qualités. Il me pria de voir souvent le marquis de Louvois, et d'entrer adroitement dans tous ses plaisirs, ce que je fis, sans qu'il se soit jamais aperçu que monsieur son père m'en avait prié. Nous jouions, Charpentier, Carpon, Saint-Thierry et moi, tous les jours avec lui, tantôt aux cartes, fort petit jeu, et tantôt à la paume. A Saint-Jean-de-Luz, nous allions tous les jours nous baigner ensemble. En un mot, nous ne nous quittions guère : il m'ouvrit son cœur, m'avouant qu'il n'avait de l'inclination que pour

---

[1] Michel Letellier, fils d'un conseiller à la cour des aides, né le 19 avril 1606, puis procureur du Roi au Châtelet de Paris en 1631, fut successivement intendant en Piémont, secrétaire-d'état au département de la guerre, garde des sceaux et chancelier de France. Mort en 1685, il eut l'insigne honneur d'être loué par Bossuet et par Fléchier. (*Note de l'Édit.*)

CHAPITRE XXVI.

la débauche, et nullement pour le travail, qu'il haïssait à la mort et redoutait beaucoup. Carpon le talonna si bien, et fit pour lui de si beaux recueils des pièces de M. Le Roi [1] que cela com-

---

[1] C'était un protocole tout digéré de toutes les expéditions, lettres-patentes, édits, déclarations, ordres et routes que M. Le Roi, premier commis de M. Letellier, avait dressé avec beaucoup de soin; cela était fort bien écrit, en six gros volumes, ou porte-cahiers in-folio. Je les ai lus, et j'avoue que j'y ai beaucoup profité : c'était de la besogne faite; et il eût fallu, avec ces secours, être plus que bête pour ne pas bien faire le département de la guerre, qui ne consiste que dans un fort grand détail, ce qui demande plus d'assiduité que d'esprit. Il n'en est pas ainsi du département des étrangers, où tous les jours ce sont choses nouvelles, soudaines et imprévues : outre que tel, comme M. Le Roi, fait très bien une lettre-patente et une déclaration, qui écrit très mal une dépêche et une instruction d'ambassadeur.

M. Servien excellait en cela, mais il faisait mal parler le Roi dans un édit. M. Hardier est celui de tous les premiers commis de secrétaire-d'état qui ait le mieux fait parler nos rois ; cela est conforme à la dignité du prince et à la majesté inséparable de ses paroles aussi-bien que de sa personne.

Dufresne, mon premier commis, valait bien M. Le Roi, et le surpassait infiniment dans la connaissance des intérêts

mença à lui ouvrir l'esprit, et l'accoutuma insensiblement à lire les choses qu'il devait savoir.

A cette école, le marquis de Louvois fit donc quelques progrès; monsieur son père l'entretenait très mesquinement, soit politique, soit épargne.

des princes d'Allemagne; c'était son fort, et il faisait une dépêche aussi bien que Silhon, dont le cardinal Mazarin se servait, et qui a beaucoup aidé à former M. de Lionne, qui ne manquait pas d'esprit, mais qui n'a jamais su bien écrire.

Or, M. Le Roi était l'homme du monde le plus appliqué et le plus assidu à son bureau; mais il avait peu d'élévation d'esprit. M. Letellier fut obligé de prendre Cavellier pour son secrétaire. Il était de Clermont en Beauvoisis, et n'écrivait pas mal; mais il était vain au possible, se donnait de grands airs, et s'en faisait trop accroire.

Dufresnoy, qui succéda à M. Le Roi, qui mourut à Amboise comme nous allions au voyage des Pyrénées, fait fort bien la charge de la guerre*; il avait été commis sous M. Le Roi, et Charpentier aussi, qui le vaut bien. Moi je pris Azemart, natif de Montpellier, fort galant homme, et

---

* Sa femme fut long-temps la maîtresse de Louvois, qui sut, dit le marquis de La Fare, *faire entrer le Roi dans sa confidence.* Je crois devoir citer textuellement ce passage de ses Mémoires (Note CC); mais l'équité m'oblige à dire que La Fare, bien instruit d'ailleurs, écrit dans un esprit mécontent et chagrin. (*Note de l'Édit.*)

CHAPITRE XXVI.

La cour était fort superbement vêtue à Saint-Jean-de-Luz. On voulait surpasser le luxe des Espagnols, qui avaient néanmoins plus de pierreries que nous, mais nous avions plus qu'eux des dentelles d'or et d'argent sur nos habits, et plus de broderies sans comparaison. J'avais quatre habits d'une égale richesse et d'une magnificence des plus distinguées ; jusque-là que M. de Turenne, qui était vêtu fort simplement, m'en railla devant M. le Cardinal, et me dit que j'étais bien *moutonné*, ce fut son terme : c'est que j'avais alors un habit de moire grise, tout couvert de dentelles d'or et d'argent plissées, ce qui faisait sur mon manteau, doublé de toile d'or, une espèce de frison. J'avais outre cela un habit noir,

qui me revenait fort. Parayre est habile; il était neveu du Père Annat, confesseur du Roi. Je ne m'accommodais pas tant de lui que de Dantiége, qui était fils d'un notaire de Bordeaux, très honnête garçon, car il n'a jamais été marié, et il est d'un très grand travail. Pour Ariste, qui partageait avec Dufresne ma première commission, c'est un très habile homme, mais il enfante avec une peine inconcevable : son assiduité au travail suppléait à la lenteur de son génie, et tout ce qu'il faisait était très bien. (*Note de Brienne.*)

le pourpoint de brocart d'or, tout couvert de dentelles noires, très belles, jusqu'au collet du manteau, de sorte que cet habit et celui de moire grise me revenaient à 8,000 francs.

J'en avais un autre de moire grise, mais plus brune que ce riche habit que je viens de décrire. Je l'avais acheté 2,000 francs du marquis de Vaubrun. Il n'y avait que six rangs de dentelles d'or et d'argent sur le manteau; elles étaient rattachées par le brodeur, avec des points couleur de feu et vert, de soie seulement, ce qui faisait un très bel effet. Enfin, j'avais un habit de vénitienne noire tout chamarré de dentelles d'argent : rien de plus magnifique; sans compter quatre habits simples d'une propreté achevée, et le linge à proportion. J'étais en jarretières toujours, et rarement en justaucorps : c'est qu'on n'en portait point en ce temps-là.

Le marquis de Louvois me venait voir tous les jours régulièrement, et je lui donnai avis par un de mes valets de chambre, que mes habits étaient arrivés. Il me manda que les siens l'étaient aussi, et les fit apporter avec lui, comptant me montrer quelque chose de beau. Je fus surpris de la lésine

CHAPITRE XXVI.

de madame sa mère. Il avait trois habits : un noir assez propre ; il était de vénitienne à grandes fleurs, et avait quatre rangs de grande dentelle sur le manteau ; mais le pourpoint n'était ni de toile ni d'argent, comme les miens. Son second habit était gris, en camelot de Flandre : il y avait quatre ou cinq rangs de dentelles d'or et d'argent sur le manteau. Mais cet habit était mal entendu et paraissait fort pauvre, non seulement auprès des miens, qui étaient plus que magnifiques, mais parmi ceux des courtisans, qui étaient plus beaux que les siens.

Enfin, il en avait un de serge grise galonnée, et je ne sais quelle piqûre de soie fort mesquine, et qu'il n'osa mettre devant la cour d'Espagne. Quand je vis cette lésine, je me mis à rire et fis apporter mes habits l'un après l'autre. Il fut surpris de leur richesse et de leur agrément. Je lui offris de lui en donner le choix, hors de mes deux habits noirs, dont je voulais me parer ; mais le prix l'en dégoûta, et plus encore monsieur son père, qui était l'avarice même. « Mais, me dit-il, « mettras-tu ces beaux habits, me voyant si mal « vêtu ? — Je ne les ai fait faire, lui dis-je, que

« pour les mettre. — Ah ! mon confrère, tu me
« feras un grand affront.—Je n'en suis pas cause,
« mon cher confrère ; prends un de mes habits,
« et on ne s'apercevra point du ménage de ta
« mère. » Il l'aurait fait volontiers, mais monsieur son père l'en empêcha ; outre que mes
habits ne pouvaient lui servir qu'en les refaisant
pour lui entièrement. Ainsi l'étoffe aurait été
perdue, et il n'aurait pas laissé que de les payer.

M. Letellier prenait garde à tout. Je n'ai jamais vu tant d'avarice dans un homme si riche.
Mes habits me demeurèrent, et je m'en servis
trois ou quatre fois seulement. Ils me firent
beaucoup d'honneur ; et la Reine et ses dames,
qui se connaissaient parfaitement à ces sortes de
choses, avouèrent qu'il n'y avait point à la cour
d'habits mieux entendus. Le plus riche était le
moins beau et celui qui me séiait le moins bien.
Il me faisait trop gros, et c'eût été bien pis si
on l'eût vu sur le gros Louvois, ou il aurait fallu
déplisser la dentelle. Celui que j'avais eu de
Vaubrun fut généralement admiré, et m'allait
fort bien. Pour mes habits simples, ils faisaient
plaisir à voir, et ne pouvaient être mieux enten-

dus; ils n'avaient que des passequilles d'or ou d'argent trait, ou une dentelle d'argent ou d'or volante, l'une plissée et l'autre non. Rien de mieux. Si le marquis de Louvois m'avait voulu croire, il aurait pris l'un de ceux-là qui lui aurait coûté très peu à raccommoder.

Ce fut moi qui lus le serment que le roi fit sur les saints Évangiles, tandis que le Cardinal tenait le livre ouvert devant Sa Majesté. J'étais vêtu de noir, et le Roi aussi. Le lendemain, je remis mon habit moutonné et en fus fâché, à cause de la raillerie de M. de Turenne. Mais le jour suivant, je mis mon habit que j'avais eu de Vaubrun, qui fut admiré, et le quatrième jour, celui de vénitienne noire tout broché de dentelles d'argent, qui fut fort regardé et généralement approuvé. En effet, il ne pouvait être plus beau; le marquis de Louvois paraissait auprès de moi aussi peu que les étoiles paraissent devant le soleil.

Il commençait à se faire aux affaires, et le Roi se donnait beaucoup de peine à l'instruire et à le former lui-même de sa main. Si j'avais eu cet avantage, je serais encore en place; mais je puis dire que j'avais trop d'esprit et trop peu de complaisance pour le Roi d'alors, bien différent de celui d'aujourd'hui. Il se cachait à moi comme à tout le monde, et je lui trouvais quelquefois si peu d'intelligence que j'en étais étonné. J'avoue que je m'y mépris, et je ne fus pas assez bon courtisan. Il commença à goûter M. de Lionne, et à se cacher encore de moi, et à moi davantage, et de là vint ma disgrâce deux ans après. La faute que je fis de me méprendre au génie de ce grand Roi fut la cause de mes malheurs; et comme je m'en aperçus trop tard; il n'y eut plus moyen de la réparer. Le marquis de Louvois s'éleva, et je tombai. Voyons-le à l'époque de sa plus grande puissance..

M. de Turenne, dont il est si souvent parlé dans le Testament politique de Colbert, ne pouvait souffrir M. de Louvois. C'était l'eau et le feu. M. de Louvois, de son côté, ne pouvait voir quelqu'un au-dessus de lui dans les emplois de la guerre. Quoiqu'il n'eût jamais commandé d'armée, il s'imaginait, parce qu'il commandait à la baguette aux gens de guerre, en savoir lui seul plus que M. de Turenne et le prince de

Condé ensemble. Ces deux grands capitaines, comme on le verra bientôt, l'auraient sans doute perdu auprès du Roi, et M. de Turenne y était résolu [1]; mais l'évêque d'Autun, créature de M. Letellier, fit tant par ses intrigues, qu'il détacha M. le Prince d'avec M. de Turenne en cette conjoncture, et que de cette manière il sauva M. le marquis de Louvois. Sa jalousie était extrême, de ce que Sa Majesté demeurait des demi-journées entières avec ce maréchal-de-camp général, pendant que lui (Louvois) attendait dans l'antichambre que M. de Turenne sortît pour pouvoir parler au Roi. Il n'en fallait pas davantage pour les brouiller ensemble, et cette mésintelligence entre le général des armées et le ministre de la guerre fut fort nuisible au service du Roi. A la vérité, cela fut toujours et sera toujours ainsi; mais quoique l'auteur du Testament politique dise, dans le Chapitre V, page 223, que M. de Louvois avait aposté et

---

[1] Le marquis de La Fare confirme le récit de Brienne, en y joignant toutefois une particularité qui prouve que Turenne était moins bon courtisan que grand capitaine. (*Voyez* la Note DD.) (*Note de l'Édit.*)

autorisé de son crédit et de son argent les incendiaires qui mirent le feu dans les cinq villages du Palatinat où M. de Turenne avait mis les magasins de son armée; quoique l'auteur du Testament politique ait dit cela, je n'y ferais pas grande attention, si je ne savais que le marquis de Louvois est soupçonné, et avec beaucoup de fondement, d'avoir laissé prendre Philisbourg et Mayence. Le duc de Luxembourg, supérieur aux ennemis, pouvait secourir la première; et quant à la seconde, il est inconcevable que le marquis d'Uxelles l'ait rendue si promptement, quoique les ennemis ne fussent encore qu'au glacis de la contre-escarpe. Si cela était, ce que j'ai peine à comprendre, je dirais que le marquis de Louvois était bien criminel, et je serais surpris qu'il fût mort dans son lit. Il aurait, à ce compte, été cause de tous les mauvais succès qu'ont eus, en divers temps, les armes victorieuses de Sa Majesté; mais l'ambition de régner dans la guerre peut-elle suggérer et faire exécuter impunément d'aussi noires trahisons? Oh bien, l'on ne dira pas cela de moi. Je n'ai jamais brouillé les cartes pour me rendre nécessaire. D'autres l'ont fait, j'en conviens, et la perte de la bataille d'Avein fut un trait de la politique du cardinal de Richelieu ; mais il fallait nommer un général qui voulût obéir et se laisser battre. Aussi la chanson ne manqua pas de dire :

> Il s'enfuit comme une biche
> Ce grand maréchal de Guiche ;
> Lampons, lampons,
> Camarades, lampons [1].

A ce compte, Mayden serait encore un des coups fourrés du marquis de Louvois. Le maré-

[1] Je joindrai sur ce passage de Brienne plusieurs remarques dans une seule. Il ne faut point que la prévention rende injuste et crédule : Philisbourg fut pris, il est vrai, par le prince Charles de Lorraine, en présence de Luxembourg, qui avait cinquante mille hommes ; mais Luxembourg, que d'ailleurs Louvois détestait, n'était pas homme à *servir ses projets,* supposé qu'il en eût de pareils. Brienne partage une opinion populaire au sujet du siége de Mayence ; le maréchal d'Uxelles s'y défendit fort bien, et ne se rendit que faute de poudre. Enfin, à l'égard du *trait de politique* que l'on impute au cardinal de Richelieu, il commet une autre erreur ; mais celle-ci n'est que de mémoire. Ce n'est point la bataille d'Avein que le comte de Guiche est accusé

chal de Rochefort pouvait obéir à celui qui, sous ses yeux, vivait avec sa femme, sans qu'il se scandalisât [1]. Cela me passe, et comme je ne suis pas accoutumé aux trahisons, j'ai beaucoup de peine à croire que les autres en soient capables. Et cependant, que n'ai-je pas vu quand je vivais à la cour, et que je prenais part aux af-

---

d'avoir laissé perdre à dessein; c'est la bataille d'Honnecourt. Elle fut livrée en 1642; c'était à l'époque de la conspiration de Cinq-Mars. « Pour embarrasser le Roi, dit « Anquetil, le Cardinal engagea le comte de Guiche à se « laisser battre sur la frontière de la Picardie, qui par là « resta ouverte à l'ennemi. » Le comte de Guiche, d'ailleurs fort brave, comme tous ceux de sa maison, fut depuis duc et maréchal de Gramont. Brienne n'a cité, pour ainsi dire, que le refrain de la chanson; je l'ai retrouvée tout entière, et j'en donne deux couplets en note, avec un passage de Monglat. (*Voyez* Note EE.)

La bataille d'Avein fut gagnée, en 1635, par les maréchaux de Brézé et de Châtillon contre les Espagnols. (*Note de l'Édit.*)

[1] Aimée de Louvois, madame la maréchale de Rochefort aimait le marquis de La Fare, et servait discrètement dans ses amours un bien plus grand seigneur que La Fare et Louvois. (*Voyez* Note FF.) (*Note de l'Édit.*)

CHAPITRE XXVI.

faires les plus secrètes. Que de perfidies et que de bassesses ! que de ruses politiques et que d'aventures galantes ! toutes ces choses se sont, pour ainsi dire, passées sous mes yeux : et quand je me les rappelle aujourd'hui dans ma retraite, malgré la vivacité de mes souvenirs, j'ai peine encore à les croire véritables.

CHAPITRE XXVII.

Brienne revient, dans sa retraite, sur les souvenirs de sa jeunesse. — Nouvelles particularités concernant ses voyages. — Présens que lui font les villes d'Allemagne. — Il assiste au couronnement du roi des Romains. — Il ne veut point se trouver au festin impérial, *de peur d'être forcé de s'enivrer.* — Le duc de Vendôme lui recommande de se bien garder d'être honnête homme, s'il veut faire sa fortune. — Comment on appelait l'hôtel qu'habitait ce prince. — Conseils bien différens que donne à Brienne l'archevêque de Lyon; ce qu'il lui dit de Louis XIV encore dans sa jeunesse. — Anecdote relative à Monsieur, frère du Roi. — Brienne la raconte en latin. — Autre anecdote sur le préambule d'un édit concernant la translation des reliques de sainte Madeleine. — Ce préambule était rédigé par Arnauld d'Andilly. — Louis XIV veut qu'on *le fasse parler en Roi, et non pas en janséniste.*

J'EUS tout le temps en effet de me rappeler, soit à l'Oratoire, soit à Saint-Lazare, mille circonstances du temps de ma jeunesse et de ma faveur. J'aime encore à me retrouver, en imagination, dans la société des hommes que j'ai beaucoup vus jadis; les temps, les lieux me sont toujours présens. Je n'ai rien oublié de ce qui m'a frappé le plus pendant mon séjour à la cour ou dans les pays étrangers : ces souvenirs ont pour moi tant de charme, que je les veux retracer ici. Quant à mes voyages, je n'en dirai que des particularités qui ne sont pas dans les Chap. XI et XII de mes Mémoires. Parlant alors devant la cour assemblée, j'aurais eu mauvaise grâce à l'entretenir de détails qui pourtant ne sont pas sans prix.

Or, on n'a jamais voyagé, peut-être, avec plus de commodité et plus d'agrément que moi. Fils d'un ministre, et secrétaire d'État en survivance, j'étais partout très bien reçu : les villes me faisaient les présens accoutumés de vin et de confitures ; Hambourg y ajouta un gobelet de vermeil doré, fort historié, et des colifichets allemands : Lubeck me régala en passant. Je me tins incognito en Hollande ; mais M. Chanut[1] m'y traita de son mieux, et commença dès-lors à m'apprendre la bonne manière de faire, en peu de temps, des progrès dans la langue latine :

[1] Pierre Chanut fut successivement ambassadeur de France en Suède, puis ministre plénipotentiaire à Lubeck ; il passa de Lubeck à l'ambassade de Hollande, qu'il conserva jusqu'en 1655. « Chanut, dit Wicquefort dans son

je l'avais apprise à Mayence, en y faisant ma philosophie; je savais aussi parfaitement la langue allemande.

J'avais vu la cour de l'Empereur à Ratisbonne, pendant les vacances de ma première année de philosophie. On en fait trois en Allemagne : la métaphysique, dont je fais très peu de cas, occupe toute la troisième année, avec les mathématiques. M. Blondel, mon gouverneur, en savait plus que tous les pères Jésuites ensemble, sans en excepter leur célèbre Clavius. J'ai fait sous lui bien du chemin dans la résistance des solides. Je lui ai vu composer son *Galilaüs de resistentiá solidorum*, et j'y comprenais quelque chose. Il voulait me le dédier, et j'en ai vu l'épître dédicatoire, qui renfermait mon panégyrique; mais je ne voulus pas faire les frais de l'impression de ce livre, qui n'est peut-être pas encore imprimé.

« livre de *l'Ambassadeur,* était un des plus savans hommes
« de son temps; il s'exprimait parfaitement en la plupart
« des langues tant vivantes que mortes. » Louis XIV l'appela dans son conseil, et il mourut, à Paris, en juillet 1662.
(*Note de l'Édit.*)

CHAPITRE XXVII.

Je me trouvai à Ratisbonne au couronnement du roi des Romains, frère aîné du père du roi des Romains d'aujourd'hui [1]. J'y parus avec assez de magnificence pour un écolier : j'avais, outre mon habit du jour de la cérémonie, un autre habit, brodé à coquilles d'or et d'argent, et un très bel habit noir, le pourpoint de toile d'or, tout couvert de dentelles de soie, rattachées par le brodeur, avec de petits fleurons d'or et de soie incarnate, ce qui faisait un très bel effet; sans compter d'autres habits en quantité, mais moins riches. Je saluai l'Empereur et toute la cour, et je fus de la marche du prince, en mon rang de comte, c'est-à-dire avec les barons de l'Empire; mais je refusai d'être du festin impérial, par la

---

[1] Le prince dont parle ici Brienne, et qu'il vit sacrer comme roi des Romains, était Ferdinand IV, qui mourut peu de temps après; il était fils de Ferdinand III, empereur d'Allemagne, sous qui fut conclu le traité de Westphalie, moins célèbre peut-être pour avoir donné la paix à l'Allemagne que pour y avoir à jamais établi la liberté de conscience. Ferdinand IV était, en effet, frère aîné de Léopold, empereur en 1658, et dont le fils Joseph Ier fut roi des Romains en 1690. (*Note de l'Édit.*)

crainte seule de m'enivrer. Ce n'est pas que je n'eusse la tête très forte, mais l'excès du vin me faisait mal, et je n'ai jamais aimé les débauches des Allemands. Je bus beaucoup en Danemarck, et je ne m'y suis enivré qu'une seule fois, dont je fus fort incommodé; ce qui, depuis, me rendit sobre en Suède et en Pologne. J'ai raconté, dans le chapitre XII, mon séjour en Suède, chez les Lapons, en Danemarck, en Prusse, en Livonie ; j'ai dit encore comment, après avoir vu l'Italie, je repassai en France sur une galère de Gênes, que le cardinal Grimaldi avait fait venir pour lui [1]. Je vis en passant le duc de Monaco, son parent fort proche ; et à Toulon, où nous débarquâmes, je vis aussi le duc de Vendôme, amiral de France, qui me fit un plaisant compliment [2]. « Garde-toi bien, me « dit-il, sans m'avoir jamais vu que cette fois-là,

---

[1] A Venise, la république me fit le présent des ambassadeurs, qui fut de verres de cristal, quantité de confitures, de vin, de fromages, de liqueurs, et deux grandes caisses de bougies. (*Note de Brienne.*)

[2] César, duc de Vendôme, fils de Henri IV et de Gabrielle d'Estrées, fut gouverneur de Bretagne, chef et surintendant

CHAPITRE XXVII.

« d'être aussi homme de bien que ton père. La
« dévotion n'est bonne à rien. Il faut hurler avec
« les loups. La galanterie est d'usage ; sois fourbe,
« scélérat même, si tu veux faire fortune. Ton
« père ne te dira pas cela ; mais pour moi, mon
« cousin, je t'en avertis, afin que tu n'en pré-
« textes cause d'ignorance. » Certes, voilà, pour
un jeune homme, une instruction bien digne
du prince qui la donnait. Il était fort décrié sur
l'article des mœurs ; en sorte qu'on appelait le
petit hôtel de Vendôme, l'hôtel *Sodome*, soit
que cela fût véritable ou non, soit que la rime
eût fourni ce mauvais quolibet.

Je ne pus m'empêcher de rire, et je dis au duc
de Vendôme : « Ma foi, monsieur, vous me don-
« nez là une belle leçon ! Si mon père le savait,
« mais je me donnerais bien de garde de le lui
« dire, je crois qu'il ne vous le pardonnerait ja-
« mais. — Mord... je le lui ai bien dit à lui-même !
« mais il n'a pas eu assez d'esprit pour me croire ;
« aussi, voyez, il est gueux comme un rat d'é-

de la navigation. Madame de Motteville dit de lui, dans ses
Mémoires, qu'il était *homme d'esprit*, mais *sans réputation,
sans bonté et sans fidélité*. (*Note de l'Édit.*)

« glise. Va, va, mon petit cousin, il n'y a rien
« de tel pour amasser du bien que d'être sans
« foi; il en faut avoir *per fas et nefas*, ou l'on
« n'est qu'un sot. Vois-tu bien, mon fils, de
« Mercœur, ce n'est qu'un fat, mais c'est qu'il
« ne m'a jamais voulu croire. Pour le duc de
« Beaufort, il est galant homme; mais il n'est
« pas encore assez méchant à mon gré. J'ai plus
« d'esprit qu'eux tous : c'est que leur mère est
« une bête, et la tienne aussi. » Il me congédia
avec ces douces paroles, et oncques depuis ne
me suis trouvé en particulier avec lui. C'était un
vilain homme, honteux dans ses goûts, lâche
dans sa conduite, soit à la guerre, soit à la
cour, et, quoique bâtard d'Henri IV, faisant fort
peu d'honneur au sang qui coulait dans ses
veines.

De Toulon je me rendis, par la Sainte-Baulme, à Marseille, où je pris la poste, et vins, sans
me presser, à Lyon, où l'archevêque, le fils du
maréchal Villeroi, me fit grande chère, et me
tint un langage fort différent de celui du duc
de Vendôme. Il était fort ami de mon père, et
il me dit : « Tout dépend de bien débuter à la

« cour. Je connais le Cardinal; il aime l'encens :
« c'est l'idole à laquelle il faut sacrifier pour
« faire fortune. Il n'a point eu de part à la sur-
« vivance que la Reine a bien voulu donner à
« monsieur votre père pour vous; faites-lui-en
« une honnêteté; dites-lui que vous voulez bien
« être sa créature, et offrez de prêter un nou-
« veau serment de fidélité au Roi, en présence
« du Cardinal : croyez-moi, le conseil est très sa-
« lutaire. Or, je vous apprends, qu'encore que
« l'on fasse courir le bruit que monsieur le ma-
« réchal mon père a donné au Roi, par l'avis
« du Cardinal, une très mauvaise éducation,
« cela est faux. Vous verrez si le Roi ne sera pas
« le plus grand prince et le plus brave héros
« qu'ait eu la France, depuis Clovis et Charle-
« magne : il a tout l'esprit de Henri-le-Grand,
« son aïeul, et toute la piété de Louis-le-Juste,
« son père. Ne vous y méprenez pas; il ne dit
« pas un mot de ce qu'il pense : mon père le
« connaît mieux que personne; et la sagesse du
« Roi, jointe à son grand jugement, justifiera
« monsieur le maréchal des faux bruits qu'on se
« plaît à répandre contre la bonne éducation du

« Roi. Ne faites rien sans l'avis de mes frères,
« qui aiment fort toute votre maison; et quand
« je serai à la cour, je vous conduirai, moi,
« comme si vous étiez mon neveu. » Il m'embrassa après m'avoir si bien parlé.

Je pris la poste et me rendis, en quatre jours, à Paris. Mon père pleura de joie de me revoir un homme fait : ma mère me trouva un peu hâlé et enlaidi ; mais le bain remédia à ce léger défaut, et je sortis de chez Prud'homme frais et gaillard. Je me mariai à quelque temps de là. Je fus de tous les plaisirs du Roi, et l'un de ses ministres, quoique je n'en eusse pas le brevet : tant que vécut le Cardinal je fus un des plus employés.

Je rapporterai seulement ici deux circonstances fort particulières de ma vie : la première concerne Monsieur, frère du Roi ; je la raconterai en latin.

Equidem Principi videbar germanicum nescio quid præ me ferre, quòd vultus meus, non jàm hilarior, ut olim conspexerat in juventute meâ, sed planè ad seria compositus. Is me increpare cœpit, sed leniter, deditque intelligendum me

CHAPITRE XXVII.

sibi acceptissimum esse. Ego, vix habitûs mei compos, erubui; manum ille meam strinxit, neque res id temporis processit longius. Exindè, nunquàm mihi fiebat obvius quin subsisteret; diù me alloquebatur, et os meum, staturam, egregiumque habitum laudabat indefessus. Nec plura dicam; quippè hác meâ, ut vulgò appellant, fortunâ uti non ausus, elabi Veneris horam non semel passus sum. Neque me fugiebat quid ille me rogaret; quoties enim eum alloquebar, fremebat, trepidabat; tùm ad me propiùs accedere, et manus meas identidem ardentiùs stringere. Quod ut intelligebam apprimè, sic ego tùm pudibundus magis quàm nostra à Gandone, haud ità sanè timida : illa nempè eum res istius modi edocuerat, quæ tamen, vel nullo magistro, profectò ediscuntur.

Quant au second fait, qui est d'un genre tout différent, le voici : Un jour, comme la cour était à Lyon, et qu'on parlait du voyage de Provence, je lisais à la Reine mère, dans sa chambre, à sa toilette, le projet des lettres-patentes pour la translation des reliques de sainte Madeleine. J'avais fait dresser ces lettres par M. d'Andilly même, à la prière de Dufresne, mon premier commis, qui était fort de sa connaissance, ayant été au service de feu M. de Feuquière, tué à la bataille de Thionville. Le Roi entra sur ces entrefaites, et me fit recommencer la lecture; il ne trouva pas ces lettres de son goût. « Vous me faites parler comme un saint, dit-il, « et je ne le suis pas. » Je lui dis que mon premier commis avait dressé ces lettres ; mais qu'il les avait fait revoir par un des plus habiles hommes de France, en fait de style et d'éloquence. « Qui est cet habile sot ? » me répondit le Roi, fort échauffé, contre sa coutume. « C'est, Sire, lui dis-je, M. Arnauld d'Andilly. « — J'en suis bien aise, dit Sa Majesté, mais cela « ne me convient nullement. » Il prit ces lettres et les déchira et me dit, en me les jetant, « Refaites-en d'autres où je parle en Roi, et « non pas en janséniste [1]. » Paroles remarqua-

---

[1] Les ministres du Roi avaient chargé plus d'une fois Arnauld d'Andilly de semblables rédactions. On voit, dans ses Mémoires, qu'il rédigea, sans qu'on y fît un seul changement, l'édit qui parut contre les duels en 1643. Quant au style des lettres-patentes dont il est ici question, Louis XIV

bles, et dont, toutefois, je me suis très mal souvenu lorsque, étant entré dans l'Oratoire, je devins janséniste, par pure complaisance pour madame la duchesse de Longueville, ma marraine.

avait assurément raison de vouloir qu'on le fît parler en Roi, et non pas en janséniste; mais on ne peut s'empêcher de remarquer, à cet égard, l'effet des préventions qu'on avait profondément enracinées dans son esprit. Tant qu'il ignore encore de qui sont ces lettres, il dit : *Vous me faites parler comme un saint;* mais dès qu'on a nommé Arnauld d'Andilly, il ne veut pas parler *en janséniste.* Saint-Simon fait connaître avec quel art on avait semé, entretenu, fortifié les impressions mêlées de crainte et de haine que Louis XIV conserva toujours contre l'école d'Arnauld, de Nicole et de Pascal. (*Voyez* Note FF.) (*Note de l'Édit.*)

CHAPITRE XXVIII.

Épigramme de Bussy sur le nom de Dieudonné. — Sonnet attribué au poète Hesnault contre Louis XIV. — C'est Despréaux qui le donne à Brienne. — On reproche injustement à Louis XIV de manquer de courage. — Sa mère Anne d'Autriche n'eut peur qu'une fois en sa vie : ce fut quand le chancelier Séguier prit dans son sein une lettre qu'il croyait être de Cinq-Mars, et qui était d'une autre personne. — Louis XIV, encore enfant, est amoureux de la duchesse de Châtillon. — Joli couplet de Benserade à ce sujet. — Comment Brienne réfute des doutes injurieux sur la valeur du Roi. — Impassibilité d'un officier monté sur un vaisseau qui sombre en pleine mer. — Trait du grand Condé à la porte Saint-Antoine. — Réflexions sur le vrai courage. — Le comte de Guiche. — Le maréchal de Villeroi. — Celui-ci n'avait point le genre de mérite qu'un libertin se plaint d'avoir perdu, dans Pétrone; mais il n'en était pas moins brave. — Action d'éclat qui le fit remarquer sur les remparts de Dôle.

Louis XIV honorait beaucoup la piété de madame la duchesse de Longueville, et ne la recevait à la cour qu'avec les plus grandes marques d'égards. Il avait eu cependant fort peu à se louer d'elle dans sa jeunesse. Madame de Longueville avait excité contre lui la guerre de la Fronde, et lui avait cherché des ennemis aux dépens même de sa réputation. Le jeune Roi n'en parlait pas alors autrement que toute la cour; mais ce prince faisait et disait, dans sa jeunesse, des choses qu'il n'eût pas fait bon lui rappeler plus tard.

Reprenons les choses de plus haut, je veux dire de la minorité de ce prince; quand Louis XIV ne portait encore que le surnom de Dieudonné. Bussy [1], sur ce titre si vrai et si beau, fit un jour cette épigramme :

[1] Roger de Rabutin, comte de Bussy, qu'ont rendu célèbre sa vanité, la malignité de son esprit, ses couplets satiriques, et les lettres de sa cousine madame de Sévigné, dont il ne sut pas même respecter les vertus. Disgracié par le Roi, dont il avait chansonné les amours, les saillies de son ressentiment prenaient quelquefois une couleur assez gaie; on sait qu'après avoir lu ce vers si connu que la flatterie de Boileau adressait à Louis XIV,

Je t'attends dans deux mois aux bords de l'Hellespont,

il écrivit au bout du vers : *Tarare pompon.* Bussy eut le tort de révéler des désordres qu'il fallait taire; mais on pourrait aisément prouver que son *Histoire amoureuse des Gaules* contient plus de méchancetés que de calomnies. (*Note de l'Édit.*)

Ce Roi si grand, si fortuné,
Plus sage que César, plus vaillant qu'Alexandre,
On dit que Dieu nous l'a donné :
Hélas, s'il voulait le reprendre !

Cette pièce de contrebande me fait souvenir d'un sonnet qu'on attribue au sieur Hesnault [1] : d'autres ont dit qu'il pourrait bien être du sieur Despréaux lui-même; mais pour moi, je n'en crois rien, encore que ce soit lui qui me l'ait donné. Le voici.

SONNET.

Ce peuple que jadis Dieu gouverna lui-même,
Trop las de son bonheur, voulut avoir un Roi :
« Eh bien ! dit le Seigneur, peuple ingrat et sans foi,
« Tu sentiras bientôt le poids du diadème.

« Celui que je mettrai dans le pouvoir suprême,
« D'un empire absolu voudra régner sur toi ;
« Ses seules volontés lui serviront de loi,
« Et rien n'assouvira son avarice extrême.

---

[1] Jean Hesnault, qui fut, comme La Fontaine, fidèle au surintendant Fouquet dans sa disgrâce. La Place, dans son *Recueil de pièces intéressantes,* cite Saint-Évremont comme auteur de ce sonnet, mais sans aucune autorité. (*Note de l'Édit.*)

CHAPITRE XXVIII.

« Il cherchera partout mille nouveaux moyens
« Pour te ravir l'honneur, la liberté, les biens ;
« Tu te plaindras en vain de tant de violence. »

Ce peuple en vit l'effet, il en fut étonné.
Ainsi règne aujourd'hui par les vœux de la France
Ce monarque absolu qu'on nomme Dieudonné.

Ces vers renferment plus d'un reproche injuste : on est étonné d'entendre accuser Louis XIV d'avarice; mais pourquoi donc en serait-on surpris, puisqu'on l'a bien soupçonné de manquer de courage; et cependant, comment ce prince n'eût-il pas été brave ? Les fils tiennent de leur mère, au moins autant que de leur père. Henri IV était fort brave; Louis XIII aussi : le Roi l'est encore plus; et cela lui vient de la fermeté et du grand courage de la Reine sa mère, qui, jamais en sa vie, n'a eu peur de rien, sinon, peut-être de la main du chancelier Seguier, quand il eut la hardiesse de chercher et de vouloir prendre dans son sein une lettre qu'elle y avait cachée, et qu'on croyait relative à des intelligences coupables avec l'Espagne. Or, elle eut peur ce jour-là : mais le chancelier trouva ce qu'il ne cherchait pas; ce fut une lettre de la princesse Anne de Gonzague à la Reine, où elle parlait de toute autre chose que de conjuration avec les ennemis de l'État[1]. Anne de Gonzague était la confidente des amours de la Reine avec celui qui passait pour être tendrement aimé d'elle. Quoique cela soit encore bien équivoque et bien incertain, il fallait que le bruit en fût général, et qu'on s'en cachât peu, puisque Louis-le-Grand m'en parla lui-même une fois en sa vie. Nous étions alors tous deux fort jeunes : il ne serait pas prudent, à l'heure qu'il est, de s'entretenir de semblables propos avec lui ; mais en ce temps-là, on en disait bien plus, et les triolets de la Fronde ne parlaient d'autre chose.

Le Roi n'était encore alors qu'un enfant. Tout

---

[1] Montglat, dans ses Mémoires, a raconté cette scène étrange ; elle eut lieu, du moins en apparence, au sujet des relations qu'Anne d'Autriche entretenait avec l'Espagne. « Le chancelier, dit-il, usa d'une telle rigueur en-
« vers la Reine, qu'il visita dans ses poches et sous son
« mouchoir de cou. » Mais il n'avait parlé ni de la lettre que le chancelier trouva là, ni du sujet présumé de cette lettre. On peut lire le passage de Montglat dans la Note GG. (*Note de l'Édit.*)

enfant qu'il fût, il avait déjà du penchant pour la duchesse de Châtillon. Aussi Benserade fit sur leur flamme naissante ce couplet de chanson :

> Châtillon, gardez vos appas
> Pour une autre conquête;
> Si vous êtes prête,
> Le Roi ne l'est pas.
> Avec vous il cause;
> Mais, mais, en vérité,
> Pour votre beauté,
> Il faut bien autre chose
> Qu'une minorité.

Rien de mieux! les héros ont toujours été amoureux de fort bonne heure. On ne peut être amoureux sans être brave : un poltron, même auprès d'une belle femme, n'oserait avouer l'amour qu'il éprouve; et quand j'examine la vie du Roi, il a eu trop de maîtresses, il a fait trop de conquêtes en guerre, comme en amour, pour n'être pas courageux. Il faut bien distinguer entre brave et téméraire, entre intrépide et brutal. Cela posé, je dis que le Roi n'est ni téméraire ni brutal, mais qu'il est brave et intrépide; la voix publique ne lui est pas favorable de ce côté-là : on a publié que le Roi était plus heureux que brave; je ne l'ai point vu dans l'action, ainsi, je n'en puis rien dire d'après moi. Ce ne sont ni les mousquetades auxquelles on s'est trouvé exposé sans baisser la tête, ni les coups d'épée qu'on a portés ou parés, qui décident de la valeur; cette vertu militaire consiste à mépriser la mort, mais non pas à la chercher sans nécessité [1]. Il faut, à mon sens, n'attacher ni trop ni trop peu de prix à sa vie.

La Guillotière était monté sur le vaisseau le *Soleil d'Or* ou *d'Argent*, dans la rade de Toulon.

---

[1] Si Louis XIV ne cherchait pas les périls, il est bien juste de dire aussi qu'il ne les fuyait pas. On peut en croire, à ce sujet, le témoignage de Bussy-Rabutin, qui n'est pas, en sa faveur, trop suspect de partialité. Il rapporte, dans ses Mémoires, un fait fort honorable pour Louis XIV, et dont il fut lui-même témoin au siége de Bergues, en 1658. Je sais bien que le marquis de La Fare tient un autre langage; mais l'abbé de Choisy, mais le marquis de Montglat, confirment encore, par d'autres circonstances, le témoignage de Bussy-Rabutin. Montglat raconte même, à ce sujet, une fanfaronnade assez plaisante du cardinal de Mazarin. (*Voyez* Note HH.) (*Note de l'Édit.*)

Le vaisseau s'entr'ouvre et s'enfonce. La Guillotière, qui se trouve sur ce vaisseau, s'enveloppe froidement la tête dans son manteau, et se laisse couler. On le loue; je le blâme : il avait perdu la tête. Je me serais bien gardé de faire cela : j'aurais lutté tant que j'aurais pu contre la mer; les flots, malgré mes efforts, m'auraient englouti peut-être; mais je ne m'y serais pas jeté la tête la première. C'est être fou : la vie est notre bien le plus cher, et l'on doit la défendre jusqu'à ce que l'instant soit venu d'en faire l'abandon sans faiblesse et sans terreur.[1]

[1] Cet événement eut lieu en 1664. Les corsaires de Tunis et d'Alger troublaient, depuis quelques années, le commerce de la France avec le Levant. Colbert, pour mettre un terme à leur piraterie, donna au Roi le conseil de former un établissement sur les côtes de Barbarie. Des troupes, transportées sur un grand nombre de bâtimens de guerre, débarquèrent à Gigeri, petite ville qui fit peu de résistance; mais le duc de Beaufort, qui commandait cette expédition, s'étant détaché pour aller faire une course sur mer, les Français, attaqués à leur tour par les Maures, qui descendirent des hauteurs, se virent obligés de remonter sur leurs vaisseaux, et de regagner les côtes de Provence. Ce fut au moment de rentrer à Toulon qu'un vaisseau qui se nom-

Pour être assuré de la bravoure, et pouvoir s'en rendre témoignage à soi-même, il faut, comme le prince de Condé, s'être vu dans le combat, en butte aux déterminés qui ont conjuré notre mort, et les avoir tués de notre propre main. C'est ainsi que ce brave prince tua Fouilloux de la sienne, à la journée du faubourg Saint-Antoine. « En voici un, dit-il, qui m'approche de bien près. » Fouilloux lui tire son coup de pistolet dans la cuisse, qui était couverte d'une casaque volante; le prince de Condé lui casse la tête et le jette à ses pieds. Voilà ce qui s'appelle brave : il a vu le péril, il l'a connu, il en a reçu la preuve sur les armes; il tue, sans s'effrayer et sans perdre le jugement, le téméraire qui l'a voulu tuer. Voilà ce qui s'appelle bravoure, et c'est, sans doute, être brave à toute épreuve.

Le comte de Guiche était encore un bon cavalier, et sans reproche, tel que le chevalier

mait *la Lune*, et non *le Soleil d'or*, sombra en pleine mer, à la vue du port; il portait dix compagnies du régiment de Picardie, et La Guillotière, maréchal de camp, officier d'un rare courage. (*Note de l'Édit.*)

CHAPITRE XXVIII.

Bayard, Lahire et Xaintrailles; mais il eut tort de se targuer de sa valeur pour offenser le Roi, comme je le dirai quelques pages plus bas. Quoique malheureux à la guerre, le maréchal de Villeroi est aussi fort brave. Je veux, à ce sujet, rapporter un trait de sa jeunesse. Fils du feu maréchal de Villeroi, qui avait été gouverneur de Sa Majesté, on l'a fort long-temps appelé à la cour le petit marquis : il a été assez de temps à croître et à se déniaiser. Enfin il a grandi, sauf en cette partie qui, selon Pétrone, fait le caractère des héros, quand il fait dire à un débauché : *Est pars illa quá quóndam Achilles eram.* Or, le petit marquis, de ce côté-là, n'était pas trop favorisé de la nature. Ce n'a jamais été un fort grand casseur de raquettes [1]. Il dansait fort bien, et a toujours eu beaucoup d'esprit, bien pris dans sa taille, et certainement il a du cœur. Monsieur son père était très

---

[1] Je ne veux pas trop chercher à connaître, malgré la citation de Pétrone, le genre de mérite qui manquait à Villeroi; mais il paraît qu'on en plaisantait assez ouvertement à la cour. En 1662, Villeroi dansait dans le ballet d'*Hercule amoureux*; le rapprochement ne lui était pas favorable. Il

habile dans le conseil; mais il ne passait pas pour brave. Son fils l'est; il a donné des preuves éclatantes de son courage.

A l'époque où le Roi conquit la Franche-Comté, le grand Condé se voyant avec lui sur le bord du fossé de Dôle, où leurs pères, dans les guerres précédentes, ne firent rien qui vaille, ce prince dit au jeune Villeroi : *Marquis, il faut ici réparer l'honneur de ton père et du mien.* Le fossé fort large est à sec, et, par conséquent, très dangereux à passer. L'attaque fut vive et meurtrière. Le marquis commandait le régiment de Lyonnais; il passa le premier, atteignit le haut du bastion, s'y logea, et cria de

représentait un des *Plaisirs*, et Benserade lui adressa ces vers :

> La troupe des Plaisirs était presque passée,
> Alors qu'un jeune objet, aimable, tendre et doux,
> Comme j'avais sur vous les yeux et la pensée,
> Me vint dire à l'oreille, en me parlant de vous :
> « Il est assurément le plus joli de tous,
> « Et c'est en sa faveur que mon âme décide;
> « Mais fiez-vous à moi, me dit-elle : entre nous,
> » Ce n'est pas un Plaisir extrêmement solide. »
>
>   *OEuvres de Benserade*, t. II.
>   (*Note de l'Édit.*)

CHAPITRE XXVIII.

loin : *Mon prince, mon père est satisfait; qu'en dit le vôtre? — Nous tâcherons qu'il soit content,* dit le prince en éclatant de rire au milieu du feu, et l'instant d'après il était sur le rempart, assurant le logement que le petit marquis venait de faire avec beaucoup de conduite et de bravoure.

Il devint depuis très bon courtisan; et le Roi, qui a mis toute la vie une espèce de point d'honneur à n'avoir point de favori, l'aime pourtant, on peut le dire, jusqu'à la faiblesse.

CHAPITRE XXIX.

Louis XIV mis en parallèle avec le prince d'Orange. — Fermeté du Roi dans plusieurs circonstances. — Goût de ce prince pour les pointes et les jeux de mots. — Grave discussion sur le cocuage entre plusieurs seigneurs. — On répond à La Châtre, fort jaloux de sa femme, *qu'il n'y a plus de Lucrèce à la cour*. — La discussion recommence en présence du Roi. — Jamais on ne l'a vu tant rire. — Scène de mœurs entre Brienne et sa femme, au sujet des maris trompés. — Il la trouve un peu trop savante. — Singulier doute sur lequel il s'endort. — Esprit, amabilité de madame de Brienne. — Louange que lui donne Scarron.

Louis XIV est un prince très dissimulé et paresseux, quoiqu'il paraisse très actif. Il ne parle que très peu et toujours à propos. Il aime qu'on le soulage dans les affaires. Il est dominé par ses ministres et par ses domestiques mêmes : il n'y a pas jusqu'à Roze et Bontems qui ne le gouvernent aussi absolument, et peut-être plus impunément, que n'ont fait le cardinal Mazarin, et le marquis de Louvois mon confrère. Pour moi, je lui avais obéi très ponctuellement; mais je me suis bien donné de garde de le maîtriser, ni de le gourmander, et moins encore de le trahir. Il a été un temps que je l'aurais pu faire, sans qu'il eût pu s'en apercevoir. Il a fait en politique des fautes étonnantes, et qui le devaient perdre, ainsi que la France; mais le ciel le soutient et le protége visiblement. Il a détruit en France le huguenotisme, et a risqué le tout pour le tout; avec Dieu, l'on ne peut rien perdre.

Le prince d'Orange a fait de son côté toutes les avances imaginables pour acquérir l'amitié du Roi[1], il n'a pu en venir à bout; et las de tant de refus, il a dit : « Je n'ai pu avoir son « affection, j'aurai du moins son estime; qu'il « me craigne puisqu'il ne veut pas m'aimer. » Il s'est fait craindre en effet, en devenant (car c'est celui-là qui a de la politique sans bonheur) le fléau de l'Europe.

Mais si le Roi n'a pas de politique, il a de l'autorité. Jamais prince ne fut mieux obéi, jamais prince ne fut plus maître de soi dans l'occasion. Souffrir une grande douleur sans se

---

[1] Il exista une cause particulière de rupture entre Louis XIV et le prince d'Orange : Saint-Simon nous l'a fait connaître. (*Voyez* Note KK.) (*Note de l'Édit.*)

plaindre, est sans doute une marque d'un grand courage et d'une patience héroïque ; le Roi possède cette vertu au souverain degré. Le cardinal Mazarin était impatient quand il avait la goutte : le Roi en souffre sans crier, ou s'il crie quelquefois, c'est malgré lui ; il en fait des excuses aux spectateurs. Dans sa grande maladie de Calais, je le voyais à toute heure ; sa patience m'étonnait. Quels efforts ne fit-il point pendant le travail du vin émétique, que lui donna le sieur Dusaussay, médecin d'Abbeville ? on ne l'entendit jamais se plaindre ; et quand Presire lui coupa sa fistule au fondement, ce qui est une opération très douloureuse, il cria ; mais qui pourrait s'en empêcher ? et puis, c'est tout. Il a eu le coude démis par une chute de cheval ; la douleur fut grande : il la supporta constamment. Je crains qu'il n'y ait un peu d'orgueil dans son fait ; mais quand cela serait, cela ne fait pas que le Roi ne soit extrêmement maître de soi.

Je n'ai rien à dire de sa personne, sinon qu'il est grand et bien fait ; mais qu'il a toujours eu de mauvaises dents, ce qui vient de ce qu'il mange trop. Aussi, m'a-t-on dit qu'il n'en a plus du tout, et que sa bouche se ressent de ce défaut, paraissant très enfoncée. Pour les mains, il les a petites, et les doigts fort déliés : c'est marque d'adresse, et il n'en manque pas, sinon qu'il écrit fort mal : je ne parle que de l'écriture, car il dicte très bien une lettre, et il paraît beaucoup d'esprit dans tout ce qu'il dit. Il aime les pointes et les quolibets. Le maréchal duc de Vivonne et M. d'Armagnac, grand-écuyer, ont trouvé, en débitant forcé bons mots, le moyen de lui plaire.[1]

[1] Louis de Lorraine, comte d'Armagnac et grand-écuyer de France. Il était le roi des Turlupins, dit l'abbé de Longuerue à propos du vers de Boileau,

Toutefois, à la cour, les turlupins restèrent.

Les *quolibets* du grand-écuyer n'étaient pas, en effet, de bien bon goût, si l'on en juge par celui que rapporte l'abbé de Longuerue. « M. d'Armagnac ayant un jour, dit-il, trouvé « M. le Duc, depuis prince de Condé, lui demanda pourquoi « l'on disait *guet à pens*, et non pas *guet à dinde* : par la « même raison, répondit le prince, qu'on ne dit pas : « M. d'Armagnac est un *turluchêne*, mais un *turlupin*. » Dans ce genre, la riposte valait mieux que l'attaque; mais le genre ne valait rien. Les *ana* ne sont pas, au reste, une

Un jour que nous étions à La Fère, le duc de Nevers [1], le marquis de La Châtre mon cousin et moi, nous parlions de cocuage chez Vivonne, qui nous avait donné fort mal à souper. Il se mit à compter par ses doigts tous les cocus de sa connaissance; jamais je n'en ouïs réciter une si longue kyrielle, et je m'avisai de lui demander : « Mais vous, mon brave, ne sa- « vez-vous donc point si vous l'êtes? — Cela « peut fort bien être, répondit-il, sans que je « le sache; mais qui diable me ferait cet hon- « neur? ma femme est laide comme le péché »; et nous de rire. Alors, j'entamai une fort longue conversation sur les maris jaloux de leurs

autorité bien respectable. Les bons mots de Vivonne étaient plus piquans et de meilleur ton; je dois avouer, cependant, que dans ce passage même de ses manuscrits, Brienne cite un mot de Vivonne à la fois si licencieux et si peu conforme à l'idée qu'on a de son esprit, que je n'ai pu me résoudre à l'imprimer. (*Note de l'Édit.*)

[1] Philippe-Julien Mancini-Mazarini, duc de Nevers, neveu du cardinal Mazarin. Il aimait les lettres, et faisait agréablement des vers; mais il eut le grand tort de prendre parti pour Pradon, dans la lutte ridicule qu'il osa soutenir contre Racine. (*Note de l'Édit.*)

femmes, et je soutins que les gens de ce caractère ne devaient jamais se marier. La Châtre croyait que je parlais de lui. Il avait la femme du monde la plus belle, mais la plus sage, et il était d'une bizarrerie d'esprit si grande qu'il était presque impossible qu'il ne fût jaloux : aussi, l'était-il à la fureur. Il prit l'affirmative contre moi; car je soutenais qu'on peut et qu'on doit même être jaloux de sa maîtresse, mais jamais de sa femme. Vivonne était de mon avis; mais mon cousin ne se rendit pas pour cela, et maintint avec beaucoup de chaleur qu'on devait être également jaloux de sa femme, et tout cela, parce qu'il l'était de la sienne. Vivonne, toujours naturel et plaisant, lui dit :
« Ah! ma foi, vous êtes cocu, puisque vous
« avez si peur de l'être; et Brienne ne l'est pas,
« quoiqu'il l'avoue, parce qu'il n'a pas peur du
« cocuage. » En effet, je plaisantai le premier sur les amours de ma femme, et je leur lus des vers où je me reconnaissais cocu dans toutes les formes. La Châtre crevait de dépit dans sa peau, et croyait que nous nous moquions de lui. Le duc de Nevers, qui ne manque pas d'es-

prit, fit ce conte au Roi; et Sa Majesté voulut en avoir le plaisir devant elle, à son petit coucher.

Nous étions là tous quatre, le duc de Nevers, Vivonne, La Châtre et moi. Vivonne fit donner La Châtre dans le panneau; et lui, de rougir. Je n'ai jamais vu d'homme plus décontenancé. Le Roi riait de tout son cœur; mais le diable fut que le duc de Nevers me parla de mes vers. Je les désavouai pour être de moi, et les donnai à Martinet, mon commis. Je ne laissai pas de les dire; et La Châtre, mon cousin, de se démener comme un possédé. — « Justice ! Sire, justice ! je vous la « demande; parce que ma femme est belle, on « veut que je sois cocu ! » Vivonne prend la balle au bond, et lui dit : « Tu l'es, mon pauvre « La Châtre, tu l'es. Il n'y a plus de Lucrèce à « la cour ! et à propos, ta femme est Lorraine ? « Ah ! ma foi, tu l'es; il n'y a en Lorraine que « des Laïs : je ne le sais que trop, hélas ! à mes « dépens. Va, va, tu l'es, et j'en suis bien aise, « pour me venger de la Lorraine, dont je me « souviendrai long-temps ! » Le Roi n'a jamais ri de meilleur cœur que ce soir-là.

CHAPITRE XXIX.

Or, puisque je suis tombé sur ce sujet, je dirai que ma femme, qui était quelquefois fort plaisante, avait en son humeur de grandes inégalités. Certains jours elle était folle jusqu'à l'emportement, et en d'autres elle était froide jusqu'à l'indifférence : elle aurait glacé les cœurs les plus passionnés. Un jour donc, je suis ici fort sincère, et quoique cela me regarde d'assez près, je publierai ce secret à ma honte; un jour donc elle me dit : « Va, mon mari, je te pro-
« mets, si je te trompe, de te le dire. » Je n'étais pas de trop belle humeur; je lui fis la mine, et m'allai coucher sans lui répondre, bien résolu de me venger de cette impertinente parole. Elle ne me fit pas attendre à son ordinaire, et vint me baiser fort tendrement. « Je te demande par-
« don, mon mari; si je te faisais ce que tu crains,
« je me garderais bien de te le dire. » J'étais chagrin, et je pris encore mal son excuse. Elle devint plus tendre, et ses tendresses m'apprirent son secret. « Qui t'a rendue si savante? lui dis-je.
« — C'est, me dit-elle de son air de précieuse et
« d'indifférence, c'est M. le duc de Luxembourg.
« — Oh! oh! ma foi, le petit bossu me le paiera.

« — Vous croyez donc que je dis vrai? — Fran« chement, je ne sais qu'en croire; vous vous
« plaisez si souvent à mentir. — Attendez donc,
« dit-elle alors, si ce n'est pas lui, c'est La Garde;
« si ce n'est Là Garde, c'est Lussan, ou bien
« c'est le duc de Candale : vous en voilà bien plus
« savant! »

Il est vrai que ces quatre galans, mes rivaux, étaient fort assidus auprès d'elle; mais dans le vrai, je m'en mettais fort peu en peine. Je m'endormis, elle aussi, comme si de rien n'eût été.

Elle était fort aimable alors, et avait tout l'esprit qu'une femme puisse avoir. C'est d'elle, qui faisait des vers mieux que moi, que Scarron a dit :

De votre langueur naturelle,
Chacun à la cour est charmé.[1]

Je ne croyais pas en tant dire des aventures de mon mariage; mais le profit que je veux

---

[1] Ce qu'il y a d'assez singulier, c'est que Brienne cite à faux; il donne ces deux lignes comme des vers, et ce ne sont point des vers que Scarron avait faits pour la comtesse de Brienne. Le 7 août 1657, il lui écrivit une lettre en

qu'on en tire, c'est que c'est trop d'être à la fois et mari et jaloux. Finissons par un conte un peu moins gaillard.

prose qu'on trouve dans ses œuvres, et qui commence ainsi : « Madame, vous avez eu la curiosité de me voir, « comme la reine de Suède; vous devriez, comme elle, « me permettre d'être amoureux de vous, et vous faire « honneur d'une chose qui déjà, peut-être, ne dépend plus « de votre consentement. » A cette phrase près, dont le tour est assez galant, la lettre n'a rien de remarquable ; mais en la terminant, Scarron, au lieu de la formule ordinaire, emploie la phrase que Brienne a citée avec un léger changement. « En attendant que vous vous décidiez sur « mon bon ou mauvais destin, dit Scarron, je suis et même « serai, de quelque façon que vous me traitiez,

« *De votre langueur naturelle,*

« *l'homme du monde le plus charmé.*

« Scarron. »

(*Note de l'Édit.*)

CHAPITRE XXX.

Sagesse du Roi. — Le comte de Guiche traite Louis XIV de faux brave en sa présence. — Générosité du prince. — Un ambassadeur de Hollande lui parle le chapeau sur la tête. — Indignation du Roi, qui lui tourne le dos. — Ce qu'il dit à Brienne sur l'insolence de *ce brasseur de bière*. — Cette circonstance contribue à décider la guerre contre les Hollandais. — Exemple de modération que donne le Roi en dansant dans un ballet. — Scène avec un page. — Brienne, en galopant derrière le Roi, heurte rudement son cheval. — Paroles du Roi. — Un mauvais plaisant monte par une fenêtre, et le surprend avec madame de Montespan. — Le Roi le fait mettre à Saint-Lazare. — Lauzun et Cavois se gourment derrière lui sur le grand degré du Louvre. — La perruque de Cavois tombe à terre. — Brienne les cache tous les deux aux yeux du Roi. — Mot de Louis XIV. — Son éloge.

J'AI parlé déjà de la bravoure du Roi; quant à la sagesse, c'est une vertu qu'on ne lui disputera point. Il est avisé, prudent, et personne n'eut et n'aura jamais plus de modération; je vais le prouver par des exemples. Le premier est un mot fort imprudent que dit le comte de Guiche en sa présence, et qu'il voulut bien que Sa Majesté entendît : « Ce faux brave, disait-il à je ne

« sais quel courtisan, nous fait tous les jours bri-
« ser les bras et les jambes, et ne s'est pas encore
« exposé à un seul coup de mousquet. » Le Roi
l'entendit, et ne fit pas semblant de l'entendre :
il faut être bien maître de soi. Mais ce qui est
plus admirable, c'est la réflexion qu'on lui fait
faire, peut-être après coup, quand il eut la tête
sur son chevet : « Le comte de Guiche, se di-
« sait-il à lui-même, a raison. Il a eu la main
« estropiée pour mon service, et je n'ai jamais
« été blessé; il est brave, et il était ivre quand
« il me traita de faux brave. Il faut se venger
« d'une parole imprudente, et faire voir que j'ai
« autant de courage que lui. » Si cela n'est pas
vrai, à la lettre, cela ne laisse pas que d'être très
beau sur le papier. Le maréchal de Gramont
exila son fils pour quelque temps, et lui donna
le moyen d'aller faire éclater son intrépidité en
Hollande.[1]

[1] Jeune, bien fait, instruit sans pédantisme, magnifique
dans ses goûts, adroit à tous les exercices, et surtout brave
à l'excès, Armand de Gramont, comte de Guiche, avec
un cœur noble, un esprit élevé, réunissait tous les moyens
de plaire; aussi plut-il beaucoup, et dans le rang le plus

Puisque je parle de la Hollande, j'ai vu le Roi bien irrité contre un ambassadeur de cette république : mais ceci était plus sérieux. Vanberning, ambassadeur extraordinaire de Hollande auprès de Sa Majesté, homme de grand mérite, mais vain au possible, comme le sont tous les républicains, parlait un jour au Roi,

élevé: Monsieur, frère de Louis XIV, exigea, non sans quelques motifs, que le comte de Guiche s'éloignât de la cour ; le Roi lui donna l'ordre d'aller combattre en Pologne contre les Turcs. De retour en France, mais mêlé bientôt à de nouvelles intrigues, il fut une seconde fois exilé, et se rendit en Hollande. Ou je me trompe fort, ou l'on trouve à la suite de ses aventures galantes, dans l'*Histoire amoureuse des Gaules*, une lettre qui fut écrite par le comte de Guiche pendant son dernier exil ; elle est remarquable, parce qu'il y juge la forme et les avantages du gouvernement hollandais avec une force de raison qu'il n'avait pu puiser dans la cour polie mais soumise du roi de France. Après avoir combattu sous Ruyter, il obtint son rappel, et se couvrit de gloire au passage du Rhin, en se jetant à cheval, et le premier, dans le fleuve, à la tête des cuirassiers. On verra, dans la Note KK, un passage écrit par madame de Motteville, et qui fait connaître dans quelle autre circonstance le comte de Guiche avait osé traiter le Roi de fanfaron. (*Note de l'Édit.*)

dans une audience publique, avec beaucoup d'insolence, enfonçant son chapeau d'une façon fort bourgeoise. Sa Majesté me regarda deux ou trois fois avant de répondre; et son regard, où je remarquais de la colère, m'embarrassa : je ne savais si le Roi voulait que je répondisse pour lui. Enfin il prit son parti, et dit à Vanberning : « Vous me parlez bien fièrement, monsieur l'am- « bassadeur; un autre Roi, moins modéré, vous « aurait fait jeter par les fenêtres du Louvre »; puis se retournant vers moi, sans lui donner le temps de répondre, il me dit : « Brienne, por- « tez-en ma plainte à ses maîtres par mon am- « bassadeur »; et il lui tourna le dos.

Vanberning changea de couleur, et ôta son chapeau, ce qu'il n'avait pas fait durant cette mercuriale. Je suivis le Roi dans son cabinet; il me dit : « Ce brasseur de bière est bien insolent. « — Oui, sans doute, Sire; j'ai eu envie de lui je- « ter son chapeau par terre, à vos pieds. — Vous « auriez mal fait, dit le Roi; mais il me le paiera « tôt ou tard, et ses maîtres aussi : j'en tirerai « satisfaction. »[1]

---

[1] Cela fut cause que l'on rompit le traité de commerce

Je n'ai plus à citer que des traits de modération ; je me plais à les rapporter sans ordre, sans apprêt, tels qu'ils se présentent à mon esprit.

Un jour Sa Majesté dansait avec Bontems et quelques autres une entrée de ballet, avec de certaines castagnettes aux mains, et des plaques aux pieds ; un de ces danseurs lui donna un coup de plaque dans le gras de la jambe, et lui fit fort mal : c'est qu'il n'adressa pas bien, et manqua son coup contre la plaque, parce que le Roi était sorti de cadence. Sa Majesté se retira sans dire un seul mot.

Un jour un des pages de la chambre tenant la pantoufle du Roi par le talon, la lui présenta plusieurs fois contre le pied, par le bout, et lui

qui se projetait avec la Hollande, et que je n'eus point un bassin d'or de douze mille livres qui m'était destiné, ainsi qu'à tous les commissaires au nombre de sept, savoir : M. Séguier, chancelier de France; M. Fouquet, surintendant des finances; mon père; M. de Lionne ; M. Letellier, comme ministre d'État; M. Lepelletier, et moi. Et Sa Majesté ne fit point de présens aux trois ambassadeurs des États des Provinces-Unies, dont le premier et le dernier étaient gentilshommes : Vanberning, qui était le second en rang, n'était que bourgeois d'Amsterdam. (*Note de Brienne.*)

fit mal aux doigts; Sa Majesté se baissa, et prenant la pantoufle, ne lui dit jamais autre chose, sinon : « Page, prenez garde à ce que vous fai-
« tes. » J'y étais, et je dis assez haut à M. le Premier, afin que le Roi l'entendît : « Ma foi, mon-
« sieur, je ne sais si vous et moi serions si pa-
« tiens. — Pour moi oui », dit M. le Premier. Le Roi se prit à rire, et me dit : « Tu frappes donc
« tes valets? — Oui, Sire, quelquefois, quand
« ils font mal. — Et qu'aurais-tu fait si on t'avait
« écorché le pied comme à moi? — J'aurais jeté
« la pantoufle à la tête de mon laquais. — Oh
« bien! Brienne, apprenez à être patient; je
« viens de vous en donner l'exemple. — Exem-
« ple, Sire, tant qu'il vous plaira; je suis prompt,
« et je n'aime pas ceux qui pensent à toute autre
« chose qu'à ce qu'ils font. »[1]

Le Roi se prit à rire; et le pauvre page, qui était de qualité et très bien fait, mais un peu orgueilleux, m'en sut fort mauvais gré.

[1] Louis XIV n'eut pas toujours, il faut bien le dire, la même modération. Saint-Simon raconte qu'un jour il cassa sa canne sur les épaules d'un valet de pied qui venait de voler un biscuit. Le vol du biscuit fut le prétexte d'une

Encore un fait qui m'est personnel : il aurait dû me rendre plus indulgent envers les autres. J'étais jeune et fort étourdi : le Roi galopait dans les jardins de Saint-Germain-en-Laye, et moi derrière lui : le duc de Joyeuse me toucha rudement de son cheval, et donna un coup de gaule, en passant, à ma jument, qui était fort vive. Je frappai la croupe du cheval du Roi, malgré que j'en eusse, et il en fut ébranlé : je me jetai à bas, et je lui demandai pardon. Il me dit, en me voyant en posture de suppliant : « Eh mais! c'est qu'une autre fois il ne faut pas « galoper derrière mon cheval. Relevez-vous. « Le duc de Joyeuse a plus de tort que vous. » Et il me tendit sa main, que je n'ai jamais baisée de meilleur cœur, quoique je l'aie tant et si souvent baisée.

Il ne fut point vindicatif dans une circonstance où, sans doute, il avait bien plus à se plaindre. Un nommé Briard, mauvais plaisant,

violence qu'avait excitée le chagrin le plus amer: Saint-Simon nous en a fait connaître la cause, en avouant que ce prince, toujours maître de lui, ne succomba que dans cette *unique* occasion. (*Voyez* Note LL.) (*Note de l'Édit.*)

et qui importunait fort le Roi, s'avisa un jour, à Versailles, comme Sa Majesté était enfermée avec madame de Montespan, de prendre une échelle; et passant la tête par la fenêtre, les surprit en une action qui ne pouvait, dit-on, souffrir de témoins. Il dit même je ne sais quelle impertinence. Le Roi, sans s'émouvoir, le fit prendre, et se contenta de l'envoyer à Saint-Lazare, d'où il s'est sauvé depuis avec un frère de la mission, fort las de son petit collet.[1]

Je ne rapporterai plus qu'un fait pour terminer : celui-là, j'en fus témoin, ou plutôt j'étais acteur dans cette scène.

Lauzun et Cavois, aussi fous l'un que l'autre, se gourmaient derrière le Roi, à trois pas de Sa Majesté. Il n'y avait que M. de Noailles, capitaine des gardes du corps, et moi, entre eux et le Roi : c'était sur le grand degré du Louvre. La perruque de Cavois vole à terre; le Roi se retourne; et moi, qui étais deux marches plus bas,

[1] Certes, l'impudence était rare; il faut convenir toutefois que d'être, sans jugement, conduit et renfermé dans Saint-Lazare, c'était bien aussi quelque chose : Brienne le devait savoir mieux que personne. (*Note de l'Édit.*)

je lève les bras, en étendant mon manteau, et j'empêche ainsi Sa Majesté de voir ceux qui lui manquaient de respect. « Ah ! Sire, dis-je en « même-temps, il y a des choses que Votre Ma- « jesté ne doit point voir. » Elle m'en sut fort bon gré, et me dit : « Vous avez raison. » Cependant elle ne put s'empêcher de dire aux combattans : « Remerciez Brienne qui m'a empêché de « voir qui vous êtes. Qu'on se retire, et n'y re- « venez plus. » Et se tournant de mon côté, le Roi me dit : « Je vous remercie ; vous m'avez « épargné la peine de me mettre en colère, et de « punir une personne que j'aime. » Tout cela est d'une grande sagesse.

Qu'on me cite un prince qui ait jamais montré plus de dignité, de vrai courage, de modération, de générosité, de sens dans les paroles, et de grandeur d'âme dans ses actions ! Si j'étais encore à sa cour, admis dans sa familiarité, comme autrefois, honoré de ses bonnes grâces, mes louanges pourraient paraître suspectes ; mais on peut croire aux éloges d'un homme qui écrit ces lignes à Saint-Lazare.

FIN DES MÉMOIRES DE BRIENNE.

ÉCLAIRCISSEMENS

HISTORIQUES.

ÉCLAIRCISSEMENS HISTORIQUES.

CHAPITRE VIII, NOTE A, PAGE 11.

L'ANECDOTE qu'on va lire est extraite d'un petit ouvrage intitulé *Mémoires D. M. L. D. M.* (de madame la duchesse Mazarin), imprimé à Cologne, chez Pierre du Marteau, en 1675. Je sais fort bien que ces Mémoires ne sont pas de la duchesse; je sais fort bien qu'on les attribue, soit à Saint-Évremont, soit à Saint-Réal, qui, après avoir conçu peut-être trop d'attachement pour madame de Mazarin, la suivit en Angleterre, précisément à l'époque où parut ce petit ouvrage. Ces circonstances mêmes me confirmeraient dans l'idée qu'il renferme un grand nombre de particularités fort exactes. Saint-Évremont vivait à Londres dans l'intimité de la duchesse, et Desmaiseaux, ami de Saint-Évremont, n'aurait pas compris ces Mémoires dans les deux volumes qu'il a publiés en 1740, s'ils n'eussent renfermé que des faussetés [1]. Enfin, il y a joint les plaidoyers d'Évard lors des procès de la duchesse avec son mari;

---

[1] Mélanges curieux des meilleures poésies attribuées à M. de Saint-Évremont, 2 vol. in-12.

et malgré tous les ménagemens que sait garder Évard, avocat du duc de Mazarin, ses plaidoyers mêmes établissent et constatent la vérité des faits rapportés dans les Mémoires. La petite histoire qu'on va lire n'est pas l'unique objet de cette explication, qui a presque l'air d'une dissertation critique ; mais j'ai cru devoir entrer dans ces détails, parce que j'aurai plus tard occasion de citer encore les Mémoires de madame la duchesse de Mazarin en parlant de son mari, dont Brienne raconte les fautes et décrit les travers au chapitre XVII de ses Mémoires.

C'est la duchesse de Mazarin qui raconte ou qui est censée raconter une aventure de sa jeunesse.

« Une autre chose qui nous fit fort rire en ce temps-là, fut une plaisante galanterie que M. le Cardinal fit à madame de Bouillon, qui pouvait avoir six ans ; la cour était pour lors à La Fère. Un jour qu'il la raillait sur quelque galant qu'elle devait avoir, il s'avisa à la fin de lui reprocher qu'elle était grosse. Le ressentiment qu'elle en témoigna le divertit si fort, qu'on résolut de continuer à le lui dire ; on lui étrécissait ses habits de temps en temps, et on lui faisait accroire que c'était elle qui avait grossi. Cela dura autant qu'il fallait pour lui faire paraître la chose vraisemblable ; mais elle n'en voulut jamais rien croire, et s'en défendit toujours avec beaucoup d'aigreur, jusqu'à ce que le temps de l'accouchement étant arrivé, elle trouva un matin entre ses draps un enfant qui venait de naître. Vous ne sauriez comprendre quel fut son étonnement et sa désolation à cette vue. *Il n'y a donc*, disait-elle, *que la Vierge et moi à qui cela soit arrivé; car je n'ai du tout point eu de mal.* La Reine la vint consoler, et voulut être marraine; beaucoup de gens vinrent se réjouir avec l'accouchée, et ce qui avait été d'abord un passe-temps domestique, devint à la fin un divertissement public pour toute la cour. On la pressa fort de déclarer le père de l'enfant; mais tout ce qu'on en put tirer, fut, *que ce ne pouvait être que le Roi ou le comte de Guiche, parce qu'il n'y avait que ces deux hommes-là qui l'eussent baisée.* » (*Mémoires D. M. L. D. M.*, à Cologne, chez Pierre du Marteau; 1675.)

Chapitre X, Note B, Page 40.

« Madame de Brienne, que la Reine estimait pour son mérite et sa piété, étant un jour dans sa chambre, me dit qu'une certaine coureuse, nommée dame Anne, qui dans Paris gagnait de l'argent en chantant par les rues des chansons infâmes contre le respect qui était dû à cette princesse, était alors en prison, et dans un pitoyable état. Je le dis à la Reine, à la prière de madame de Brienne, qui ne voulut pas lui en parler, par quelque motif que je ne pus savoir. Cette princesse ne me répondit rien, et je ne lui en parlai plus. Quelques jours après, la même madame de Brienne me dit qu'elle avait été voir cette dame Anne, et qu'elle ne l'avait plus trouvée dans sa prison ; qu'elle était alors dans une chambre voisine, bien servie, bien couchée et bien nourrie, et qu'on ne savait pas d'où pouvait procéder cette merveille. Nous sûmes alors que la Reine seule avait fait cette belle action ; et quand nous lui en parlâmes, elle ne voulut pas nous écouter : et l'histoire finit ainsi. » (*Mémoires de madame de Motteville*, t. IV, pag. 293.)

Chapitre X, Note C, Page 45.

« La grande passion qu'avait madame de Hautefort pour la conservation de la réputation de la Reine n'avançait pas ses affaires en lui disant tout ce qu'elle savait, et moi qui ne pouvais me défaire de cet attachement et de cette fidélité que j'avais toujours eue pour elle, je n'en faisais pas mieux les miennes ; car, au commencement de la régence, la Reine m'ayant commandé de l'avertir de tout ce que je savais, qu'elle se fiait en moi, et que je ne craignisse rien, je crus qu'elle entendait par là que je lui dirais bonnement tout ce qu'on dirait d'elle, pour s'en instruire et se corriger ; mais comme son dessein n'était autre, sinon que je révélerais ceux qui blâmaient sa conduite, et que j'aurais une complaisance aveugle, nous ne nous entendîmes point ; de sorte que je ne la servais pas selon son intention, mais bien selon la mienne, qui était de la servir véritablement.

« Un jour, après que le conseil fut fini, j'entrai dans le cabinet des livres, au Louvre, où il se tenait, et je trouvai la Reine presque seule; car il n'y avait avec elle que M. de Guitaut, capitaine de ses gardes, et mademoiselle de Siffredi, l'une de ses femmes de chambre. Dès que Sa Majesté me vit, elle m'appela à son ordinaire, et me demanda ce qu'on disait. Suivant le commandement qu'elle m'avait fait, je lui parlai librement, et peut-être un peu trop : je lui répondis que j'étais fort triste, et que je ne savais ce que je lui devais dire; qu'en ne lui disant rien, je n'obéissais pas à ses ordres, et qu'en lui rapportant les bruits communs, je me mettais au hasard de lui déplaire. Elle me repartit qu'elle voulait absolument que je lui disse toutes ces choses, et qu'elle me le commandait. Je lui dis donc que tout le monde parlait d'elle et de Son Éminence, d'une manière qui la devait faire songer à elle; que sa vertu l'avait mise où elle était, que sa bonne réputation l'avait défendue de ses ennemis, qu'elle avait su consoler toute la France de la mort du feu Roi, qu'elle avait vu elle-même tout Paris aller au-devant d'elle, jusqu'à Saint-Germain, avec des acclamations qui lui faisaient bien voir avec quelle satisfaction elle était reçue pour régente, avant même que le Parlement l'eût déclaré ; que si une fois elle ne répondait pas à ce qu'on attendait d'elle, et qu'elle donnât sujet à ses ennemis de la décrier, elle verrait bientôt un grand changement, non seulement dans les esprits, mais dans les affaires.

Elle me demanda qui m'avait dit cela. Je lui dis : tout le monde, et que cela était si commun, qu'on ne parlait d'autre chose. Elle devint rouge, et se mit fort en colère, disant que c'était M. le Prince qui la décriait, et faisait courir ces bruits, que c'était un méchant homme. Je lui répliquai que, puisqu'elle avait des ennemis, elle devait bien prendre garde de leur donner sujet de parler : à quoi elle repartit que, quand on ne faisait point de mal, on ne devait rien craindre. Je lui répondis que ce n'était pas assez, et qu'il fallait garder les apparences, parce que le public ne s'arrête pas à ce qui est, mais à ce qu'on dit. Après avoir bien battu les vitres avec son éventail, elle s'apaisa un peu, et je pris sujet de lui dire qu'elle avait un exemple bien récent pour sa conduite, savoir, celui de la Reine-mère, Marie de Médicis, et du maréchal d'Ancre, et que les fautes qu'elle avait faites la devaient instruire pour les éviter. *Quelles fautes ?* me dit-elle. *D'avoir fait mal parler d'elle et de cet Italien,* lui répondis-je, *d'avoir abandonné dans la prospérité ceux qui l'avaient servie dans sa première disgrâce, ce qui avait été cause qu'à la seconde, elle avait été abandonnée de tout le monde, ou assistée fort faiblement : qu'elle n'avait point eu soin dans sa prospérité de s'assurer de bonnes places, ou ports de mer, ou frontières, ni fait provision d'argent, et qu'enfin elle était morte de faim.* Elle me dit qu'elle y donnait bon ordre, et qu'elle ne craignait pas de manquer, parce qu'elle ne se départirait jamais du service du Roi. Je lui dis alors que, puisqu'elle se chagrinait, je ne l'avertirais plus de rien. Elle me répondit que ce n'était pas contre moi, et qu'elle voulait que je continuasse à lui faire savoir toutes choses. Là-dessus, il entra quelqu'un qui finit le dialogue.

« Je ne fus pas le seul qui donnai cet avis à la Reine, et qui lui rapportai l'exemple de la feue Reine-mère. M. Cottignon, père de mon épouse, que j'introduisis un jour dans la chambre de Sa Majesté, suivant la franchise de son naturel, lui dit la chose devant le monde, et avec bien moins de réserve; ce qui arriva sur ce que la Reine lui ayant dit que si la défunte Reine l'avait voulu croire, elle aurait évité tous les malheurs qui l'avaient accablée. M. Cottignon lui répliqua librement : *Il est vrai, madame; mais vous êtes toutes faites comme cela : si vous vouliez vous jeter par la fenêtre, il ne serait pas permis de vous retenir par votre robe; il faut vous laisser noyer.*

« Comme je voyais que tous ces discours fâchaient la Reine, j'essayai de la détromper par une autre voie, et plus libre et moins dangereuse : j'écrivis une lettre où je marquai généralement tous les bruits qu'on faisait courir d'elle, ce qu'elle devait faire pour les détruire, et les choses que je prévoyais devoir arriver, si elle n'y donnait ordre. L'ayant fait copier d'une autre main, je la mis dans son lit, où elle la trouva en se couchant : elle se mit fort en colère après l'avoir lue; ce qu'elle me fit paraître le lendemain matin, en me la montrant, sans pourtant me permettre de la lire; mais cette voie ne réussit pas mieux que les autres.

« Il y avait encore quelque espérance que les choses pourraient changer par le retour de madame de Chevreuse; mais M. le Cardinal craignant son esprit, prévint celui de la Reine contre elle, et l'engagea de vivre avec elle d'une manière plus réservée que par le passé; c'est pourquoi Sa Majesté était résolue de m'envoyer au-devant d'elle, pour lui dire qu'elle changeât d'humeur, parce qu'elle-même en avait changé; mais M. le Cardinal ne me croyant pas assez dans ses intérêts pour lui inspirer les sentimens qu'il voulait, choisit Montaigu à ma place, pour faire cette commission. A son arrivée, madame de Chevreuse se trouva aussi étonnée que les autres; car elle ne trouva aucun reste de cette grande amitié du temps passé; ce qui lui fit prendre le parti des importans, dont M. de Beaufort, autrefois de ses amis, était le chef. » (*Mémoires de M. de Laporte, etc.*, page 228.)

CHAPITRE X, NOTE D, PAGE 50.

Louis XIV aima d'abord Olympia Mancini, qui épousa depuis le comte de Soissons, « s'étant aperçue, dit madame de Motteville, que l'amitié du Roi n'était qu'un amusement. » Son amour pour la troisième nièce du Cardinal, Marie Mancini, fut plus sérieux et plus durable. Cependant cette femme, quelque temps célèbre par la passion qu'elle sut inspirer au jeune Roi, n'était alors rien moins que jolie. Elle était grande et maigre, elle avait le cou et les bras longs et décharnés; son teint était ou jaune ou brun ; ses dents étaient fort belles, mais ses yeux noirs avaient, avant d'exprimer un sentiment tendre, quelque chose de rude, et conservèrent de la hardiesse. Sa passion, quoique violente, était accompagnée de tant d'ambition ; qu'elle s'y était engagée sans crainte d'elle-même, étant assurée de la vertu du Roi ; « et si elle en doutait, dit madame de Motteville, ce doute ne lui faisait pas de peur. »

« Le Roi ne paraissait plus aux yeux de la Reine-mère, continue-t-elle, sans mademoiselle Mancini ; elle le suivait en tous lieux, et lui parlait toujours à l'oreille en présence même de la Reine, sans que la bienséance ni le respect qu'elle lui devait l'en empêchât. Toutes ces raisons obligèrent Sa Majesté d'en parler au Roi ; mais il n'écouta pas ses conseils avec la même docilité qu'il avait accoutumé d'avoir pour elle. D'abord il lui résista, et parut avoir même quelque aigreur.

« Le Roi ne pensait qu'à chercher son divertissement, et la Reine ne pensait qu'à faire qu'il vécût comme un véritable chrétien, et à éloigner de son cœur tout ce qui pouvait empêcher que l'Infante sa nièce, à qui elle le destinait, n'en fût pas aimée. L'aversion que la Reine avait pour mademoiselle de

Mancini s'était fort augmentée par un discours que lui avait fait son oncle. Il était esclave de l'ambition, capable d'ingratitude, et du désir naturel de se préférer à tous autres. Sa nièce, enivrée de sa passion, et persuadée de l'excès de ses charmes, eut assez de présomption pour s'imaginer que le Roi l'aimait assez pour faire toutes choses pour elle : de sorte qu'elle fit connaître à son oncle, qu'en l'état où elle était avec ce prince, il ne lui serait pas impossible de devenir Reine, pourvu qu'il y voulût contribuer. Il ne voulut pas se refuser à lui-même le plaisir d'éprouver une si belle aventure, et en parla un jour à la Reine, en se moquant de la folie de sa nièce, mais d'une manière ambiguë et embarrassée, qui lui fit entrevoir assez clairement ce qu'il avait dans l'âme pour l'amener subitement à lui répondre ces mêmes paroles : « Je ne crois pas, M. le Cardinal, que le Roi soit « capable de cette lâcheté ; mais s'il était possible « qu'il en eût la pensée, je vous avertis que toute la « France se révolterait contre vous et contre lui ; « que moi-même je me mettrais à la tête des ré- « voltés, et que j'y engagerais mon fils. » La suite de cette conversation a été amère à cette généreuse mère, par le ressentiment que ce ministre a caché à tout le monde, mais qu'il a conservé toute sa vie dans le cœur, et qui a produit en mille occasions des effets dont on n'a point su la cause. Le Roi même a pu ignorer jusqu'à quel point a été son ambition, qui était voilée sous les emportemens de cette fille, qui étaient plus pardonnables à elle qu'au Cardinal, et ne pouvaient déplaire à celui qui s'en voyait éperdument aimé. » (*Mémoires de madame de Motteville*, t. V, p. 2.)

La passion était vive, en effet, et celle qui l'éprouvait ne cherchait point à la dissimuler : qu'on en juge par ce trait que rapporte la duchesse de Mazarin dans ses Mémoires, ou, si l'on veut, Saint-Réal parlant en son nom.

« Il ne tenait pas à ma sœur la connétable que je n'aimasse quelque chose de même que j'étais aimée. Comme elle avait un attachement sincère pour le Roi, elle aurait bien souhaité de me voir quelque faiblesse semblable; mais mon extrême jeunesse ne me permettait pas de m'attacher à rien, et tout ce que je pouvais faire pour l'obliger, c'était de témoigner quelque complaisance particulière pour ceux des jeunes gens que nous voyions, qui me divertissaient davantage dans les jeux d'enfant qui m'occupaient alors. La présence du Roi, qui ne bougeait du logis, les troublait souvent. Quoiqu'il vécût parmi nous avec une bonté merveilleuse, il a toujours eu quelque chose de si sérieux et de si solide, pour ne pas dire de si majestueux dans toutes ses manières, qu'il ne laissait pas de nous imprimer le respect, même contre son intention. Il n'y avait que ma sœur la connétable qu'il ne gênât pas ; et vous comprenez aisément que son assiduité avait des agrémens pour ceux qui en étaient la cause qu'elle n'avait pas pour les autres. Comme les choses que la passion fait faire paraissent ridicules à ceux qui n'en ont jamais senti, celle de ma sœur l'exposait souvent à nos railleries. Une fois, entre autres, nous lui fîmes la guerre de ce qu'apercevant de loin un gentilhomme de ma maison, qui était de la taille du Roi, et qu'elle ne voyait que par-derrière, elle avait couru à lui les bras ouverts en criant : *Ha, mon pauvre Sire!* » (*Mémoires D. M. L. D. M.*, à Cologne, chez Pierre du Marteau; 1675.)

CHAPITRE XII, NOTE E, PAGE 84.

Des ambassadeurs polonais étaient venus demander la main de la princesse à la cour de France : le mariage eut lieu par procuration.

« On eut quelque dessein, dit madame de Motteville, de célébrer ce mariage avec les cérémonies requises en de telles occasions, afin de faire voir la grandeur de la France à cette barbare nation ; mais comme les rangs n'y sont point réglés, et que chaque prince veut aller devant les autres, on s'arrêta sur cette difficulté, qui ne put se lever par toutes les propositions qui se firent pour en ôter la conséquence. Il s'éleva un grand murmure de tous côtés ; et tant d'anciennes disputes se renouvelèrent, que la Reine jugea plus à propos d'en étouffer la suite, en faisant cette cérémonie en particulier. On commença par Mademoiselle, à exclure tout le reste ; si bien que jamais noces ne furent plus solitaires, pour être faites sous la pourpre et avec le sceptre. Le jour étant pris, madame la princesse Marie vint de l'hôtel de Nevers, dès le matin, dans la chambre de madame de Bregi, femme de l'ambassadeur de France, qui logeait au Palais-Royal : ce lieu était assez proche de la chapelle pour y pouvoir descendre quand on aurait besoin d'elle. Je la fus voir comme elle s'habillait pour cette célèbre journée ; je la trouvai belle et plus blanche, ce me semble, qu'à son ordinaire, quoiqu'elle le fût beaucoup de son naturel : mais les dames, dans les grandes occasions, ne se contentent jamais de ce que la nature leur donne. Elle était de belle taille, et alors elle était d'un embonpoint raisonnable ; elle avait les yeux noirs et beaux, les cheveux de même couleur, le teint beau, les dents belles, et les autres traits de son visage n'étaient ni beaux ni laids ; mais tout ensemble, elle avait de la beauté, avec un grand air, dans toute sa personne, qui convenait à une reine. Elle paraissait mériter ce qu'elle avait pensé avoir en épousant le duc d'Orléans, et ce qu'elle allait être alors en se mariant à un roi !... »

Quand elle quitta la France, accompagnée de la maréchale de Guébriant, qui avait le titre d'*ambassadrice de France*, on lui rendit partout les plus grands honneurs, en Flandre, en Hollande, et dans toutes les villes d'Allemagne. Le Laboureur, dont je conserverai l'orthographe, entre à ce sujet dans des détails curieux :

« A Lubeck, le sénat députa, dit-il, quelques uns

du corps pour aller haranguer la Royne, et pour lui présenter, outre les viandes, le vin et l'avoine, un vase de vermeil doré, fait en manière de pomme de pin, avec un bouquet émaillé, sur le couvercle, et la figure d'un Bacchus à cheval sur un tonneau, qui embrasse le pied; dont elle les remercia par la bouche de monsieur l'évesque d'Orange. Le lendemain, du matin, ils s'acquittèrent de la même civilité envers madame la mareschalle de Guébriant, et ils lui donnèrent aussi un vase de vermeil doré, émaillé de plusieurs couleurs. » (*Relation du Voyage de la Royne de Pologne*, page 108.)

En racontant plus bas l'entrée de la Reine à Dantzick, Le Laboureur décrit ainsi le costume des gentilshommes polonais qui faisaient partie du cortége :

« Toute cette milice prit ses rangs et marcha, en très bon ordre, devant le carrosse de la Royne; à la teste paroissoient, dans un lustre digne d'une admiration universelle, deux cents gentilshommes de la principale noblesse de Pologne, tous aussi héroïquement vestus qu'ils estoient montés. Leurs habits estoient, pour la pluspart, de toile d'or persique à fleurs, ou de velous plein de diverses couleurs les plus rares du Levant, doublés de fourrures d'un prix inestimable : car elles estoient de pointes de zibelines, ou de peaux de pieds de panthère, qui sont autant ou plus chères que les martres, selon la qualité des mouchetures qui s'y rencontrent. Sous ces vestes ou dolomons, ils avoient de riches tuniques, qu'ils appellent jupans, presque toutes de drap d'or, ou de brocatelle d'or, d'argent et de soye, dont les fleurs et les façons estoient faites à l'aiguille : car c'est l'ouvrage des dames du pays. Les bonnets estoient de même doublés de pointes de martres, où tel avoit, selon sa richesse, une agraffe de diamans de dix ou vingt, et même jusqu'à trente mille écus de valeur, pour attacher au bout de son aigrette de plumes de héron noires, ou pour sa plume seule d'espervier. Pour descrire leurs chevaux, il faut qu'il m'eschappe trois vers du septième livre de l'*Énéide* de Virgile :

> *Instratos ostro alipedes, pictisque tapetis,*
> *Aurea pectoribus demissa monilia pendent :*
> *Tecti auro', fulvum mandunt sub dentibus aurum,*

puisqu'ils estoient caparassonnés de velous de diverses couleurs, en broderies d'or et d'argent, avec des brides presque toutes d'or pur, et les autres d'argent doré, généralement couvertes de toutes sortes de pierreries. Ils portoient, sur la testière et aux deux costés du col, de grandes aigrettes noires de plumes de héron, de plus de cent pistoles la pièce, les moindres, quelques autres montant à mille écus, et pendantes encore d'une agraffe d'or et de pierreries. Outre cela, pendoit à l'arçon de la selle un grand cimetère d'or ou d'argent doré, garni différemment de perles, de diamans, de rubis, de turquoises, d'émeraudes et d'autres pierres fines : celui qu'ils portoient au costé estoit de même. Les carquois de ceux qui portoient des flèches estoient de chagrin, et les coins et le milieu de ces carquois estoient garnis d'or et d'argent trait à l'aiguille. Tous, généralement, avoient des boutons d'orfévrerie d'or, couverts de pierrerie; les ayduchs aussi en avoient d'argent massif, avec de grandes agraffes de mesme. Enfin tout ce que les Grecs ont écrit de la richesse et du luxe des Perses anciens, n'égale point ce que nous vismes et ce que nous ne pouvons, à présent, nous persuader d'avoir veu. » (*Relation du Voyage de la Royne de Pologne*, page 143.)

Le repas de cérémonie qui suivit cette entrée, n'offrit point de particularités moins curieuses.

« La Royne commença la santé du Roy son époux, et madame la mareschalle de Guébriant porta consécutivement, au prince Charles, celles du Roy très-chrestien et de la Royne sa mère, qui fut accomplie; puis Sa Majesté but aux prélats et aux sénateurs qui l'avoient saluée de mesme en cérémonie, tous debout, à la mode de Pologne. Le service des viandes levé, l'on ôta aussi la nappe, sous laquelle il y en avoit une autre de satin cramoisi, puis une de fleurs et de réseaux à jour, d'or, d'argent et de soie; et enfin, après celle-ci, une de toile blanche, qui fut couverte de nouveau d'autres pyramides de sucre comme les premières, mais plus petites, qui furent aussi le butin des pages, à qui elles furent abandonnées comme les autres, à la fin du souper, et dont chacun emporta son morceau en si peu de temps et avec tant de diligence, que la confusion de cette curée ne dura qu'un moment. Le dessert fut de cent coupes de vermeil doré, de confitures, de sucre candi de toutes sortes, à cinq rangs de vingt chacun, sur lesquelles le grand tranchant fit l'essai comme auparavant. Le tout levé avec la nappe, l'on en vit encore dessous une autre de satin cramoisi, où elle fut enveloppée, et toutes les serviettes le furent de mesme. Il y avoit sur la table un très riche tapis de Turquie, battu d'or, d'argent et de soye. La Royne y demeura quelque temps, jusques à ce que la foule, qui estoit si grande, nonobstant les ordres que l'on avoit apportés, que tout le monde suoit d'empressement, se fust escoulée. » (*Relation du Voyage de la Royne de Pologne*, page 154.).

La Reine n'eut pas lieu d'être aussi flattée de l'accueil que lui fit le Roi son époux, s'il faut en croire madame de Motteville.

« Elle fut reçue dans Varsovie avec peu de bruit, parce que ce prince était vieux, accablé de goutte et de graisse; et qu'étant malade et chagrin, il ne voulut aucune cérémonie à son arrivée. Il ne la trouva pas si belle que ses portraits, et ne témoigna pas estimer sa personne. J'ai ouï dire à la maréchale de Guébriant, qui fut la conduire par l'ordre de la Reine, que ce vieux mari la reçut à l'église, dans une chaise dont il ne se leva point, et n'en fit pas même le semblant. Quand elle fut auprès de lui, elle se mit à genoux devant lui, et lui baisa la main. Ce prince reçut son salut sans nulle marque de douceur et de bénignité. Il la regarda gravement, et se laissa baiser la main sans lui rien dire; en même temps il se tourna vers Bregi, ambassadeur auprès de lui, et lui dit tout haut : *Est-ce là cette grande beauté dont vous m'aviez tant dit de merveilles?*

« La maréchale de Guébriant m'a conté que cette princesse, qui ne vit en lui que de la rudesse, et qui s'aperçut du dégoût qu'il témoigna pour elle, en demeura surprise ; et que cette mauvaise réception, avec la fatigue du voyage, la firent si laide, qu'elle trouva que ce Roi avait raison d'en être dégoûté : le rouge du dépit et de la honte ne farde point les dames, et la douleur ôte le feu des yeux. Ce prince, malade et goutteux, après avoir fait le cruel, se leva de sa chaise, et s'approcha de l'autel, où, sans quitter sa rudesse, il épousa, tout de nouveau, sa reine, qui se rassit pour aider à chanter les psaumes qui se dirent en louange de Dieu, et pour lui rendre grâces de leur mariage. Ensuite on mena la Reine dans la maison du Roi son mari, où Leurs Majestés polonaises furent servies à souper d'une viande qui parut effroyable aux yeux de cette reine et de la maréchale de Guébriant, et pire encore mille fois à leur goût. Tout ce qu'elles virent enfin leur fit peur ; et le soir, la Reine, tout effrayée de l'état où elle était, dit, tout bas, à sa conductrice, qu'il valait mieux s'en retourner en France. Le reste de la journée se passa de la même manière. Son roi ne lui parla jamais ; et bien loin de lui témoigner quelque sentiment de tendresse, il fallut, contre son attente, qu'elle allât, dans un appartement séparé, passer la nuit toute seule.

« Madame de Guébriant en fit des plaintes, et dit à ceux de cette nation qu'elle connaissait pour être de ceux qui avaient accompagné la reine de Pologne, que la France serait mal contente si on témoignait mépriser ce qui venait d'elle. Elle leur dit qu'elle ne pouvait s'en retourner satisfaite, si elle ne voyait le Roi moins indifférent pour la Reine. Ses plaintes firent cesser, en quelque façon, le mépris de ce prince, et le forcèrent enfin de la traiter un peu mieux, et de vivre avec elle comme avec sa femme. Quand madame de Guébriant la quitta, elle commençait à être plus contente, et à se consoler avec les dons magnifiques qui lui venaient de tous côtés : car, en ce pays, quand les rois se marient, leurs sujets sont accoutumés de faire à leur reine des présens de grande valeur. L'espérance de se faire riche consola celle-là : elle devint riche, et les trésors qu'elle amassa lui servirent, bientôt après, dans les grandes traverses que Dieu lui envoya depuis, qui l'ont rendue illustre par les marques qu'elle a données, à toute l'Europe, de sa fermeté et de son courage. » (*Mémoires de madame de Motteville.*)

CHAPITRE XIII, NOTE F, PAGE 91.

Quand la protestation de la Reine eut ôté toute espérance au Cardinal de donner sa nièce en mariage au jeune Roi, il entra dans le projet de lui faire épouser l'Infante ; mais, pour forcer le roi d'Espagne à se déclarer, le Cardinal agit avec adresse. Toute la cour de France partit pour Lyon. Le bruit se répandit que Louis XIV épouserait la princesse de Savoie : elle vint, en effet, à Lyon avec sa mère. Louis XIV ne reçut point, en la voyant, une impression défavorable. La reine Anne d'Autriche, qui n'avait d'autre pensée que l'alliance avec l'Infante d'Espagne sa nièce, tremblait que le Roi ne prît un goût trop décidé pour la princesse de Savoie; mais le roi d'Espagne, en apprenant ce projet de mariage, avait dit : *Esto no puede ser, y no será,* cela ne peut pas être et ne sera pas. Par ses ordres don Antonio Pimentel traversa toute la France sans passeport et sous un déguisement; il entra dans Lyon le même jour que la cour. Connu d'un des domestiques du cardinal Mazarin, il parvint secrètement jusqu'à lui; et dans le moment où la reine Anne d'Autriche, rêveuse et mélancolique, s'abandonnait à toutes ses craintes, le Cardinal entra chez elle en riant, et lui dit : « Bonnes nouvelles, madame ! je viens offrir à Votre Majesté la paix et la main de l'Infante. »

Un premier traité fut signé à Paris. Je vois, par une note de Brienne en marge de son manuscrit, que cet acte mystérieux fut depuis brûlé à Fontarabie, du consentement des parties, par le baron de Batteville, commissaire d'Espagne, et par le sieur Tronson, commis de Brienne.

Chapitre XIII, Note G, Page 92.

Entrevue entre le Cardinal et don Louis de Haro.

« Le cardinal Mazarin prétendit que les deux premiers ministres, avant que d'entrer en conférence publique, se devaient l'un à l'autre une visite particulière ; et il prétendit que la première lui était due à cause, tant de sa pourpre et de la dignité de cardinal, que de son indisposition et de sa faiblesse, dont il avait peine de revenir. Cette dernière raison lui agréait d'autant plus qu'elle remédiait sans doute à l'un des inconvéniens qui était que les grands d'Espagne refusaient de donner le pas ou la main à un cardinal chez lui. Le nôtre recevant au lit la visite, eût été hors d'état de prendre ni le pas ni la main de don Louis. Celui-ci ne voulut rien résoudre là-dessus qu'après en avoir reçu l'ordre de Madrid. Le conseil du roi d'Espagne ne trouva pas à propos que le plénipotentiaire de Sa Majesté Catholique fût le premier à mettre le pied en France pour en visiter un autre, qui n'avait pareillement que le caractère et la qualité de plénipotentiaire de Sa Majesté Très-Chrétienne.

« On juge assez de là et de quelques autres démarches des Espagnols, qu'ils n'avaient point du tout hâte ; ou du moins qu'ils voulaient qu'on le crût ainsi : en quoi l'on peut dire qu'ils se rendaient insupportables, et que néanmoins leurs affaires n'en allaient pas mieux pour cela. « Je suis au désespoir », écrit le cardinal Mazarin dans quelques unes de ses lettres du vingt-neuvième juillet, « que don Louis « tienne une conduite si flegmatique. Le climat de « son pays le doit obliger à cela, et peut-être la « créance qu'il prendra ainsi avantage sur l'impa- « tience des Français; je tâcherai pourtant de la cor- « riger en sorte qu'il se trompe dans son calcul. »

« On rapporte, ou plutôt on devine deux autres motifs du flegme et de la lenteur de don Louis de Haro ; l'un, qu'il ne désespérait point que par l'éloignement de notre premier ministre les affaires de la cour de France ne pussent changer, et prendre un train plus favorable à celle d'Espagne ; et l'autre, qu'il se laissait flatter de vaine gloire, et qu'il était bien aise de jouir long-temps d'un avantage et d'un état qui le rendait, avec le cardinal Mazarin, comme l'arbitre de la fortune des souverains et des peuples, puisque de la décision de ces deux ministres dépendait le bonheur ou le malheur de toute l'Europe.

« Enfin, la première conférence fut arrêtée et tenue le treizième d'août. Notre Cardinal s'y rendit en grande pompe et solennité ; il partit en carrosse, de Saint-Jean-de-Luz, sur les dix heures du matin, accompagné des maréchaux de Gramont, de Villeroi de Clérembault, du grand-maître de l'artillerie, du duc de Créqui, du bailli de Souvré, et précédé d'environ quatre cents, tant mousquetaires à pied que gardes à cheval, conduits par leur capitaine et leur lieutenant. Six autres de ses carrosses allaient en quéue, avec ceux des personnes qui étaient dans le sien, des archevêques de Lyon et de Toulouse, et de plusieurs autres prélats au nombre de vingt. Derrière les carrosses, et à la tête de douze beaux chevaux de main, couverts de housses de drap rouge brodées d'écussons aux armes de Son Éminence, marchaient ses écuyers avec seize pages très bien parés et très bien montés. Ils étaient suivis de leur gouverneur, et de six autres chevaux de main, caparaçonnés comme les précédens, et menés par autant de palfreniers, aussi à cheval, et vêtus de très belles livrées. Ce cortége, de quatre à cinq cents personnes, marcha en très bel ordre aux fanfares des trompettes, jusqu'au passage appelé Pas-de-l'Hôpital ou passage de France en Espagne. Cent cinquante mousquetaires s'étaient déjà postés sur le bord de la rivière vis-à-vis de l'île choisie pour la conférence; vingt-cinq autres s'étaient saisis de l'avenue du pont, afin qu'il n'y passât que soixante personnes de qualité du côté de Son Éminence, avec autant de ses gardes. C'était la manière et l'ordre que don Louis de Haro devait pareillement observer. M. le Cardinal arriva un peu avant don Louis; il entra dans sa cabane, et les seigneurs de sa suite, avec la noblesse française, entrèrent dans la leur, sous un même toit, mais séparée par une cloison, en sorte qu'ils ne pouvaient pas s'entretenir avec les Espagnols, ni même les voir.

« Incontinent après on aperçut quantité de bateaux du côté d'Yron, remplis de diverses personnes de la suite de don Louis, qui vinrent descendre à leur pont ; comme aussi deux compagnies de deux cent soixante gardes à cheval, qui étaient l'élite des troupes de Catalogne, avec le pot en tête, l'épée nue à la main et des casaques des livrées de ce premier ministre. Marchaient devant eux leur capitaine et leur lieutenant, revêtus d'une casaque de velours vert, chamarrée de galons d'or, avec l'écharpe rouge. Le premier tenait en main la carabine, et l'autre, l'épée nue. Ces deux compagnies se partagèrent aussi en deux bataillons, à la tête de leur pont, où étaient encore cent mousquetaires à cheval.

« Dans le même temps arriva don Louis de Haro par le chemin de Fontarabie. Il était seul en litière, précédé de huit trompettes, qui avaient de pareilles casaques de velours vert et des clairons d'argent, avec huit pages et douze valets de pied. Sa litière était suivie de son carrosse, et de quinze autres remplis de personnes de qualité ; il entra dans l'île et dans sa cabane, accompagné d'autant de seigneurs et de gardes que Son Éminence. Ceux-ci s'étant retirés à leur chambre et à leur antichambre de même que les Français, les deux premiers ministres entrèrent par deux galeries en la salle de la conférence, tendue moitié de la tapisserie de M. le Cardinal, et moitié de celle de don Louis. On leur y avait apprêté à chacun un fauteuil et une table ; leurs portes étant aussi chacune gardées par leurs capitaines des gardes. Il n'y avait dans la salle avec eux que deux ministres inférieurs, à qui ils devaient donner à enregistrer les délibérations, et chaque article à mesure qu'il serait arrêté. Don Louis avait le secrétaire d'État Coloma, et le Cardinal avait M. de Lionne. » (*Extrait de l'histoire du cardinal Mazarin*, par Aubery, t. II, page 533.)

Chapitre XIV_a, Note H, Page 107.

Partie de Roissy.

« Vivonne, premier gentilhomme de la chambre du Roi, voulant aller passer les fêtes de Pâques à Roissy, qui est une terre à quatre lieues de Paris, qui lui venait du côté de sa femme, proposa à Mancini, neveu du cardinal Mazarin, et à l'abbé Le Camus, aumônier du Roi, d'être de la partie, lesquels ne s'en firent pas presser. Deux jours après qu'ils y furent, le comte de Guiche et Manicamp l'ayant appris, les allèrent trouver, et menèrent avec eux le jeune Cavois, lieutenant au régiment des gardes. Aussitôt qu'ils y furent arrivés, Mancini et l'abbé s'enfermèrent dans leurs chambres, se défiant des emportemens du comte de Guiche et de Manicamp; et le lendemain, jour du vendredi saint, ils en partirent de grand matin et revinrent à Paris. Quand Vivonne et les autres l'eurent appris, ils proposèrent de m'envoyer prier de les aller voir: Vivonne m'en écrivit un billet; et moi, n'ayant rien à faire à Paris, je montai à cheval et je les allai trouver. Je les rencontrai qu'ils venaient d'entendre le service. Un moment après nous envoyâmes à Paris quérir quatre des petits violons du Roi, et nous nous mîmes à table. Après dîner nous allâmes courre un lièvre avec les chiens du Tilloy. Pour moi, qui n'aime point la chasse, je m'en revins bientôt au logis, où, ayant trouvé les violons, je me divertis à les entendre. Je n'eus pas pris ce plaisir une heure durant, que je vois entrer dans la cour le comte de Guiche au galop, qui menait un homme par la bride de son cheval, comme un prisonnier de guerre, et Manicamp, derrière, avec un fouet de postillon pour le presser. Je courus pour savoir ce que c'était. Je trouvai un homme vêtu de noir, assez âgé, qui avait la mine d'un honnête homme : il me fit pitié ; et ayant témoigné au comte de Guiche que je condamnais son procédé, le bon homme prit la parole, et me dit qu'il entendait raillerie. Je le menai dans la salle, où il me raconta que s'en retournant à Paris de sa maison de campagne, il avait rencontré ces messieurs ; que le comte de Guiche, qui l'avait rencontré le premier, lui ayant demandé qui il était, il lui avait répondu qu'il était le procureur de monsieur le Cardinal, nommé Chantereau ; que le comte de Guiche lui avait dit : « Ah! M. Chantereau, je suis fort « aise de vous avoir rencontré ; il y a long-temps que je « vous cherchais. J'ai ouï faire bon récit de votre ca- « pacité, et pour moi j'ai toujours fort aimé la chi- « cane. » Que sur cela, il avait bien vu que c'était de la jeunesse qui voulait rire, et qu'il avait pris son parti de ne point se fâcher. Il me fit cette relation avec la même exactitude qu'il aurait fait une information. Je lui dis qu'il avait fait en galant homme, et je lui fis apporter du vin, pendant qu'on faisait manger de l'avoine à son cheval : après cela il nous quitta, fort content de la compagnie, et particulièrement de moi. Les violons recommencèrent à jouer jusqu'au souper, que nous passâmes gaîment, mais sans débauche. Au sortir de table, nous les menâmes au parc, où nous fûmes jusqu'à minuit. Le samedi, nous nous levâmes fort tard, et nous passâmes le reste de la journée à nous promener dans des calèches. Comme nous avions impatience de manger de la viande, nous voulûmes faire médianoche. Ce repas-là ne fut pas si sobre que les autres ; nous bûmes fort, et sur les trois heures après minuit, nous nous allâmes coucher. Nous étant levés à onze heures du matin, le jour de Pâques, nous ouïmes la messe dans la chapelle du château ; nous dînâmes, et nous nous en retournâmes à Paris, où, à l'entrée de la ville, chacun s'en alla de son côté.

« Nos ennemis, et ceux qui sans haïr ne laissent pas de couper la gorge, se souvinrent de nous à la cour : ils savaient qu'un des plus grands plaisirs qu'ils pouvaient faire au Cardinal, était de lui fournir des prétextes de ne pas faire du bien à ceux à qui il en devait, et de se venger de ses ennemis. Ils lui dirent donc la partie de Roissy, et qu'on y avait fait mille choses contre le respect qu'on doit à Dieu et au Roi.

« Il avait des raisons particulières de haïr, de craindre ou de se défier de tous ces messieurs; pour moi, il eût été bien aise de me faire une querelle pour me faire perdre, ou du moins pour différer les récompenses qu'il me devait. Tout cela fit résoudre le Cardinal de se servir de cet avis aux occasions, et pour cacher le mal qu'il nous préparait sous des apparences d'une justice fort exacte, il commença par exiler à Brissac, Mancini son neveu, et l'abbé Le Camus à Meaux, et fit courir le bruit qu'il s'était fait à Roissy mille impiétés, dont les dévots, disait-il, avaient fait des plaintes à la Reine.

« Le peuple, qui grossit tout, et qui fait bien plus de cas du merveilleux que du véritable, décida bientôt de ce qui s'était fait à Roissy. Il dit d'abord qu'on y avait baptisé des grenouilles, et puis il revint à un cochon de lait; d'autres, qui voulaient raffiner sur l'invention, disaient qu'on y avait tué un homme et mangé de sa cuisse : enfin il n'y eut guère d'extravagance à imaginer qui ne fût dite. Cependant, ayant eu avis que la Reine elle-même en avait parlé comme d'une affaire odieuse et pleine de scandale, je résolus de lui en parler. Je lui dis donc que j'avais appris qu'on disait mille sottises de notre voyage de Roissy, et que même on en avait entretenu Sa Majesté; que je la suppliais très humblement, par l'intérêt que je savais qu'elle prenait aux choses qui regardaient la religion, de vouloir éclaircir la vérité, et de faire ordonner un maître des requêtes pour aller informer sur les lieux ; que le métier que j'avais fait depuis vingt-cinq ans ne m'avait pas rendu délicat sur la dévotion, mais que personne n'était moins impie que moi ; que quoique ma fortune fût très médiocre après les services que j'avais rendus, je ne laissais pas d'avoir des envieux qui, ne me pouvant attaquer sur la fidélité au Roi, et sur le courage, parce qu'il eût été trop difficile de désabuser le public là-dessus, m'attaquaient sur le libertinage, contre la réputation duquel un homme de guerre ne s'est pas d'ordinaire si fort précautionné ; que cependant je me soumettais à perdre la vie si l'on me pouvait convaincre d'avoir jamais fait la moindre action scandaleuse.

« La Reine me dit qu'elle n'en doutait pas ; qu'elle savait que j'avais toujours bien servi, et particulièrement dans la guerre civile ; qu'il était vrai qu'on m'avait accusé d'être un peu libertin, et même d'avoir écrit quelque chose de ce caractère-là, ce qu'elle n'avait pas voulu croire.

« Parce, lui dis-je, madame, qu'on croit que j'ai un peu d'esprit, mes ennemis me donnent tout ce qui se fait où il y en a, et surtout quand ce sont des choses qui me peuvent nuire. — Oh ! pour de l'esprit, Bussy, reprit la Reine, vous en avez beaucoup. — J'en ai, madame, lui dis-je, je l'avoue, mais je n'en ai pas tant qu'on dit. » Cette conversation finit par mille bontés que la Reine me témoigna, et elle me dit entre autres choses qu'elle était absolument désabusée qu'il se fût rien passé à Roissy de mal à propos depuis que j'y étais arrivé.

« Cependant le bruit de cette affaire diminuait au Louvre tous les jours, et augmentait à la ville. »

CHAPITRE XVII, NOTE I, PAGE 162.

Je ne répéterai point ici ce que j'ai dit à la page 335 de ce volume sur les Mémoires de la duchesse de Mazarin ; je persiste à penser que donnés sous son nom par une personne qui vivait dans son intimité, ces Mémoires renferment des particularités fort exactes. Celles qu'on va lire peignent, comme je l'ai dit en note, les ridicules du mari, les espiégleries et l'inconséquence, pour ne pas dire l'inconduite de la femme. C'est madame la duchesse qui raconte.

« Quelque temps après, M. Mazarin partant pour la Bretagne, me vint voir à Sainte-Marie de la Bastille ; il ne pouvait me souffrir avec des mouches, il se trouva par hasard que j'en avais mis ce jour-là, et il me dit d'abord *qu'il ne me parlerait point que je ne les ôtasse*. Jamais homme ne demanda les choses avec une hauteur plus propre à les faire refuser, surtout quand il croyait que la conscience y était intéressée comme en cette occasion ; et ce fut aussi ce qui me fit obstiner à demeurer comme j'étais, pour lui faire bien voir que ce n'était ni mon intention ni ma croyance d'offenser Dieu par cette parure. Il contesta une grosse heure sur ce sujet ; mais voyant que c'était inutilement, il s'expliqua à la fin, nonobstant mes mouches, et me pressa non moins inutilement d'aller en Bretagne avec lui.

« Je songeais à le plaider, et non pas à le suivre. J'obtins d'en aller parler au Roi; madame la princesse de Bade m'y conduisit, et Sa Majesté eut la bonté de me le permettre. Mais M. Colbert, qui avait peine à y consentir, pour des raisons qui ne souffraient point de réplique en toute autre conjoncture, tira les choses en longueur jusqu'à ce que madame de Courcelles ayant été mise avec moi dans le couvent, j'obtins enfin la permission de commencer mon procès, par la faveur des amis qu'elle avait à la cour. Comme elle était fort aimable de sa personne et fort réjouissante, j'eus la complaisance, pour elle, d'entrer dans quelques plaisanteries qu'elle fit aux religieuses. On en fit cent contes ridicules au Roi; que nous mettions de l'encre dans le bénitier pour faire barbouiller ces bonnes dames; que nous allions courir par le dortoir pendant leur premier somme, avec beaucoup de petits chiens en criant *tayaut*; et plusieurs autres choses semblables, ou absolument inventées ou exagérées avec excès. Par exemple, ayant demandé à nous laver les pieds, les religieuses s'avisèrent de le trouver mauvais, et de nous refuser ce qu'il fallait, comme si nous eussions été là pour observer leur règle. Il est vrai que nous remplîmes d'eau deux grands coffres qui étaient sur le dortoir; et parce qu'ils ne la tenaient pas, et que les ais du plancher joignaient fort mal, nous ne prîmes pas garde que ce qui se répandit perçant ce mauvais plancher alla mouiller les lits de ces bonnes sœurs. Si vous étiez alors à la cour, il vous souviendra qu'on y conta cet accident comme un franc tour de page. Il est encore vrai que, sous prétexte de nous tenir compagnie on nous gardait à vue. On choisissait pour cet office les plus âgées des religieuses, comme les plus difficiles à suborner ; mais ne faisant autre chose que de nous promener tout le jour nous les eûmes bientôt mises toutes sur les dents l'une après l'autre, jusque-là que deux ou trois se démirent le pied pour avoir voulu s'obstiner à courir avec nous. Je ne vous conterais pas ces petites choses si les partisans de M. Mazarin ne les avaient pas publiées ; mais puisqu'ils m'en ont fait autant de crimes je suis bien aise que vous en sachiez toute l'énormité. » (*Mémoires de M. L. D. M.*, à Cologne, chez Pierre du Marteau ; 1675.)

Après ces tours de page, madame de Mazarin fut, comme on peut le croire, forcée de quitter ce couvent : elle fut à l'abbaye de Chelles. Puis un arrêt rendu au parlement par la troisième des enquêtes, décida qu'elle *irait demeurer au palais Mazarin, et M. Mazarin à l'Arsenal*. C'était vivre à distance honnête pour d'aussi tendres époux. L'arrêt avait été rendu, dit madame de Mazarin ou son secrétaire, *par une chambre qui était presque toute composée de jeunes gens fort raisonnables, et il n'y en eut pas un*

qui ne se piquât de me servir. Malgré l'arrêt de ces jeunes gens, non moins officieux que *raisonnables,* un nouvel accommodement rapprocha les deux époux : le duc vint loger au palais Mazarin, avec la duchesse; mais il prenait à tâche de la fâcher sur tout. « J'avais
« fait élever un théâtre dans mon appartement pour
« y donner la comédie à quelques personnes de la
« cour. Deux heures avant qu'on s'en dût servir,
« M. Mazarin, sans m'avertir, s'avisa de le faire abat-
« tre, *parce que c'était jour de fête, et que la comé-
« die était un divertissement profane.* Tout cela n'em-
« pêchait pas que nous ne nous vissions fort civile-
« ment les après-dînées ; car nous ne mangions ni
« couchions ensemble. M. Mazarin ne l'entendait
« pas de la sorte ; mais outre que notre écrit n'en disait
« rien, je ne voyais pas d'apparence que les choses
« pussent demeurer comme elles étaient; et si par
« hasard nous revenions au parlement, je ne voulais
« pas m'exposer à solliciter étant grosse. » Les persécu-
tions de M. Mazarin recommencèrent ; je serais tenté
d'ajouter que les galanteries de la duchesse ne firent
que continuer. Elle prit le parti de quitter secrètement Paris, aidée dans ce projet par son frère et par
le chevalier de Rohan : voici comment elle raconte
sa fuite.

« Pour toute compagnie, j'avais une de mes filles nommée Nanon, qui n'était à moi que depuis six mois, habillée en homme comme moi ; un des gens de mon frère nommé Narcisse, que je ne connaissais guère, et un gentilhomme de M. de Rohan nommé Courbeville, que je n'avais jamais vû. Mon frère ayant prié M. de Rohan de ne me point quitter que je ne fusse hors la ville, il me dit adieu à la porte Saint-Antoine, et je continuai ma route, en carrosse à six chevaux, jusqu'à une maison de la princesse de Guémené sa mère, qui est à dix lieues de Paris. Je fis ensuite cinq ou six lieues en chaise roulante; mais ces voitures n'allant pas assez vite au gré de mes frayeurs, je montai à cheval et j'arrivai le vendredi à midi à Bar. De là, me voyant hors de France, je me contentai d'aller coucher à Nancy. M. de Lorraine ayant demandé à me voir, eut l'honnêteté de ne s'y pas obstiner quand il sut que j'y avais de la répugnance. Le résident de France près de lui fit des instances inutiles pour me faire arrêter, et pour comble de générosité, il me donna vingt de ses gardes et un lieutenant pour m'accompagner jusqu'en Suisse. Nous avions été presque partout reconnues pour femmes. Il échappait toujours à Nanon de m'appeler madame; et soit par cette raison, ou que mon visage donnât quelque soupçon de ce que j'étais, on nous observait par le trou de la serrure après que nous étions enfermées, et on voyait tomber nos longs cheveux que nous déployions d'abord que nous étions en liberté, parce qu'ils nous incommodaient beaucoup dans notre coiffure d'homme. Nanon était extrêmement petite, et si peu propre à être habillée de cette sorte, que je ne pouvais la regarder sans rire. Le soir que je couchai à Nancy, où nous reprîmes nos habits de femme, la joie que j'avais de me voir en lieu de sûreté me laissant la liberté de me divertir à mes jeux ordinaires, comme je courais après elle pour m'en moquer, je tombai sur le genou fort rudement. Je ne m'en sentis pourtant point d'abord ; mais quelques jours après, ayant fait tendre un lit dans un méchant village de Franche-Comté, pour me reposer en attendant le dîner, il me prit tout d'un coup des douleurs si horribles à ce genou que je ne pus plus me lever. » (*Mémoires de M. L. D. M.*, p. 75.)

On sait que depuis, aucune instance, aucun ordre, aucune privation ne put la déterminer à retourner avec son mari, et qu'elle répondait à chaque démarche nouvelle, par le fameux cri qu'on répétait du temps de la Fronde : *Point de Mazarin! point de Mazarin!*

Chapitre XVII, Note L, Page 163.

La *Mazarinade* n'est pas une satire, n'est pas même un libelle ; c'est un tissu des plus dégoûtantes invectives que puisse fournir le langage des halles. Les vers qu'on y trouve sur le palais, les ameublemens, les chevaux du Cardinal, sont presque les seuls qu'on puisse citer. Les voici :

> Va rendre compte au Vatican
> De tes meubles mis à l'encan,
> Du vol de nos tapisseries,
> De celui de nos pierreries,

Du sale trafic du mondain.
. . . .
De tes deux cents robes de chambre,
De tes extraits de musc et d'ambre,
De tes habits vieux et nouveaux,
Du beau palais de tes chevaux.

Il fallait, au reste, que ces écuries fussent d'une grande magnificence, puisque Felibien en parle aussi dans la description qu'on va lire.

« Outre le collége qui porte le nom du Cardinal, parce qu'il en était le fondateur, un autre édifice superbe porta encore le même nom, et c'est le palais qu'avait occupé ce ministre. Il est situé à la rue Neuve-des-Petits-Champs, au coin de la rue Vivienne, derrière le jardin du Palais Royal [1]. Charles Duret de Chevry, président des comptes, l'avait commencé. Jacques Tubeuf, aussi président de la même chambre, y avait joint depuis une grande maison voisine; et le Cardinal y fit faire trois galeries, une bibliothéque, une écurie, une basse-cour, un jardin et de beaux appartemens qui, s'étendant jusqu'à la rue de Richelieu, règnent le long de la meilleure partie de cette rue et de la rue Neuve-des-Petits-Champs; et dans ce grand assemblage de maisons, d'hôtels et de bâtimens de différentes manières, il avait renfermé tant d'appartemens, qu'il y en avait assez pour loger plusieurs princes et princesses avec

---

[1] Il se composait des bâtimens qu'occupe encore la Bibliothéque et de ceux où l'on avait placé les bureaux du Trésor.

tous leurs officiers. Ainsi, ce palais, médiocre dans ses commencemens, était redevable au Cardinal de tout ce qu'il avait de merveilleux. Chacun des appartemens principaux, qui étaient au nombre de quatre, était composé d'une salle, d'une antichambre, d'une chambre et d'une autre chambre de parade. Toutes les portes se répondaient en droite ligne, et conduisaient la vue dans des salons, des chambres à l'italienne, dans la campagne et dans les rues. Il n'y avait pas une pièce qui ne fût rehaussée d'or, et ornée de reliefs de stuc, de statues, de bustes, de peintures, et de tant d'autres choses riches et curieuses, que jamais un tel amas n'avait été fait, depuis que les grands seigneurs ont pris plaisir à faire éclater la splendeur de leur fortune. L'écurie était d'une grandeur et d'une beauté qui faisaient avouer aux étrangers qu'il n'y en avait point de pareille sur la terre. La magnificence et la richesse des meubles répondaient à la beauté des appartemens, et l'on voyait de tous côtés un amas prodigieux de tout ce qu'on peut imaginer de plus rare. Enfin, la bibliothéque, placée dans une galerie voûtée de trente toises de long, et de quatre toises et demie de large, était remplie de près de trente-cinq mille volumes, choisis avec soin et discernement par Gabriel Naudé, consommé dans la science des livres, qui, par ordre du Cardinal, avait été en Hollande, en Flandre, en Italie, en Allemagne et en Angleterre, pour y acheter les livres qui ne se trouvaient pas en France. » (*Extrait* de *l'Histoire de la ville de Paris*, par D. Michel Felibien, t. II, p. 1475.)

CHAPITRE XVIII, NOTE L, PAGE 167.

Je me suis permis, je l'avoue, un léger retranchement dans le cours de ce récit; mais pour être en paix avec ma conscience d'éditeur, en commettant la faute, je m'étais promis de la réparer en note. Voici donc de quoi il s'agit. La phrase altérée était ainsi conçue dans Brienne : « Sa Majesté me voyant entrer si matin dans sa chambre, dont toutes les entrées m'étaient permises, même de sa garde-robe, où j'entrais à toute heure, sans avoir eu besoin de brevet d'affaires, *même quand elle était sur sa chaise percée, etc., etc.* » Ces derniers mots me parurent figurer assez mal dans une scène d'amour, et peut-être de jalousie au sujet de La Vallière : je les supprimai. Quant aux brevets d'affaire, on a pu voir qu'ils ne donnaient que les secondes entrées ; celles dont jouissait Brienne avaient bien plus d'importance à ses yeux, puisqu'il pouvait pénétrer à toute heure, comme il le dit lui-même, dans les endroits les plus secrets. Reste à s'expliquer comment le prince qui affectait d'être roi en tous temps et en tous lieux, pouvait se laisser voir, il faut bien dire le mot, *sur sa chaise percée*. La première fois qu'Alberoni fut admis auprès du duc de Vendôme, ce général était dans la même situation, et je ne rappellerai point l'exclamation qui commença la fortune de l'ambitieux négociateur : je dirai seulement qu'il fallait bien que cet oubli des plus simples bienséances ne blessât ni les usages ni la délicatesse des courtisans de cette époque. Une personne d'un rang bien plus élevé que Vendôme lui-même, une femme, que son sexe et sa naissance devaient assujettir à la plus scrupuleuse réserve, madame la duchesse de Bourgogne, avait trouvé moyen de prendre des lavemens devant Louis XIV, et se gênait bien moins encore avec les dames qu'elle affectionnait.

Enfin, pour terminer cette explication, je citerai un passage des Mémoires du comte de Brienne, le père de l'auteur : on y verra que ces étranges usages étaient aussi communs à nos voisins d'outre-mer. Le comte de Brienne était alors ambassadeur en Angleterre pour le mariage d'Henriette de France. Il s'agissait de régler le nombre de dames anglaises ou françaises qui monteraient dans le carrosse de la Reine. « Buckin-« gham nous dit que l'intention du Roi était que les « principales dames anglaises y eussent place aussi-« bien que M. et madame de Chevreuse, et la maré-« chale de Thémines, qui avait voulu faire ce voyage « pour l'amour de Sa Majesté. Nous répondîmes qu'il « en fallait une aussi pour madame de Saint-Georges, « qui avait été gouvernante de la Reine, et ensuite « sa dame d'honneur; qu'on avait consenti à la vérité « qu'elle n'en prendrait point le titre, qui paraissait « nouveau en Angleterre, mais qu'il avait été accordé « qu'elle aurait celui de *groom of the stool*, qui re-

« vient assez bien à ce qu'on appellerait dans notre
« langue *le gentilhomme ou la dame de la chaise*
« *percée. Cette charge est très considérable en An-*
« *gleterre*; elle fait jouir de très grands priviléges,
« comme de commander dans la chambre de la Reine,
« de lui donner sa chemise, etc., etc. » (*Mémoires*
du comte de Brienne, tome I, page 407.)

CHAPITRE XVIII, NOTE M, PAGE 176.

Le Roi s'était montré pressant auprès de mademoiselle de La Mothe-Houdancourt, s'il faut en croire madame de Motteville. « Le cœur du Roi, dit-elle, était
« rempli de ces misères humaines qui font dans le
« principe le faux bonheur de tous les honnêtes gens.
« Il se laissait conduire doucement à ses passions, et
« voulait les satisfaire. Il était alors à Saint-Germain,
« et avait pris la coutume d'aller à l'appartement des
« filles de la Reine. Comme l'entrée de leur chambre
« lui était défendue par la sévérité de la dame d'hon-
« neur (la duchesse de Navailles), il entretenait sou-
« vent mademoiselle de La Mothe-Houdancourt par
« un trou qui était à une cloison d'ais de sapin, qui
« pouvait lui en donner le moyen. » Le Roi se lassa
bientôt de cette contrainte, car la duchesse de Navailles, à son retour de Saint-Germain, où elle avait
été passer quelques jours, « sut, par ses espions,
« que des hommes de bonne mine avaient été vus la
« nuit sur les gouttières et dans des cheminées qui

« du toit pouvaient conduire ces aventuriers dans la
« chambre des filles de la Reine. Le zèle de la du-
« chesse de Navailles fut alors si grand, que, sans le
« retenir, ni chercher les moyens d'empêcher avec
« moins de bruit ce qu'elle craignait, elle fit aussitôt
« fermer ces passages par de petites grilles de fer
« qu'elle y fit mettre; et par cette action elle préféra
« son devoir à sa fortune, et la crainte d'offenser
« Dieu l'emporta sur le plaisir d'être agréable au
« Roi. »

Madame la duchesse de Soissons, qui dirigeait cette intrigue, ne pardonna point à la duchesse de Navailles ce trait de fermeté si noble et si respectable. Madame de Motteville raconte comment cette circonstance honorable pour la duchesse prépara sa disgrâce. Elle ne dit rien de la passion de mademoiselle de La Mothe pour le marquis de Richelieu; mais cette passion n'eut que trop d'éclat. Les Mémoires du temps, et surtout les chansons manuscrites en ont parlé. L'aventure même arrivée dans la galerie fut le sujet de couplets que je pourrais citer, si leurs auteurs n'y avaient mis bien moins de réserve encore que Brienne dans son récit.

Il me reste à montrer que tout le monde n'avait point à la cour la fermeté vertueuse de la duchesse de Navailles. Pour bien entendre le passage qu'on va lire, il faut savoir que la Reine-mère, par faiblesse pour Louis XIV, avait consenti à recevoir chez elle mademoiselle de La Vallière, qui était la maîtresse déclarée du Roi. A peine fut-elle admise au cercle d'Anne d'Autriche, que Marie-Thérèse, femme de Louis XIV, en fut instruite, et que, le cœur brisé de douleur, elle pria madame de Motteville d'aller en témoigner sa peine à la Reine-mère.

« Je ne puis en cet endroit, dit madame de Motteville, m'empêcher de dire une chose qui peut faire voir combien les gens de la cour, pour l'ordinaire, ont le cœur et l'esprit gâtés, et remplis des méchantes maximes du monde. Dans ce même moment que la Reine m'avait commandé d'aller parler à la Reine sa mère, je rencontrai madame de Montausier, qui était ravie de ce dont là Reine était au désespoir. Elle me dit avec une grande exclamation de joie : « Voyez-vous, madame, la Reine-mère a fait une « action admirable d'avoir voulu voir La Vallière : « voilà le tour d'une très habile femme et d'une « bonne politique. Mais, ajouta cette dame, elle est « si faible, que nous ne pouvons pas espérer qu'elle « soutienne cette action comme elle le devrait. » Véritablement je fus étonnée de voir dans la comédie de ce monde combien la différence des sentimens fait jouer de différens personnages; et ne voulant pas lui répondre, je la quittai, courant comme une personne qui ayant une affaire ne pouvait pas l'écouter. Le duc de Montausier, qui était en réputation d'homme d'honneur[1], me donna quasi en même temps, mais

---

[1] *D'homme d'honneur:* on ne peut s'empêcher de remarquer que le duc de Montausier dément, en cette occasion, le noble

sur un autre sujet, une pareille peine; car, en parlant du chagrin que la Reine-mère avait eu contre la comtesse de Brancas, il me dit ces mêmes mots : « Ah! vraiment la Reine-mère est bien plaisante « d'avoir trouvé mauvais que madame de Brancas « ait eu de la complaisance pour le Roi, en tenant « compagnie à mademoiselle de La Vallière. Si elle « était habile et sage, elle devrait être bien aise que « le Roi fût amoureux de mademoiselle de Brancas; « car étant fille d'un homme qui est à elle, et son pre- « mier domestique, lui, sa femme et sa fille lui ren- « draient de bons offices auprès du Roi. » Nous devons tout à Dieu; et rien ne doit être dans notre cœur et dans notre volonté au-dessus de lui. Il nous commande d'obéir au Roi, mais nous ne lui devons cette obéissance que dans tout ce qui n'est point contre la loi divine. Sur ce principe, je laisse aux casuistes à décider de la qualité des sentimens de M. et de madame de Montausier. M. et madame de Brancas avaient voulu que leur fille montrât l'exemple de suivre mademoiselle de La Vallière, et comme ils avaient demandé permission à la Reine, qui la leur avait refusée, l'excès du dépit qu'ils en avaient leur faisait dire avec hypocrisie, et dans le dessein de couvrir la lâcheté de leurs discours, que la Reine-mère, par une opiniâtreté indigne d'une mère chrétienne, avait contribué au péché du Roi son fils, au caractère qui lui est attribué par les contemporains. (*Note de la collection des Mémoires relatifs à l'Histoire de France.*)

lieu de travailler à l'en tirer, comme elle le faisait souvent par ses sages conseils. » (*Mémoires de madame de Motteville*, tome V, page 214.)

Chapitre XIX, Note N, Page 189.

Relation du voyage de Louis XIV à Nantes, en 1661, écrite par ordre de ce monarque, aux deux Reines, sa mère et son épouse.

Par un soleil ardent et beaucoup de poussière,
Entouré de seigneurs et devant et derrière,
Le plus brave des Rois, comme le plus charmant,
Quitta Fontainebleau, piquant très vertement.

Deux Princes de son sang, dont le mérite extrême
Fait, autant que leur rang, qu'on les craint et les aime,
Villequier, Armagnac, de Turenne et Beaufort,
Marchaient confusément, mais sans aucun discord.
Bellefons, Saint-Aignan, Saucourt et La Feuillade
Paraissaient des premiers à cette cavalcade.
Gesvres, Froulay, Gramont, le jeune Villeroi,
Bouillon, Séry, Guitry, se tenaient près du Roi :
Vivonne, d'autre part, Vervins et Chamarrande
Piquaient ainsi qu'abbés courant une prébende ;
Et Blouin par-devant, et le sieur de Nouveau,
Avec pareille ardeur faisaient trotter Moreau.

A peine était-on hors de la cour en ovale,
Que le vieux Brusquignan laissa tomber sa malle ;
Mais le brave Beaufort, qui vit, par l'accident,
La toilette royale en péril évident,

L'ôtant du faible dos de la méchante rosse,
La plaça de grand cœur dans le fond d'un carrosse.
Quelques instans après une boucle rompit,
Dont le pauvre cocher reçut un grand dépit :
Mais Saucourt, enivré d'être appelé *mon Prince*,
S'employant plus lui seul que toute une province,
De si bonne manière à l'œuvre se prêta
Qu'en très peu de momens le tout il rajusta.

On voyait cependant les côtés de la plaine
Richement tapissés de haute lice humaine,
Et le peuple à genoux, en assez bon arroi,
Jusqu'à s'égosiller, criant : *Vive le Roi !*
Mais tous les magistrats, par le vouloir du maître,
Rangaînaient la harangue, et faisaient bien peut-être.

Bientôt dans Orléans reprenant nos travaux,
On quitta le carrosse et reprit les chevaux.
Arrivant à Cléry, on alluma maint cierge,
Et le Roi dans l'église alla prier la Vierge :
Puis soudain remontant, chacun fit haut la main,
Et mieux qu'auparavant on se mit en chemin.

Or, comme d'ordinaire, à force d'aller vite,
Surtout au grand galop, on arrive à son gîte,
On approcha Saint-Dié, d'où sortait maint archer,
C'est-à-dire des gens portant cœurs de rocher,
Dont la troupe, au grand trot, par le prévôt menée,
Nous parut assez leste et bien disciplinée.
Saucourt alors fit voir le premier, par sa chute,
Qu'un seigneur de la cour comme un autre culbute;

Et des pieds à la tête abondamment crotté,
Par Chamarrande même il se vit imité.

Moi-même, un peu plus loin, de la cavalerie,
Je me vis tout à coup homme d'infanterie;
Mais sans m'en étonner, d'un pas assez dispos
Je fus gagner Amboise, et ce fut à propos.

. . . .

Dans un assez grand bois qui Serrant environne,
Maison digne du maître, aussi belle que bonne,
Dans un vieux chemin creux, un maladroit cocher,
Qui ne doutait de rien, nous fit tous embourber :
Accident qui pouvait devenir plus nuisible,
Si monsieur d'Armagnac, avec un air terrible,
N'eût pas, heureusement, arrêté l'étourdi.

Mais versa-t-on? Les uns diront non, d'autres oui;
Mais quand ma complaisance au premier voudrait craire,
Mes bras et mes genoux me diraient le contraire.
Aussi ce ne fut pas sans des maux infinis
Que l'on put aborder la ville d'Ancenis :
Car le Roi vigoureux, ennuyé des carrosses,
S'était déjà remis à la merci des rosses.

. . . .

Maints carrosses formaient à Mauve un petit cours,
Pour des courriers mouillés bien consolant concours!
Dans ce brillant état, quittant nos rossinantes,
Et n'en piaffant pas moins, nous entrâmes dans Nantes,
Où des grands et petits on vit avec plaisir
A l'aspect d'un grand Roi contenter le désir.
Tout y parut joyeux; plusieurs disertes langues

Excédèrent le Roi par leurs doctes harangues.
L'illustre Maréchal nous y reçut au mieux :
Tout y flatta le goût, tout satisfit les yeux.
Le Roi vit, des remparts, tirer dans la prairie
Deux cents pièces au moins de belle artillerie :
En divers lieux de là chacun se partagea,
Puis magnifiquement au château l'on mangea.

Et, comme d'obéir je fais toute ma gloire,
Sitôt que j'eus soupé j'écrivis cette histoire,
Par l'ordre de mon Roi, qui le voulut ainsi.

Et, bien que le succès me mette en grand souci,
Je le risquai pourtant et sans plaindre mes peines,
Pour peu qu'il puisse plaire à nos deux grandes Reines.

(*Extrait des Pièces intéressantes et peu connues, pour servir à l'Histoire de la Littérature,* tom. IV, pag. 9.)

CHAPITRE XIX, NOTE O, PAGE 197.

On trouve les détails suivans dans les Mémoires de Gourville.

« Quelque temps après, je fus connu de M. Fouquet, qui me goûta d'abord assez. En me parlant un jour de la peine qu'il y avait à faire vérifier des édits au Parlement, je lui dis que dans toutes les chambres il y avait des conseillers qui entraînaient la plupart des autres; que je croyais qu'on pouvait leur faire parler par des gens de connaissance, leur donner à chacun cinq cents écus de gratification, et leur en faire espérer autant dans la suite, aux étrennes. J'en fis une liste particulière, et je fus chargé d'en voir une partie que je connaissais ; on en fit de même pour d'autres. M. Fouquet me parla de M. le président le Coigneux, comme d'une personne qu'il fallait tâcher de voir ; je lui dis que j'allais quelquefois à la chasse avec lui, et que je verrais de quelle manière je pourrais m'y prendre. Un jour me parlant des ajustemens qu'il faisait faire à sa maison de campagne, je lui dis qu'il fallait essayer de faire en sorte que M. le surintendant aidât à achever une terrasse qu'il avait commencée. Deux jours après j'eus ordre de lui porter deux mille écus, et de lui faire espérer que cela pourrait avoir de la suite. Quelque temps après il se présenta une occasion au Parlement, où M. Fouquet jugea bien que ce qu'il avait fait avait utilement réussi. Il me chargea encore de quelques autres affaires, et étant fort content de moi, cela me fit espérer que je pourrais faire quelque chose par ce chemin-là. » (*Mémoires de M. de Gourville,* tome I, page 167.)

CHAPITRE XX, NOTE P, PAGE 202.

Dîner du Roi.

« Le dîner était toujours un très petit couvert, c'est-à-dire seul dans sa chambre, sur une table carrée, vis-à-vis la fenêtre du milieu. Il était plus ou moins abondant, car il ordonnait le matin petit couvert ou très petit couvert; mais ce dernier était toujours de beaucoup de plats, et de trois services sans le fruit. La table entrée, les principaux courtisans entraient, et puis tout ce qui était connu, et le premier gentilhomme de la chambre d'année allait servir le Roi. Il le servait, si le grand-chambellan n'y était pas. Gesvres, duc de Fresnes, prétendit que le diner commencé, M. de Bouillon arrivant, ne lui pouvait ôter le service, et fut condamné. J'ai vu M. de Bouillon arriver derrière le Roi au milieu du dîner, et M. de Beauvilliers qui servait, lui vouloir donner le service, qu'il refusa poliment, et dit qu'il toussait trop, qu'il était trop enrhumé; ainsi il demeura derrière le fauteuil et M. de Beauvilliers continua le service, mais à son refus public : le maréchal de Gesvres avait tort. Le premier gentilhomme de la chambre n'a que le commandement de la chambre, et nul service : c'est le chambellan qui l'a tout entier, et nul commandement; ce n'est qu'en son absence que le premier gentilhomme de la chambre sert; mais si le premier gentilhomme de la chambre est absent, et qu'il n'y en ait aucun autre, ce n'est point le grand-chambellan qui commande dans la chambre. J'ai vu, mais fort rarement, Monseigneur et ses fils au petit couvert, debout, sans que jamais le Roi leur ait proposé un siége : j'y ai vu les princes du sang et les cardinaux tout du long; j'y ai vu assez souvent Monsieur, en venant de Saint-Cloud, voir le Roi, ou sortant du conseil, le seul où il entrait. Il donnait la serviette et demeurait debout. Un peu après, le Roi voyant qu'il ne s'en allait point, lui demandait s'il ne voulait point s'asseoir : il faisait la révérence, et le Roi ordonnait qu'on lui apportât un siége. On mettait un tabouret derrière lui ; quelques momens après le Roi lui disait : mon frère, asseyez-vous donc ; il faisait la révérence et s'asseyait jusqu'à la fin du dîner, qu'il présentait la serviette. » (*Mémoires de Saint-Simon*, t. I, p. 126.)

« ..... Quand le Roi était dans ses armées, ses heures étaient réglées par le travail ; mais il tenait régulièrement ses conseils : il n'y mangeait qu'avec des gens d'une qualité à pouvoir avoir cet honneur. Quand on pouvait le prétendre, on le faisait demander au Roi par le premier gentilhomme de sa chambre, en service. Il rendait la réponse ; et dès le lendemain, si elle était favorable, on se présentait au Roi lorsqu'il allait dîner, et il disait : *Monsieur, mettez-vous à table*. Cela fait, c'était pour toujours, et on avait après cela l'honneur d'y manger quand on voulait, avec discrétion. Les grades militaires, même d'ancien lieutenant-général, ne suffisaient pas. M. de Vauban, lieutenant-général, si distingué depuis si long-temps, y mangea, pour la première fois, au siége de Namur, et il fut comblé de cette distinction. Les colonels de qualité distingués, y étaient admis sans difficulté. Le Roi fit le même honneur à Namur, à l'abbé de Grancey, qui s'exposait partout à confesser les blessés et à encourager les troupes. C'est l'unique abbé qui ait eu cet honneur. Tout le clergé en fut exclus toujours, excepté les cardinaux et les évêques-pairs, ou les ecclésiastiques ayant le rang de prince étranger. Le cardinal de Coislin, avant d'avoir la pourpre, étant évêque d'Orléans, premier aumônier, et suivant le Roi en toutes ses campagnes, et l'archevêque de Reims, qui suivait le Roi comme maître de la chapelle, et y voyait manger le duc et le chevalier de Coislin ses frères, sans y avoir jamais prétendu, en furent également exclus. Nul officier des gardes-du-corps n'y a mangé non plus (quelque préférence que le Roi eût pour ce corps), que le seul marquis d'Urfé, par une distinction unique (je ne sais ce qui la lui valut en ces temps reculés de moi); et du régiment des gardes, jamais personne ne mangea avec le Roi, que le seul colonel, ainsi que les capitaines des gardes-du-corps. » (*Saint-Simon*, t. I, p. 118.)

Cette exclusion prononcée contre les ecclésiastiques, même les plus distingués par le rang ou par la naissance, s'arrêtait, comme on l'a vu, aux cardinaux. L'abbé de Choisy, dans ses Mémoires, parle du cérémonial qui s'observa quand le Roi invita à dîner le nonce Ranuzzi, qui, nommé cardinal, ôta sa barette dès qu'il vit le Roi, et ne la remit qu'après l'avoir reçue de Sa Majesté.

« Le Roi le fit manger avec lui à la même table, sur la même ligne, quatre ou cinq places entre eux.... Le cardinal était assis sur un pliant, et fut servi par

Desormes, contrôleur-général de la maison du Roi, dés mêmes services que Sa Majesté, sans oublier les hors-d'œuvre ; le Roi, la première fois qu'il but, dit au cardinal : « Il est juste, monsieur, que je commence à boire à la santé de Sa Sainteté » ; il s'était levé auparavant et avait ôté son chapeau ; mais avant que de boire, il se rassit et se couvrit. Le cardinal demeura debout et découvert, et, un moment après, il demanda au Roi permission de boire à la santé du plus grand Roi de la terre, et à la prospérité de la chrétienté ; il but debout et découvert ; le Roi demeura toujours assis et couvert, et mit seulement la main au chapeau au commencement du compliment et après que le cardinal eut bu.. » (*Mémoires de l'abbé de Choisy*, p. 310.)

CHAPITRE XX, NOTE Q, PAGE 209.

Aventure de madame de Saint-Loup racontée par Gourville.

« M. de Langlade, pendant ma prison, continua à me donner des marques de son amitié ; mais, dans la suite, elle me causa bien des peines. Je trouvai que son commerce avait continué de la même façon avec madame de Saint-Loup, et ma mémoire me fournit une historiette que je trouve assez singulière pour être rapportée. Si, d'un côté, madame de Saint-Loup craignait le diable, de l'autre, elle trouvait tant de commodités à l'empire qu'elle avait sur M. de Langlade, qu'elle ne pouvait se résoudre à le perdre. Apparemment elle songea aux moyens d'accommoder tout cela ensemble ; et pour y parvenir, elle en choisit un qui lui réussit extrêmement bien, et qui l'aurait brouillée et fait mépriser par tout autre.

« Pour en commencer la scène, elle choisit un jour que je devais partir fort matin en poste, pour faire un voyage en Guienne : elle m'envoya prier, à deux heures après minuit, de ne pas partir sans la voir, et y étant allé sur-le-champ pour savoir ce que ce pouvait être, je la trouvai au coin de son feu, appuyée sur une table, avec un air triste et dolent. Après avoir gardé le silence, je sentis quelque effroi, ne voyant pas à quoi cela pouvait aboutir ; enfin elle me dit qu'elle n'avait pas voulu me laisser partir sans m'avoir conté ce qui lui était arrivé, qui me surprendrait fort. Elle me dit qu'après s'être couchée et avoir fait sa prière, commençant à s'assoupir, elle avait entendu tirer son rideau ; qu'ayant sorti sa main dessus sa couverture, elle avait senti quelque chose à cette main ; et s'étant fait apporter de la lumière, elle y avait trouvé une croix, qu'elle me montra, parfaitement bien faite. Je n'ai jamais pu savoir si elle s'était servie pour cela d'un fer chaud ou de quelque eau brûlante. La première chose qui me vint dans l'esprit, c'est que le miracle aurait pu se faire, les rideaux fermés ; en un mot, je ne la crus nullement. Mais après qu'elle m'eut prié d'aller dire cette nouvelle à M. de Langlade, je sentis bien qu'il fallait au moins en faire semblant. Elle me dit ensuite qu'elle croyait que ce miracle ne s'était pas fait pour elle seule. Je lui dis qu'à mon égard j'attendrais à mon retour pour voir le changement que cela apporterait en elle, et je m'en allai, dans un grand embarras, conter l'aventure à M. de Langlade. S'étant aussitôt levé nous y fûmes ensemble : ce furent de grands cris et beaucoup de larmes de leur part ; elle répéta à M. de Langlade que ce miracle n'avait pas été fait pour elle seule. Il dit que son cœur le lui marquait bien, puisqu'il se trouvait déjà tout changé ; et comme je ne savais que penser ni que dire à tout cela, je m'en allai monter à cheval pour faire mon voyage, y pensant fort, et ayant de la peine à croire ce que je venais de voir et d'entendre.

« A mon retour de Guienne, j'allai voir madame de Saint-Loup, je trouvai sa tapisserie couverte de petits cadres où il y avait des sentences et des dictum pleins de dévotion, avec un assez gros chapelet qui pendait sur son écran ; elle me dit qu'elle avait bien prié Dieu pour moi, et qu'elle souhaitait fort que je fisse mon profit de ce qui lui était arrivé, comme avait fait M. de Langlade : je la remerciai de ses vœux et de ses prières, ne me trouvant pas encore touché ; mais quand l'heure du dîné fut venue, je le fus encore moins, quand je vis servir deux potages, l'un à la viande pour eux, et un maigre pour moi, me disant qu'ils avaient été bien fâchés de rompre le carême à cause de leurs indispositions : on ôta les potages et on servit une poularde devant eux, avec un petit morceau de morue pour moi. Madame de Saint-Loup voyant que je la regardais, me dit qu'elle aurait mieux aimé manger ma morue que sa poularde. M. de Langlade citait à tous propos saint Augustin; elle le faisait souvenir des passages de ce saint, et tous deux me jetaient de temps en temps quelques propos de dévotion. J'avoue que je ne me suis jamais trouvé dans un embarras pareil à celui où j'étais; et n'y pouvant plus tenir, aussitôt après dîné je sortis sous prétexte de quelques affaires, et m'en allai chez M. de La Rochefoucauld lui raconter mon aventure, en lui disant que je ne pouvais pas m'empêcher d'ouvrir les yeux à M. de Langlade; mais il me dit qu'il fallait bien s'en garder, qu'il avait fait ce qu'il avait pu pour tâcher d'entrer avec lui en matière sur ce sujet, mais qu'il était de toute impossibilité de lui faire entendre raison.

« Il convint avec moi que cela lui donnerait un grand ridicule, et que force gens étaient curieux d'aller voir cette croix. Souvent madame de Saint-Loup la montrant, leur demandait quelque chose pour les pauvres. M. de La Rochefoucauld me recommanda encore fortement de ne point entrer en discours sur cette matière avec M. de Langlade, parce que assurément je me brouillerais irréconciliablement avec lui. Le temps qui s'était écoulé avait effacé la croix; mais (ce qu'on aura peine à croire) c'est qu'elle supposa que par un autre miracle, la croix avait été renouvelée. Elle disait qu'étant aux Pères de l'Oratoire fort attentive, comme on levait le Saint-Sacrement, elle avait encore senti à sa main, qui était gantée, la même chose que la première fois, et qu'ayant ôté son gant, elle avait trouvé la croix très bien refaite. Mon étonnement augmenta beaucoup; mais M. de Langlade parut si persuadé de ce second miracle, qu'il l'attestait avec des sermens effroyables. Cela n'empêcha pas que, quelque temps après, il ne songeât à se marier, apparemment suivant les règles de saint Paul, et qu'il ne se mît en tête d'aller en Périgord pour épouser mademoiselle de Campagnac, fille de qualité, sans aucun bien, qu'il avait connue fort jeune. Je me souviens qu'un soir, après avoir soupé avec lui à Saint-Mandé, nous partîmes à pied en causant : faisant suivre notre carrosse, nous continuâmes notre chemin sans y monter jusqu'à la porte Saint-Antoine, où j'avais une petite maison; je n'oubliai rien de tout ce qui pouvait me venir dans la pensée pour tâcher de le dissuader de son mariage, entre autres que du moins il devait rompre avec madame de Saint-Loup; que, quoique je crusse que leur commerce était innocent, cependant il était difficile de s'imaginer que la femme qu'il épouserait s'accommodât de la société qu'il aurait avec cette dame, si son intention était de la continuer. Il me dit que n'étant point amoureux, il pouvait bien se marier, et vivre honnêtement avec madame de Saint-Loup, et que la demoiselle à qui il pensait, étant dans une extrême nécessité, consentirait aisément à tout ce qui pourrait lui plaire. Tout ce que je pus lui dire ne changea en rien la résolution qu'il avait prise de s'aller marier; et ce qu'il y a encore de singulier et de très véritable, c'est qu'il m'écrivit, deux jours avant d'arriver chez mademoiselle de Campagnac, qu'il me priait de faire dire des messes à son intention, afin que Dieu lui envoyât des inspirations sur ce qu'il avait à faire. Mais j'appris bientôt qu'il avait terminé son mariage, sans attendre l'effet des prières qu'il avait demandées. Il me marqua qu'il allait amener sa femme à Paris, et ma condescendance pour lui alla encore jusqu'à louer une maison proche la mienne pour les nouveaux mariés. Je leur fis faire un lit fort propre de damas jaune, et deux tapisseries fort raisonnables que je fis tendre dans son appartement. Je m'aperçus que madame de Langlade ne s'accommodait pas du commerce de son mari avec madame de Saint-Loup, comme il se l'était imaginé. En effet, il causa beaucoup de brouilleries; mais comme il se flattait que cela ne venait que de la forte amitié qu'elles avaient toutes deux pour lui, il s'en consolait. Je n'ai pas su s'il avait été désabusé des miracles de madame de Saint-Loup, ni que jamais personne eût osé lui en parler. Pour elle, l'ayant mise quelque temps après sur ce chapitre, elle me les abandonna volontiers; mais elle se savait bon gré de la conduite qu'elle avait tenue depuis qu'elle croyait fortement avoir effacé le passé. » (*Mémoires de M. de Gourville*, t. I, p. 180.)

CHAPITRE XXI, NOTE R, PAGE 223.

Sous le roi Charles IX, il s'éleva à Coire une question de préséance qui fut sur le point d'avoir des suites sérieuses. « M. Pompone de Bellièvre, qui fut depuis chancelier, étant arrivé en cette ville en qualité d'ambassadeur de France près des Grisons, demanda audience avant le comte d'Angusola, ambassadeur d'Espagne, et l'obtint. Le comte d'Angusola, piqué de cette préférence, résolut du moins de prendre sa revanche à la procession de la Fête-Dieu, qui tomba précisément vers ce temps-là. Dans cette vue, il se rendit à la grande église de Coire, et voyant que l'ambassadeur de France s'était déjà placé avantageusement dans le chœur, il se tint dehors pour prendre son rang lorsque la procession sortirait. L'évêque, averti de son projet, fit prier les deux ambassadeurs de se retirer; ils n'en firent rien. La procession se mit en marche; l'ambassadeur de France y prit son rang. Lorsqu'elle fut sortie du chœur, le comte d'Angusola voulut se glisser avant M. de Bellièvre, mais celui-ci le repoussa fort loin; le comte se piqua; les deux ambassadeurs mirent l'épée à la main, et on les sépara aussitôt. La procession rentra dans le chœur, l'évêque reprit la suite de la messe, M. de Bellièvre alla se remettre à sa place dans le chœur, le comte se retira, et le lendemain il sortit de la ville de Coire..........

« Le 27 septembre 1657, M. de Thou, ambassadeur de France à La Haye, passant le long d'un cours, le carrosse de l'ambassadeur d'Espagne se trouva à sa rencontre; et comme il serrait de près les barrières qui forment le haut bout, M. de Thou commanda à son cocher de les serrer de même, et de ne pas bouger : il ajouta même qu'il y allait de sa vie. Les deux carrosses demeurèrent fixes, et l'on en serait venu aux mains s'il ne fût survenu un grand concours de peuple, et même des principaux membres des États-Généraux, qui proposèrent différens expédiens pour faire passer les deux ambassadeurs, sans que l'un cédât à l'autre. Mais M. de Thou ne voulut rien écouter, et protesta qu'il ne traiterait jamais comme son égal un ambassadeur qui lui avait toujours cédé. Enfin, on imagina de rompre les barrières à l'endroit où se trouvait le carrosse de l'ambassadeur d'Espagne, qui s'en alla par un autre bout, tandis que l'ambassadeur de France fut reconduit en grand cortége à son hôtel. » (*Extrait du Traité des Droits, etc., du Roi et de la couronne de France*, t. I, p. 122 et 127.)

CHAPITRE XXIII, NOTE S, PAGE 238.

« Les dons célestes prévinrent de si bonne heure mademoiselle de Bourbon, dit l'écrivain à qui l'on doit *la véritable Vie de la duchesse de Longueville,* qu'à peine sa raison fut-elle développée qu'elle se consacra totalement à de pieux exercices, dont elle remplissait si bien tout son temps, qu'il ne lui restait ni loisir ni goût pour les amusemens de son âge.

« Madame la princesse se plaisait à visiter souvent les Carmélites du faubourg Saint-Jacques; et volontiers elle y menait sa fille, qui ne demandait pas mieux. Ces religieuses éclairées ne furent pas longtemps à connaître ses vertus naissantes, qui promettaient un si bel avenir. Comme elles avaient l'art de les cultiver elles les virent croître sous leurs yeux de jour en jour : mais ce progrès, après tout, ne devait pas causer beaucoup de surprise. (*La véritable Vie d'Anne-Geneviève de Bourbon, duchesse de Longueville,* par Villefore, tome I, page 5.)

« Cependant, madame la princesse, qui l'observait, craignit qu'elle ne s'engageât trop avant; et comme elle lui remarquait un air froid et dédaigneux qu'elle portait dans les compagnies, lorsqu'elle lui en faisait des reproches et qu'elle l'avertissait que ce n'était pas le moyen de plaire, mademoiselle de Bourbon lui répondait : « Vous avez, madame, des grâces si tou-
« chantes, que comme je ne vais qu'avec vous et ne
« parais qu'après vous, on ne m'en trouve point. »
Cette façon de se justifier apaisait madame la princesse : elle était très belle, et ne se fâchait pas quand on l'en faisait souvenir...... (*La véritable Vie,* etc., tome I, page 10.)

« Enfin elle se lassa de voir durer ce grand dégoût pour le monde : on chercha les occasions de le surmonter; on fut long-temps sans y réussir, et l'on n'aurait fait que d'inutiles tentatives, si l'autorité maternelle n'était intervenue pour déterminer mademoiselle de Bourbon à se soumettre. On lui fit entendre que par des raisons indispensables elle était obligée d'aller au bal dans trois jours, et cela lui fut confirmé d'un ton à lui faire juger qu'elle n'avait d'autre parti à prendre qu'à obéir.

« Son premier mouvement fut d'aller dire cette nouvelle à ses bonnes amies les Carmélites, qui en furent très affligées, et très embarrassées à lui répondre, car elle exigeait leur avis pour savoir comment elle se conduirait dans une conjoncture si difficile. On tint dans les formes un conseil, où présidèrent, en habit de religieuses, deux excellentes vertus, la Pénitence et la Prudence, et il y fut résolu que mademoiselle de Bourbon, avant que d'aller à l'assaut, s'armerait, sous ses habillemens, d'une petite cuirasse vulgairement appelée un cilice, et qu'ensuite elle se prêterait de bonne foi à toutes les parures qu'on lui destinait. Dès que l'on eut son agrément, on étudia tout ce qui pouvait le plus animer ses grâces naturelles, et l'on n'oublia rien pour orner une beauté plus brillante par son propre éclat que par toutes les pierreries dont elle fut chargée. Les Carmélites, la voyant un peu trop persuadée de ses propres forces, lui avaient fort recommandé de se tenir bien sur ses gardes ; mais sa confiance en elle-même la séduisait.

« A son entrée dans le bal, et tant qu'elle y demeura, toute l'assemblée n'eut plus d'yeux que pour elle. Les admirateurs s'attroupèrent, l'environnèrent, et lui prodiguèrent à l'envi ces louanges déliées, et faciles à s'insinuer dans un amour-propre qui ne fait que de naître et qui ne se défie de rien. Après que le jargon adulateur eut franchi les barrières qu'on lui avait opposées, il eut bientôt empoisonné cette âme encore ingénue, où il fit d'étranges ravages ; et la jeune princesse, au sortir du bal, loin de se trouver dans ces heureuses dispositions d'indifférence dont elle s'était applaudie comme de ses propres richesses, sentit son cœur agité de mouvemens inconnus, qui l'effarouchèrent d'abord, mais qui peu à peu ne se familiarisèrent que trop avec elle. » (*La véritable Vie, etc.,* tom I, pag. 11.)

On connaît le rôle politique et galant que joua la duchesse dans les troubles de la Fronde ; il vaut mieux suivre l'auteur dans les détails qu'il a donnés sur sa conversion.

« Ce fut dans le temps que madame de Longueville était en proie aux agitations différentes dont nous venons de parler, qu'elle sortit de Bordeaux pour se rendre, comme nous l'avons dit, au bout de quelques jours, à Montreuil-Bellay, domaine de son mari en Anjou, suivant l'ordre qu'elle en avait reçu de la cour. Elle y trouva l'abbé Testu : et lorsqu'il vint

lui rendre ses devoirs, et qu'il approcha de l'estrade où elle était assise sur des carreaux, une de ses femmes lui mettait en main un livre de piété. L'abbé Testu lui fit compliment sur le choix de ses lectures. « Hélas ! répondit-elle, je leur avais demandé quel-
« que livre pour me désennuyer, elles m'ont apporté
« celui-là. — Madame, reprit l'abbé, ces sortes de
« livres quelquefois désennuient mieux que les au-
« tres. » Leur conversation roula sur l'état présent des affaires publiques, et il n'en résulta rien qui pût donner à madame de Longueville des espérances fort agréables. (*La véritable Vie, etc.*, tome II, pag. 1.)

« Il lui vint après une permission d'avancer jusqu'à Moulins, séjour consolant pour elle ; car étant allée descendre aux filles de Sainte-Marie, elle visita d'abord le tombeau du duc de Montmorency, son oncle, toujours précieux à son souvenir, et dont la fin tragique lui avait fait verser tant de larmes à l'âge de treize ans.

« Marie-Félice des Ursins, veuve de cet homme illustre, après s'être consacrée à la vie monastique, devenue supérieure de ce monastère, reçut madame de Longueville avec toute la joie et toute la tendresse que l'on peut s'imaginer. Cette excellente religieuse, dès les premiers temps de sa retraite, s'était soumise aux conseils du père de Lingendes, jésuite déjà très distingué par ses rares talens pour la prédication. Elle devint dans la suite un des plus parfaits modèles de toutes les vertus, et ce fut pour madame de Longueville une grande leçon de l'usage que l'on doit faire des disgrâces et des amertumes de la vie : aussi lui dit-elle que, dans l'accablement de ses maux, elle venait chercher auprès d'elle de la force et de la consolation pour les adoucir. Madame de Montmorency, qui savait l'état déplorable et les besoins de cette princesse infortunée, n'eut garde de lui en offrir indiscrètement les remèdes. Elle connaissait la délicatesse de ce grand génie, qui ne voulait pas être heurté violemment. Ainsi, pour la ménager, conformément à son caractère, elle se contenta de lui prêter les livres les plus convenables, de la rendre spectatrice de ses exemples, et de laisser agir la grâce, qu'elle voyait bien travailler sur ce cœur, sans se découvrir. Madame de Longueville considérait attentivement cette vie humble, uniforme et régulière de madame de Montmorency, l'impression s'en faisait peu à peu sur elle, et la rendait susceptible des traits dont l'inspiration céleste était sur le point de la toucher ; car ce changement ne s'opéra pas tout d'un coup : les divorces qu'elle avait à faire étaient d'autant plus difficiles et plus amers, que les souvenirs étaient plus doux. « Son âme, dit un auteur, s'élançait pour ainsi « dire vers le ciel, et le moment d'après retombait en « terre » : ses anciens penchans la rentraînaient souvent sur le bord des précipices : et la grâce, pour la mieux convaincre que l'on doit tout à sa victoire, lui laissa long-temps sentir sa propre faiblesse. Enfin, un jour au milieu d'une lecture, dont elle ne nous a point appris l'espèce, il se tira, dit-elle, « comme un rideau « de devant les yeux de mon esprit : tous les charmes « de la vérité, rassemblés sous un seul objet, se pré- « sentèrent devant moi : la foi, qui avait demeuré « comme morte et ensevelie sous mes passions, se « renouvela : je me trouvai comme une personne qui, « après un long sommeil où elle a songé qu'elle était « grande, heureuse, honorée et estimée de tout le « monde, se réveille tout d'un coup, et se trouve « chargée de chaînes, percée de plaies; abattue de « langueur, et renfermée dans une prison obscure. » Tout ce qu'elle avait jusqu'alors aimé comme quelque chose de grand et de réel lui parut un songe ; elle fut en ce moment convaincue du néant du monde, elle ne pensa plus qu'à s'y soustraire; et n'ayant encore que trente-quatre ans, elle y renonça pour jamais. » (*La véritable Vie*, etc., tom. II, pag. 2.)

Voici maintenant la scène que j'ai promis de rapporter, et qui se passa dans la chambre du Roi.

« Dans le temps que parut la traduction du Nouveau Testament de Mons, dont la révision s'était faite à l'hôtel de Longueville, en présence de MM. de Pontchâteau, Arnauld, Nicole, de La Lane et de Sacy, il courut un écrit injurieux contre l'archevêque d'Embrun, qui ne manqua pas de l'attribuer aux théologiens de Port-Royal. Ce prélat en fit sa plainte, par une requête présentée au Roi, dans laquelle ceux qu'il croyait auteurs du libelle sont calomniés sans ménagement, et la nouvelle traduction y est attaquée et fort décriée. Ces messieurs, pour défendre et leur ouvrage et leur honneur se crurent obligés de faire à leur tour une requête au Roi. Cette pièce fut applaudie et généralement admirée, et l'on eut soin de la faire remettre à M. de Lionne. Le lendemain qu'elle fut rendue publique, M. de Louvois, entrant au lever du Roi dans la chambre, tenait cette requête à la main, et voyant l'archevêque d'Embrun, il lui dit : *Voilà une botte que l'on vous porte, voilà qui parle à vous.* Le Roi demanda ce que c'était : *Sire,* dit M. de Louvois, *c'est une réponse à la requête de M. d'Embrun. — Est-elle bonne?* ajouta le Roi. — *C'est la plus belle chose du monde,* reprit le ministre. Il s'éleva un petit murmure dans la chambre du Roi : on parla du *Nouveau Testament,* et M. le Prince s'approchant de l'archevêque : *Avouez franchement,* lui dit-il, *que vous l'avez condamné sans l'avoir lu.* L'archevêque soutint le contraire. *Mais vous n'entendez pas pas le grec,* répliqua M. le Prince. Le prélat affirmant qu'il l'entendait : *Je parie cent pistoles,* ajouta M. le Prince, *que si l'on apportait un Nouveau Testament grec, il n'en expliquerait pas trois lignes.* Le Roi, que l'on habillait, souriait de temps en temps sans se déclarer. M. de Louvois, toujours tourné vers l'archevêque, riait de tout son cœur. *Cela est étrange,* dit M. d'Embrun, *qu'un secrétaire d'État permette qu'on imprime ces sortes de pièces, et qu'il y donne cours.* — *On a bien imprimé la vôtre,* reprit le ministre.

L'archevêque voyant que M. le Prince l'attaquait toujours, entra tout de bon en mauvaise humeur, et dit que ce n'était pas aux gens du monde à parler des affaires de l'Église ni à en juger, et qu'en Espagne on ne le souffrirait pas aux laïques. *Non*, dit M. le Prince, *ce n'est pas à nous à juger de cela, mais c'est à vous à vous mêler des intrigues de cour, à quêter des ambassades; et nous n'y trouverons rien à dire. Je vous déclare néanmoins que tant que vous voudrez faire notre métier, je crois qu'il nous sera du moins permis de parler du vôtre.* Tout le monde tomba sur lui, le maréchal de Gramont, le duc de Montausier, pendant tout le temps que le Roi fut à s'habiller. On lui demandait pourquoi il s'était mis à dos ces gens de Port-Royal, et qu'il n'y avait rien à gagner avec eux. Le Roi ne s'expliquait qu'en riant. Il dit seulement à l'archevêque, voyant qu'il se fâchait : *Ne vous échauffez pas, M. d'Embrun; ne voyez-vous pas bien que c'est pour rire tout ce qu'ils vous disent?* Et il passa ensuite dans son cabinet avec M. de Louvois. M. le Prince, qui sortit, rencontra le maréchal de La Feuillade, aussi irrité que son frère (l'archevêque d'Embrun), et qui disait tout haut qu'il couperait le nez à tous les jansénistes. *Ah, M. le maréchal!* lui dit M. le Prince sans s'arrêter, *je vous demande grâce pour le nez de ma sœur.* Ces petits discours furent bientôt répandus partout et ne tardèrent pas d'aller à l'hôtel de Longueville. » (*La véritable Vie*, etc., par Villefore, tome II, page 105.)

Chapitre XXIII, Note T, Page 243.

Le 18 septembre (1656), dit madame de Motteville, les Reines furent à une tragédie des Jésuites, dont celle de Suède se moqua hardiment.......

« Le lendemain, le père Annat, confesseur du Roi, fut parler à la reine de Suède, sur quelques plaintes qu'elle avait faites contre leur ordre : l'une était que le père général des Jésuites ne l'avait point été saluer à Rome ; je ne me souviens pas des autres. Après les excuses que lui fit le révérend père, elle lui dit d'un ton moqueur, et avec cette brusque manière qui lui était naturelle, qu'elle serait fâchée de les avoir pour ennemis, sachant leurs forces ; et qu'elle choisirait plutôt d'avoir querelle avec un prince souverain qu'avec eux ; que par cette raison elle voulait bien être satisfaite, mais qu'elle l'assurait qu'en cas de confession et de tragédie, elle ne les choisirait jamais : voulant leur reprocher par là qu'ils étaient accusés d'avoir une morale trop indulgente, et se moquer de la mauvaise tragédie où elle avait été le jour précédent, mêlant ainsi le burlesque avec le sérieux, afin de se venger de l'offense qu'elle croyait avoir reçue de leur compagnie. » (*Mémoires de madame de Motteville*, tom. IV, pag. 389.)

Chapitre XXIV, Note U, Page 247.

« La Reine, dit Saint-Simon, supportait avec peine les hauteurs de madame de Montespan, bien différentes des ménagemens continuels et des respects de la duchesse de La Vallière qu'elle aima toujours ; au lieu qu'il lui échappait souvent de dire de celle-ci : « Cette p.... me fera mourir. » (*Mémoires secrets du Règne de Louis XIV*, tome II, page 8.)

Plus bas il raconte en ces termes les austérités que s'imposa madame de Montespan.

« La maîtresse, retirée à la communauté de Saint-Joseph, qu'elle avait bâtie, fut long-temps à s'y accoutumer. Elle promena ses loisirs et ses inquiétudes à Bourbon, à Fontevraud, aux terres d'Aubin, et fut des années sans pouvoir se rendre à elle-même. A la fin, Dieu la toucha. Son péché n'avait jamais été accompagné de l'oubli ; elle quittait souvent le Roi pour aller prier Dieu dans un cabinet : rien ne lui aurait fait rompre aucun jeûne ni un jour maigre ; elle fit tous les carêmes et avec austérité, quant aux jeûnes. Dans tous les temps de son désordre, des aumônes, estime des gens de bien, jamais rien qui approchât du doute ou de l'impiété ; mais impérieuse, altière, dominante, moqueuse, et tout ce que la beauté et la toute-puissance qu'elle en tirait, entraîne après soi. » (*Mémoires secrets du Règne de Louis XIV*, tome II, page 57.)

« Le repentir suivit de près la disgrâce ; peu à peu

elle vint à donner presque tout ce qu'elle avait aux pauvres; elle travaillait pour eux plusieurs heures par jour à des ouvrages bas et grossiers, comme des chemises, et d'autres choses semblables, et y faisait travailler ce qui l'environnait. Sa table, qu'elle avait aimée avec excès, devint la plus frugale, ses jeûnes fort multipliés; sa prière interrompait sa compagnie, et le plus petit jeu auquel elle s'amusait; et à toutes les heures du jour elle quittait tout pour aller prier dans son cabinet. Ses macérations étaient continuelles; ses chemises et ses draps étaient de toile jaune la plus dure et la plus grossière, mais cachés sous des draps et une chemise ordinaires; elle portait sans cesse des bracelets, des jarretières et une ceinture à pointes de fer, qui lui faisaient souvent des plaies; et sa langue autrefois si à craindre, avait aussi sa pénitence. . . . .

« La dernière fois qu'elle alla à Bourbon, et sans besoin, comme elle faisait souvent, elle paya deux ans d'avance toutes les pensions charitables qu'elle faisait en grand nombre, presque toutes à de pauvre noblesse, et doubla toutes ses aumônes, quoiqu'en pleine santé, et de son aveu; elle disait qu'elle croyait ne pas revenir de ce voyage, et que toutes ces pauvres gens auraient avec ces avances le temps de chercher ailleurs leur subsistance. » (Saint-Simon, *Mémoires secrets du Règne de Louis XIV*, tome I, pages 59 et 62.)

CHAPITRE XXIV, NOTE V, PAGE 248.

« Le Roi, après la mort de madame de Fontange, qui a été la dernière de ses maîtresses, résolut tout de bon de songer à son salut. La Reine mourut; il ne voulut point se remarier par tendresse pour son peuple; il se voyait trois petits-fils, et jugeait prudemment que des princes d'un second lit pourraient dans la suite des temps causer des guerres civiles; d'autre côté, il ne pouvait se passer de femme. Madame de Maintenon, qui avait eu soin de l'éducation de M. le duc du Maine, lui plaisait fort; son esprit doux et insinuant lui promettait une conversation agréable et capable de le délasser des soins de la royauté. Sa personne était encore aimable; ses yeux étaient vifs et perçans, et son âge la mettait hors d'état d'avoir des enfans. » (*Mémoires de l'abbé de Choisy*, page 326.)

CHAPITRE XXIV, NOTE X, PAGE 252.

Voici le passage qui prouve qu'on s'y était pris long-temps avant la guerre pour avoir des détails sur les forces militaires de la Hollande. « M. de Lionne m'ayant témoigné beaucoup de joie, dit Gourville, de la manière dont les choses s'étaient passées, me dit qu'il me donnerait une instruction, et qu'on n'était point informé de l'état des affaires d'Espagne après la paix qui venait de se faire avec le Portugal; qu'il fallait tâcher à pénétrer, autant que je pourrais, les revenus de cette monarchie, et l'informer par un courrier exprès de tout ce qui aurait pu venir à ma connaissance. Je me souviens qu'étant à Surène, où il avait une maison, me promenant avec lui dans une allée sur le bord de la rivière, il me fit une infinité de questions, entre autres, sur ce qui regardait la Hollande ; et m'ayant demandé pourquoi les Hollandais étaient si riches, je lui dis que cela venait de leur commerce et encore plus de leur économie ; je lui contai que dans les bonnes maisons on n'y mangeait presque point de viande, ou tout au plus du bœuf séché à la cheminée, que l'on râpait pour en mettre sur du beurre assez légèrement étendu sur du pain, que l'on appelait tartine, et que tous ne buvaient ordinairement que de la bière. Ensuite il me demanda, qu'imaginez-vous qu'on pourrait faire pour ôter le commerce aux Hollandais ? Je lui dis, c'est de prendre la Hollande, et M. le Prince, que j'ai entendu là-dessus, ne le croit pas impossible. Si vous regardez combien les États paient de troupes, vous trouverez qu'ils en ont beaucoup ; si vous attendez que je vous explique ce que j'en sais, vous trouverez qu'il ne les faut guère compter.

« Voici comment cela est venu à ma connaissance ; je faisais souvent des promenades, mais j'étais surtout fort curieux de savoir comment les choses se passaient. Étant à Berg-op-Zoom, je me trouvai chez le maréchal-des-logis d'une des deux compagnies de cavalerie qui étaient en garnison, lequel tenait cabaret. Le bruit étant qu'elle devait aller ailleurs, je m'avisai de lui dire qu'il fallait donc qu'il laissât le soin de sa maison à sa femme pendant le temps qu'il serait absent. Il me répondit que cela ne se faisait pas comme je le pensais, et qu'il ne quitterait point son logis, mais qu'à la vérité il lui en coûterait quatre ou cinq cents livres pour donner au capitaine qui allait venir, et que, moyennant cette somme, il était dispensé du service. Je lui demandai s'il en était ainsi des cavaliers; il me dit que c'était la même chose, et qu'à la réserve de quelques uns, qui étaient regardés comme des domestiques du capitaine, chacun savait ce qu'il devait donner par mois, et qu'il n'y en avait point qui ne payât au moins douze ou quinze pistoles au capitaine, et qu'ainsi on pouvait dire que le maréchal-des-logis, non plus que les cavaliers, ne changeaient jamais de place. Je fus bien étonné d'entendre parler d'une cavalerie composée de bourgeois qui ne sortaient jamais de leurs maisons, et jugeant que cela valait bien la peine de m'en assurer, je lui demandai encore s'il croyait que le même usage fût établi dans les lieux où il y avait de l'infanterie en garnison; il m'assura que c'était la même chose. Je lui demandai aussi si le capitaine profitait de tout cela; il me dit qu'il savait ce qu'il en devait rendre aux autres officiers. J'en parlai sans marquer mon dessein à M. de Montbas, qui me dit que cela se pratiquait ainsi; je lui dis que son régiment d'infanterie devait lui valoir beaucoup; il me répliqua qu'il n'en était pas tout-à-fait de même dans l'infanterie; mais qu'il y avait toujours quelque revenant-bon de ce côté-là. M. de Lionne me parut tout étonné, et demanda si j'avais informé M. le Prince de tout ce que je disais; je lui répondis que j'en avais informé Son Altesse avec encore plus de détails, surtout au sujet de l'infanterie, dont tous les officiers n'avaient presque point servi; que c'était par cette voie que M. de With se conciliait les cœurs de la plupart des bourgmestres de chaque province, en leur faisant donner des charges pour leurs enfans. » (Extrait des *Mémoires de M. de Gourville*, tome II, page 60.)

La Fare fait les réflexions suivantes sur l'expédition de la Hollande, si grandement conçue, si rapidement exécutée, et qui fut abandonnée par le Roi avec la même promptitude.

« Il est impossible de passer cet endroit de notre histoire, qui a été la cause de tout ce qui est arrivé depuis, sans faire cette réflexion, qu'un État ne doit jamais agir contre certains intérêts fondamentaux, à moins qu'il ne soit résolu de pousser les choses à l'extrémité, et ne voie de l'apparence au renversement total de la puissance qu'il attaque. Nous n'avons jamais songé à prendre la Hollande, mais à la châtier : mauvais dessein ! car nous avons imprimé la crainte et la haine dans le cœur de gens qui, par leur intérêt propre, étaient naturellement nos alliés, et nous l'y avons imprimée de manière qu'ils ont prodigué leurs biens et risqué leur liberté pour nous abattre. Nous avons été cause qu'ils se sont abandonnés à un chef qui les a aguerris; et une république, qui, en l'état où elle était, ne pouvait jamais être fort redoutable pour nous, est devenue le plus puissant de nos ennemis, sans qui tous les autres n'étaient pas capables de nous résister. Il ne fallait donc, bien loin de les attaquer, songer qu'à les endormir, et nous aurions fait dans l'Europe tout ce que nous aurions voulu. » (*Mémoires de M. L. M. D. L. F.*)

CHAPITRE XXIV, NOTE Y, PAGE 257.

« Quoique je n'eusse que quinze ans, dit Saint-Simon, je voulus voir la contenance du Roi; j'allai l'attendre, et le suivis toute sa promenade. Il me parut avec sa majesté accoutumée, mais je ne sais avec quoi de leste et de délivré qui me surprit assez pour en parler après. Je remarquai encore qu'au lieu d'aller voir ses fontaines et de diversifier sa promenade, comme il le faisait toujours dans ses jardins, il ne fit jamais qu'aller et venir le long de la balustrade de l'orangerie, d'où il voyait en revenant vers le château le logement de la surintendance, où Louvois venait de mourir, et qui terminait l'ancienne aile du château sur le flanc de l'orangerie, vers lequel il regarda sans cesse toutes les fois qu'il revenait vers le château. Jamais le nom de Louvois ne fut prononcé, ni pas un mot de cette mort si surprenante et si soudaine, qu'à l'arrivée d'un officier que le Roi d'Angleterre envoya de Saint-Germain qui vint trouver le Roi sur cette terrasse, et lui fit de sa part un compliment sur la perte qu'il venait de faire. *Monsieur,* lui répondit le Roi d'un air et d'un ton plus dégagé, *faites mes complimens au Roi et à la Reine d'Angleterre, et dites-leur de ma part que mes affaires et les leurs n'en iront pas moins bien.* L'officier fit une révérence et se retira l'étonnement peint sur le visage et dans tout son maintien. »

Voltaire a eu raison de dire que Louvois eut, comme Colbert, le bonheur d'avoir des descendans qui ont fait honneur à sa maison. Mais il s'est trop avancé peut-être en affirmant qu'il n'était point mort au sortir du conseil, et que l'excès du travail avait causé sa fin.

Chapitre XXV, Note Z, Page 263.

On commença d'abord par convertir à prix d'argent. Louis XIV créa et dota pour cet objet une caisse particulière; Rulhière, dans ses *Éclaircissemens sur les causes de la Révocation de l'Édit de Nantes,* donne à ce sujet les détails qu'on va lire.

« Pélisson, célèbre converti, et que ses talens avaient fait admettre à l'intime confiance de ce prince, dont il rédigea les Mémoires, eut l'administration de cette caisse; il dressa les réglemens pour ceux qui travailleraient sous lui. Il avertit les évêques qu'un moyen sûr de plaire au Roi était d'envoyer de nombreuses listes de convertis, et d'observer les instructions contenues dans un écrit qu'il leur adressa; il ne se chargeait que des conversions à faire, et déclarait qu'il s'était engagé à ne point parler au Roi de celles qui étaient faites avant cette singulière époque de 1676.

« Les évêques, après avoir reçu les fonds qu'il leur faisait passer, lui renvoyaient les listes avec le prix des conversions en marge, et toutes les pièces justificatives, c'est-à-dire les abjurations et les quittances. Le prix courant des conversions dans les pays éloignés, était à six livres par tête de converti; il y en avait à plus bas prix. La plus chère que j'aie trouvée pour une famille nombreuse, est à quarante-deux livres; des commis examinaient ensuite si chaque quittance était accompagnée d'une abjuration en forme. D'abord chaque province ne fournissait par an que trois ou quatre cents convertis. Dans les entreprises ordinaires, plus la somme demandée est considérable, plus le succès semble difficile; mais les choses étant montées de cette manière, et la somme se distribuant par tête, et à si bas prix, plus un évêque demandait d'argent, plus il montrait de ferveur. Bientôt on s'entretint à la cour des miracles qu'opérait Pélisson. Les dévots eux-mêmes eurent peine à s'empêcher d'y plaisanter de cette éloquence dorée moins savante, disaient-ils, que celle de Bossuet, mais bien plus persuasive. » (*OEuvres de Rulhière, Éclaircissemens, etc.*, tome. I, p. 96.)

Quand on en vint plus tard aux mesures de rigueur, une des premières qu'on adopta fut le bannissement des ministres. Mais elle augmenta leur zèle et leur influence bien loin d'affaiblir l'un et l'autre. C'est là sans doute ce que veut faire entendre Brienne dans ses Mémoires.

« Bientôt on apprit, dit Rulhière, qu'un assez grand nombre de pasteurs étaient rentrés dans le royaume; qu'ils se dérobaient par toutes sortes de ruses à la vigilance du gouvernement; qu'il n'y avait sorte de déguisement qu'ils n'employassent; qu'ils se travestissaient en mendians, en pèlerins, en officiers, en soldats, en vendeurs d'images et de chapelets, métier plus en vogue dans ce temps-là qu'aujourd'hui : qu'ils trouvaient partout des guides pour les conduire, des hôtes pour les recevoir et les cacher; qu'ils marchaient la nuit, habitaient souvent les forêts et les cavernes, et que leurs fidèles venaient en foule y écouter leur prêche. Il fallut alors épier ces assemblées, les dissiper ou les massacrer, effrayer les pasteurs par le supplice de ceux qu'on put saisir; et, par une loi, mettre en quelque sorte leur tête à prix.

« Les soins qu'on prenait pour arrêter l'émigration n'étaient pas moins infructueux. En vain faisait-on garder les frontières et les côtes; en vain publiait-on que les puissances étrangères refusaient asile aux réfugiés français; que partout ils étaient sans emploi et sans secours; que plus de dix mille étaient morts en Angleterre de l'intempérie du climat, des fatigues de leur évasion, et surtout de misère et de faim; que le plus grand nombre étaient prêts à revenir en France en sollicitant la permission, promettant d'abjurer, formalité devenue alors nécessaire pour leur retour; et qu'enfin ce torrent allait refluer sur lui-même, trompeuse espérance dont on n'avait cessé de flatter Louis XIV. Ces bruits, répandus à dessein, trouvaient peu de croyance; et autant on imaginait de moyens pour retenir ceux qui méditaient leur évasion, autant étaient-ils avisés à lier des correspondances pour la favoriser; ils avaient des hospices assurés, des guides choisis, des lieux de rendez-vous, des routes auparavant inconnues; et il fallut bientôt, pour mettre de plus grands obstacles à cette désastreuse émigration, ôter à tous les nouveaux convertis la libre disposition de leurs biens: ordonnance renouvelée de trois ans en trois ans jusqu'à nos jours.» (*OEuvres de Rulhière, Éclaircissemens, etc.*, tome I, page 236.)

CHAPITRE XXV, NOTE AA, PAGE 270.

Il est certain du moins qu'Antoine Arnauld était bien mieux avec la cour de Rome qu'on n'eût pu le penser.

« Ce qu'il y a de singulier, dit l'auteur de l'*Histoire des Querelles littéraires*, c'est que cet homme, qu'on a cru l'ennemi des Papes, avait, de Rome, la permission de dire la messe dans sa chambre. Ses liaisons avec cette cour, pour être étonnantes, n'en sont pas moins véritables. Il entretint toute sa vie des correspondances avec des membres du Sacré-Collége. Il avait des instructions très sûres concernant les papiers importans envoyés à la congrégation de la propagande. Personne ne connaissait mieux que lui la bibliothéque du Vatican : il citait les pièces originales, l'endroit où on les avait placées, et défiait les Jésuites d'en contester l'anthenticité. Ils ne purent pas faire mettre à l'index sa *Morale pratique*, tandis que le livre du père le Tellier, *Sur les Chrétiens de la Chine*, y fut mis. Son crédit à Rome était au point qu'il en plaisantait lui-même. « On me croit en France, « disait-il, le plus grand ennemi des Papes, et l'on « ignore comme j'ai toujours été chez eux. »

CHAPITRE XXV, NOTE BB, PAGE 271.

« Un certain homme (Louvois) avait donné de grands coups depuis un an, espérant tout réunir; mais on bat les buissons, et les autres (Colbert) prennent les oiseaux, de sorte que l'affliction n'a pas été médiocre, et a troublé entièrement la joie intérieure de la fête : m'entendez-vous bien ? c'est donc un *mat* qui a été donné, lorsqu'on croyait avoir le plus beau jeu du monde, et rassembler toutes ses pièces ensemble. Il est donc vrai que c'est la dernière goutte d'eau qui a fait répandre le verre : ce qui nous fait chasser notre portier, quand il ne nous donne pas un billet que nous attendons avec impatience, a fait tomber du haut de la tour, et on s'est bien servi de l'occasion. Personne ne croit que le nom (d'Arnauld) y ait eu part, peut-être aussi qu'il y est entré pour sa *vade*[1]. Un homme me disait l'autre jour : c'est un crime que sa signature, et je dis : « Oui, c'est un crime pour eux de signer et de ne signer pas. » Je n'ai rien entendu de cet écrit insolent dont vous me parlez. Je crois qu'on ne se défie point de la discrétion de ceux qui savent les secrets : rien n'est égal à leur sagesse, à leur vertu, à leur résignation, à leur courage. Je crois que dans la solitude où M. de Pomponne est encore pour quelques jours, il communiquera toutes ses perfections à toute sa famille. » (*Lettres de madame de Sévigné*, tome. VI, p. 59.)

Dans la lettre suivante elle ajoute :

« Je crois vous avoir fait entendre que depuis longtemps on faisait valoir les minuties : cela avait formé une disposition qui était toujours fomentée dans la pensée d'en profiter, et la dernière faute impatienta et combla cette mesure ; d'autres se servirent sur-le-champ de l'occasion, et tout fut résolu en un moment. Voici le fait : un courrier attendu avec impatience était arrivé le jeudi au soir, M. de Pomponne donne tout à déchiffrer, et c'était une affaire de

---

[1] Terme du jeu de brelan, qui exprime la somme, quelle qu'elle soit, dont un des joueurs ouvre le jeu.

vingt-quatre heures. Il dit au courrier de ne point paraître; mais comme le courrier était à celui qui l'envoyait, il donna les lettres à la famille : cette famille, c'est-à-dire le frère (Colbert), dit à Sa Majesté ce qu'on mandait de Bavière; l'impatience prit de savoir ce qu'on déchiffrait, on attendit donc le jeudi au soir, le vendredi tout le jour, et le samedi jusqu'à cinq heures du soir. Vraiment, quand M. de Pomponne arriva tout était fait; et le matin encore on eût pu se remettre dans les arçons. Il était chez lui à la campagne, persuadé qu'on ne saurait rien; il y reçut des déchiffremens le soir du vendredi, il partit le samedi matin à dix heures; mais il était trop tard. Et voilà la raison, le prétexte, et tout ce qu'il vous plaira; car il est certain que soit cela, soit autre chose, on aurait enfin renversé cette fortune qui ne tenait plus à rien; mais le plaisant de cette affaire, c'est que celui qui avait ses desseins (Louvois) n'en a pas profité, et a été plus affligé qu'on ne peut croire. » (*Lettres de madame de Sévigné*, tome. VI, p. 62.)

Le président Hénault donne encore une autre cause à la disgrâce de M. de Pomponne. « On lui repro-
« chait, dit-il, de n'avoir pas fait comprendre dans le
« traité de Nimègue les villages qui sont entre Fri-
« bourg et Brisach. En effet, lorsque le Roi eut fait
« depuis son entrée dans Strasbourg, et qu'il voulut
« aller visiter Fribourg, il fallut qu'il y allât dîner
« sans s'arrêter en chemin, parce que c'étaient terres
« de l'Empire. Cette faute n'eût peut-être pas été re-

« levée ainsi que d'autres négligences que l'on im-
« putait à M. de Pomponne, si M. de Louvois et
« M. de Colbert n'avaient pas eu envie de sa place :
« ils concoururent tous deux, contre leur ordinaire,
« à la même fin ; mais M. de Louvois, qui agissait
« pour M. Courtin, fut fort surpris de voir que la pré-
« férence fût donnée au président Colbert. » (*Abrégé
chronologique*, tome III.)

M. de Pomponne rentra au conseil, en 1679, et
le Roi lui donna 60,000 francs de pension outre les
20,000 dont il jouissait déjà.

Chapitre XXVI, Note CC, Page 278.

« Avant la maréchale de Rochefort, Louvois avait
aimé éperdûment madame du Fresnoi, femme d'un
de ses commis, et la plus belle de son temps. Celle-ci,
comme l'on dit, lui fit bien voir du pays, le traita
comme un petit garçon, et lui fit faire bien des sottises ; mais parce qu'il sut habilement faire entrer le
Roi dans sa confidence, qui de son côté faisait beaucoup de choses mal à propos pour madame de Montespan, bien loin que cet amour fît tort à Louvois, on fit
pour cette femme une charge toute nouvelle en France,
de dame du lit de la Reine, sur le modèle des dames
du lit d'Angleterre : charge qui donnait à madame
du Fresnoi toutes les entrées et les prérogatives des
dames de la première qualité, mais ne l'empêchait
pas d'être la femme d'un commis et la fille d'un apo-

thicaire. Je ne crois pas que cette digression soit inutile pour faire voir quelles ont été les mœurs et quelle a été la prostitution de ce temps-là, que je mettrais encore dans un plus beau jour, si je disais, comme il est vrai, combien ce qu'il y avait de plus grand de l'un et de l'autre sexe était appliqué à faire sa cour à cette femme, qui, de son côté, répondait avec toute l'insolence que donne la beauté et la prospérité jointes à une basse naissance et à fort peu d'esprit. » (Extrait des *Mémoires de M. L. M. D. L. F.*, page 199.)

CHAPITRE XXVI, NOTE DD, PAGE 285.

« M. le Prince et M. de Turenne résolurent de dire au Roi que Louvois était capable, par son application et son activité, de servir à l'exécution des desseins de Sa Majesté, mais non pas de gouverner les armées de loin, comme il entendait le faire; qu'il n'avait ni assez de vues ni assez d'expérience pour cela, et était d'une férocité, d'un orgueil et d'une témérité capables de tout gâter. M. de Turenne, pendant l'hiver, poursuivit son dessein, et parla effectivement au Roi sur le chapitre de son ministre favori de la manière dont je viens de dire. Il fit plus, il dit à Louvois lui-même tout ce qu'il venait de dire au Roi, et le traita comme un écolier indigne de son poste. Pour M. le Prince, il n'eut pas la force de seconder M. de Turenne, ce qui fut cause que cette remontrance n'eut point d'effet. L'ostentation même avec laquelle M. de Turenne, amateur de la gloire et de la faveur populaire, donna au public la conversation qu'il avait eue avec le Roi, et le peu de ménagement qu'il avait eu pour son ministre déplurent à Sa Majesté, à qui le vieux Letellier, pendant qu'il faisait des soumissions à M. de Turenne, ne manqua pas de faire remarquer tout ce qu'il y avait à remarquer dans ce procédé. » (*Mémoires de M. L. M. D. L. F.*, p. 125.)

CHAPITRE XXVI, NOTE EE, PAGE 288.

On va lire le récit de Montglat sur cette bataille d'Honnecourt, que le duc de Guiche eut, dit-on, la complaisance de perdre pour tirer d'embarras le cardinal de Richelieu.

« Après la perte de la Bassée, le comte d'Harcourt se porta entre Hesdin et Abbeville, pour couvrir le pays reconquis, le Boulonnais, le Ponthieu, et la rivière de Somme jusqu'à Amiens; et le maréchal de Guiche à Honnecourt sur l'Escaut, pour défendre le Vermandois, la Tiérache et la Champagne. Dès que don Francisco de Mélos l'eut appris, il marcha droit au maréchal de Guiche avec toute son armée, deux fois plus forte que l'autre. Les batteurs d'estrade donnèrent avis à ce maréchal de la marche des Espagnols, et il n'avait qu'à passer la rivière, qui est fort petite, pour se mettre à couvert; mais, quoi qu'on lui représentât, il ne le voulut jamais, disant qu'il savait bien ce qu'il avait à faire; et au lieu de se retirer, il fit mettre ses troupes en bataille, et attendit de pied ferme les Espagnols, qui l'attaquèrent de tous côtés, emportèrent ses retranchemens, taillèrent en pièces son infanterie, prirent son canon et son bagage, et mirent en fuite sa cavalerie, qui se sauva au Catelet et à Saint-Quentin. Bouchavane y fut tué, et le jeune Rembures, combattant à la tête de son bataillon : son régiment fut donné à un troisième frère qui restait seul de sa maison. Roquelaure fut fait prisonnier, étant revenu depuis peu de sa prison de la bataille de Sedan. Cette déroute étonna fort toute la frontière; et ce qui surprit davantage était qu'il semblait que ce maréchal se fût laissé battre exprès, dans la facilité qu'il avait de l'empêcher. Cela fit parler le monde différemment; même il y en eut qui crurent qu'il en avait eu ordre du Cardinal pour intimider le Roi, et lui faire voir la nécessité où il était de se servir de lui dans les brouilleries qui étaient alors entre lui et M. Le Grand. Pour moi, je suspends mon jugement là-dessus; je dirai seulement que le maréchal ne parut point étonné de son malheur, et rassembla le plus de troupes qu'il put à Saint-Quentin, durant que le comte d'Harcourt marchait en diligence de ce côté-là pour rassurer les peuples effrayés. » (*Mémoires de Montglat*, tome I, page 353.)

Les peuples effrayés, mais toujours disposés à la plaisanterie, se vengèrent par une chanson dont Brienne n'a cité que le refrain. En voici trois couplets : ils sont extraits du Recueil des Chansons manuscrites.

CHANSON

CONTRE LE MARÉCHAL DE GUICHE.

Air : *Des Lampons.*

Roquelaure et Saint-Mégrin [1]
Ont tenu jusqu'à la fin
Pour le maréchal de Guiche,
Qui fuit tout comme une biche.
 Lampons, lampons,
Mon camarade, lampons.

Quand il fut à Saint-Quentin,
On lui présenta du vin :
Monseigneur, prenez courage,
Il vous reste encore un page.
 Lampons, lampons,
Mon camarade, lampons.

Guiche disait à Rousseau :
Soutenez bien les assauts
Pour l'honneur de la couronne,
J'aurai soin de ma personne.
 Lampons, lampons,
Mon camarade, lampons.

[1] Lieutenant-général sous le duc de Gramont. On prétend que ce duc, par ordre du cardinal de Richelieu, se laissa battre à Honnecourt, le 26 mai 1642, pour faire sa cour au Cardinal, qui voulait se rendre nécessaire dans cette occasion. (*Note écrite en marge de la chanson.*)

Il y a bien encore une note sur le second couplet, mais je me dispenserai de la citer.

CHAPITRE XXVI, NOTE FF, PAGE 288.

Amour de Louvois pour la maréchale de Rochefort.

« Le marquis de Rochefort, capitaine des gardes-du-corps depuis quelques années, le seul des amis de Louvois pour qui il avait une véritable considération, homme d'esprit et de courage, mais général timide, incertain et peu capable, fut fait maréchal de France après la mort de M. de Turenne [1]. L'on ne sait si de son vivant Louvois n'était pas amoureux de sa femme; mais il est certain qu'il le fut après sa mort, et que cette passion dura autant que la vie de Louvois. On prétend que le vieux Letellier avait aussi été amoureux d'elle dans les premiers temps de son mariage, et bien des gens ont attribué l'aversion du père et du fils pour moi à cette passion, car ils s'imaginèrent tous deux que j'en étais amoureux, et mieux traité que je ne l'étais effectivement. Il y avait plus de coquetterie de ma part et de la sienne que de véritable attachement. Quoi qu'il en soit, ç'a été là l'écueil de ma fortune, et ce qui m'attira la persécution de Louvois, qui me contraignit enfin de quitter le service. Mais qu'on est rarement jeune et sage tout à la fois! J'avoue que je ne l'ai pas été en cette occasion

[1] Le Roi fit alors sept maréchaux de France, qui furent le duc de Navailles, le comte de Schomberg, le duc de Duras, le duc de Vivonne, le duc de La Feuillade, le duc de Luxembourg et le marquis de Rochefort.

ni en bien d'autres. » (Extrait des *Mémoires de M. L. M. D. L. F.*, pages 196-197.)

Saint-Simon, après avoir nommé toutes les maîtresses de Louis XIV, parle des galanteries secrètes qui ne se prolongeaient point au-delà des caprices du monarque; puis il ajoute:

« Un seul commerce subsista long-temps, et se convertit en affection jusqu'à la fin de la belle, qui sut en tirer les plus prodigieux avantages jusqu'au tombeau, et en laisser à ses deux fils l'abominable et magnifique héritage. L'infâme politique du mari, qui a un nom propre en Espagne qui veut dire *cocu volontaire*, et ne s'y pardonne jamais, souffrit volontiers cet amour, et en recueillit des fruits immenses en se confinant à Paris, servant à l'armée et n'allant presque pas à la cour, faisant obscurément les fonds, et distribuant les avantages que, de concert avec lui, sa moitié en tirait. C'était la maréchale de Rochefort chez qui elle allait attendre l'heure du berger, laquelle l'y conduisait, et qui me l'a conté plus d'une fois, avec des contre-temps qui lui arrivèrent, mais qui ne firent obstacle à rien, et ne venaient point de son mari, qui était au fond de sa maison à Paris, qui, quoique sachant et conduisant tout, feignait d'ignorer tout avec le plus grand soin. Il changea depuis son étroite maison de la place Royale pour le palais des Guise, dont ils ne pourraient reconnaître l'étendue ni la somptuosité qu'il a prise entre ses mains et celles de ses deux fils.

« La même politique continua le mystère de cet amour, qui ne le demeura que de nom, et tout au plus en très fine écorce. Le mystère le fit durer : l'art de s'y conduire gagna les plus intéressés, et en bâtit la plus rapide et la plus prodigieuse fortune. Ce même art le soutint croissant, et ◼ut, quand il fut temps, le tourner en amitié et considération la plus distinguée. Il mit les enfans de cette belle, qui était pourtant rousse, en situation de s'enrichir eux et les leurs de plus en plus, même après elle, et de parvenir au comble de tout, dont, avec eux, jouit avec éclat la troisième génération, aujourd'hui dans toute son étendue, et qui a mis les plus obscurs d'entre eux à même de jouir de leur nom et splendeur inhérente. C'est savoir tirer plus que très grand parti, la femme de sa beauté, le mari de sa politique et de son infamie, les enfans de tous les moyens mis en leurs mains par de tels parens, mais toujours comme les fils de la belle. » (*Mémoires de Saint-Simon*, tome II, page 10.)

CHAPITRE XXVII, NOTE FF (*bis*), PAGE 301.

Prévention contre les jansénistes.

« La Reine-mère, dit Saint-Simon, et le Roi plus qu'elle dans les suites, séduits par les Jésuites, s'étaient laissé persuader par eux le contradictoire exact et précis de la vérité, savoir, que toute autre école que la leur en voulait à l'autorité royale, et n'avait qu'un esprit d'indépendance et de républicain. Le Roi, là-dessus ni sur bien d'autres choses, n'en savait pas plus qu'un enfant. Les Jésuites n'ignoraient pas à qui ils avaient affaire. Ils étaient en possession d'être les confesseurs du Roi et les distributeurs des bénéfices, dont ils avaient la feuille. L'ambition des courtisans, et la crainte que ces religieux inspiraient aux ministres, leur donnaient une entière liberté. L'attention si vigilante du Roi à se tenir toute sa vie barricadé contre tout le monde en affaires, leur était un rempart assuré, et leur donnait la facilité de lui parler, et la sécurité d'y être reçus seuls sur les choses qui regardaient la religion, et d'être seuls écoutés. Il leur fut donc aisé de le préoccuper jusqu'à l'infatuation la plus complète que quiconque parlait autrement était janséniste, et que janséniste était ennemi du Roi et de son autorité, laquelle était la partie faible et sensible du Roi jusqu'à l'incroyable. Ils parvinrent donc à disposer en plein de lui à leur gré, et par conscience, et par jalousie de son autorité sur ce qui regardait cette affaire, et encore sur tout ce qui y avait le moindre trait, c'est-à-dire sur toutes choses et toutes gens qu'il leur convenait de lui montrer du mauvais côté. C'est par ce moyen qu'ils dissipèrent les saints et illustres solitaires que l'étude et la pénitence avaient assemblés à Port-Royal, qui firent de si grands disciples, et à qui les chrétiens seront à jamais redevables de ces ouvrages fameux qui ont répandu une si vive et si solide lumière pour discerner la vérité des apparences, la nécessité de l'écorce, en faisant toucher au doigt l'étendue si peu connue, si obscurcie, et d'ailleurs si déguisée; éclairer la foi, allumer la charité, développer le cœur de l'homme, régler ses mœurs, lui présenter un miroir fidèle, et le guider entre la juste crainte et l'espérance raisonnable. C'était donc à en poursuivre jusqu'aux derniers restes partout, que la dévotion du Roi s'exerçait, et celle de madame de Maintenon conformée sur la sienne, lorsqu'un autre champ parut plus propre à présenter à ce prince. » (*Mémoires de Saint-Simon*, tome II, page 37.)

CHAPITRE XXVIII, NOTE GG, PAGE 306.

« Durant cet été, il arriva une affaire qui fit grand bruit, laquelle regardait la Reine. Cette princesse n'était pas contente, parce que le Roi son mari ne l'aimait point, à cause de la stérilité où elle était depuis vingt-deux ans qu'elle était mariée, laquelle la faisait mépriser. Le Cardinal contribuait fort au mauvais traitement qu'elle recevait, tant à cause que la faveur d'une femme près de son mari eût pu diminuer sa puissance, que parce qu'il l'avait aimée, et n'en avait reçu que des rebuts. Les déplaisirs qu'elle avait l'obligèrent d'ouvrir son cœur à ceux en qui elle avait confiance, et d'avoir recours à ses plus proches, qui étaient ses frères; et principalement au Cardinal Infant, qui commandait aux Pays-Bas, auquel elle écrivait souvent, et recevait des lettres de lui qui la consolaient dans ses afflictions. Elle s'enfermait dans le Val-de-Grâce pour être en liberté, et c'était là qu'elle parlait à ceux qui étaient dans sa confidence et qui étaient dépositaires de ses secrets. Mais le Cardinal découvrit bientôt cette intelligence : et sur un avis qu'il eut qu'elle avait reçu tout fraîchement des lettres du Cardinal Infant, il le dit au Roi, et fit envoyer le chancelier au Val-de-Grâce, pour la surprendre sur le fait. Il s'y transporta tout aussitôt; et ayant fait ouvrir la porte du couvent, il alla droit à la chambre de la Reine, laquelle, alarmée de cette venue, donna vitement ses papiers de conséquence à serrer à la mère supérieure, qui était sœur de Pontchâteau, et par conséquent cousine germaine du Cardinal; mais nonobstant cette parenté elle conserva une fidélité inviolable pour la Reine, et par son secret elle la sauva d'une perte inévitable. Le chancelier étant entré, lui dit qu'il était venu de la part du Roi pour l'interroger sur des crimes dont elle était accusée, et principalement d'avoir intelligence avec les Espagnols, ennemis de l'État; de leur avoir écrit, et d'en avoir reçu des lettres. La Reine nia le tout constamment. Ce que voyant le chancelier, il lui dit que le Roi était informé qu'il y avait dans sa cassette des papiers qui la convaincraient; et en même temps il la fit ouvrir, et tous ses coffres et armoires, et tous les lieux où elle pouvait avoir caché quelque chose : mais il n'y trouva rien de conséquence. Il ne laissa pas de faire tout inventorier, et de le porter au Roi; même il usa d'une telle rigueur envers elle, qu'il visita dans ses poches et sous son mouchoir de cou, la traitant comme une criminelle. » (Extrait des *Mémoires de M. de Montglat*, tom. I, pag. 178.)

CHAPITRE XXVIII, NOTE HH, PAGE 308.

En 1658, après le gain de la bataille des Dunes et la prise de Dunkerque, les Français vinrent investir la ville de Bergues, le 27 du mois de juin.

« Le 28 après midi les ennemis ayant fait une sortie sur la tranchée que je voyais de mon logis, dit Bussy-Rabutin, je montai à cheval aux premiers coups de mousquet, et j'y courus à toute bride, suivi d'un page seulement. Je trouvai la garde de cavalerie du régiment du Roi, revenant à son épaulement après avoir repoussé les ennemis jusque dans leur contrescarpe. Je demeurai un quart d'heure avec elle; et comme je m'en retournais chez le maréchal de Turenne lui dire ce qui s'était passé à la tranchée, je rencontrai le Roi, que je ne reconnus pas d'abord, parce qu'il était seul. Il est vrai que Noailles, capitaine des gardes-du-corps en quartier, suivait à cinquante pas avec le maréchal du Plessis, et plus loin venaient en file le reste de la cour et les gardes-du-corps. Sa Majesté me demanda si le grand feu qui s'était fait à la tranchée était une sortie ou un logement. Je lui dis ce que c'était, et pendant qu'il me faisait d'autres questions il avançait toujours du côté de la ville, et les balles de mousquet des décharges des ennemis, qui n'étaient pas encore finies, le passaient de beaucoup : cependant ce prince me parlait avec le sang-froid d'un brave soldat de fortune, lorsque le maréchal du Plessis, poussant à toute bride, me vint demander en colère où je menais le Roi. Je lui répondis que le Roi était le maître, et que c'était lui qui menait les autres. Le maréchal me répliqua que je voyais bien que le Roi s'avançait trop. J'en demeurai d'accord, mais j'ajoutai que j'avais eu peur (si je le disais à Sa Majesté) qu'elle ne trouvât mauvaise ma remontrance : « Ne vous fâchez pas, M. le maréchal, lui dit le Roi en riant, et il tourna bride. » (*Mémoires du comte de Bussy-Rabutin*, tom. II, pag. 156.)

Louis XIV aimait de préférence à diriger les siéges : La Fare donne, avec son amertume ordinaire, les détails suivans sur celui de Maestricht, qui fut pris en huit jours.

« On investit Maestricht, dont la circonvallation aussi-bien que la réputation étaient grandes, et où il y avait une forte garnison, sous un commandant nommé Fariaux, qui avait autrefois acquis de la réputation à la défense de Valenciennes. Cette entreprise était effectivement digne du Roi; mais comme il n'y avait point d'armée en campagne pour secourir la place, et que les fortifications n'en étaient pas revêtues, elle fut, après quelque action de vigueur de part et d'autre, emportée en dix-sept jours de tranchée ouverte. Le Roi, selon sa coutume, se montra dans ce siége, vigilant, exact, laborieux; mais les excessives précautions que le faux zèle de Louvois et de quelques autres firent prendre pour la sûreté de sa personne, et qu'il souffrit, ne firent pas un fort bon effet chez une nation qui (follement si vous voulez) fait gloire non seulement de braver mais de chercher les périls. Je sais que ce n'est pas là le personnage d'un Roi; mais quand il veut conduire les autres aux occasions, il ne doit pas paraître grossièrement les éviter, surtout s'il affecte la réputation de guerrier et de héros, qu'il semblait ambitionner alors, et à laquelle il a depuis renoncé. » (*Mémoires de M. le marquis D. L. F.*)

A Lille cependant il avait mérité les éloges des officiers et des soldats. L'abbé de Choisy dit, en parlant de Louis XIV :

« On le verra dans la tranchée de Lille attirer par son courage cette belle parole d'un soldat qui, le voyant exposé aux coups de mousquet, et un page de la grande écurie tué derrière lui, le prit rudement par le bras en lui disant : « Otez-vous ; est-ce là votre place ? » Il est vrai que son courage pensa se laisser aller aux continuelles instances de ses courtisans empressés et flatteurs. Le vieux Charost, qui était alors capitaine des gardes-du-corps en quartier, lui ôta de dessus la tête son chapeau et son bouquet de plumes, et lui donna le sien ; mais le voyant un moment après un peu incertain de ce qu'il avait à faire, il lui dit à l'oreille : « Il est tiré, Sire ; il le faut boire. » Le Roi, le crut, demeura dans la tranchée, et lui en sut tant de gré que dès le même soir il rappela à la cour le marquis de Charost, qui était exilé je ne sais où. » (*Mémoires de M. l'abbé de Choisy*, pag. 19.)

Il dit dans un autre endroit, au sujet du passage du Rhin :

« Le Roi, par exemple, a fait deux fautes considérables et irréparables. La première, de n'avoir pas passé le Rhin à la nage après le comte de Guiche, à la tête de ses gardes-du-corps. Il y avait peu de danger à courir, et une gloire infinie à acquérir. Alexandre et son Granique n'auraient eu qu'à se cacher. Il est vrai qu'il faut lui rendre justice ; il le voulait, mais M. le Prince, qui n'osait pas mettre le pied dans l'eau à cause de sa goutte, comment eût-il osé passer en bateau, le Roi passant à la nage? » (*Mémoires de l'abbé de Choisy*, pag. 38.)

Enfin l'on va voir à quelle occasion le cardinal de Mazarin dit une *rodomontade*, que raconte ainsi le marquis de Montglat.

« Dès que le Roi sut la prise de Condé, il partit de Quesnoy le 23, avec deux mille chevaux, et rejoignit son armée devant Saint-Guislain, qui fut investi ce jour même. Sa Majesté se logea au château de Bossut, qui en est à demi-lieue, des fenêtres duquel il voyait les batteries et toute l'attaque. La tranchée fut ouverte le 24, où le chevalier de Créqui fut blessé au visage; et la ville fut si pressée, que quoique deux cents hommes y fussent entrés sous la conduite de Rekin, cadet de Grimbergue, le lendemain, jour de Saint-Louis, le Roi y entra. Le lendemain, Sa Majesté se fut promener sur les hauteurs qui sont à une demi-lieue de là, d'où on découvre la ville de Mons; et le cardinal Mazarin voulant l'empêcher d'approcher de plus près, de crainte des coups de canon, le Roi ne laissa pas de s'avancer, dont le Cardinal piqué, dit tout haut que si c'eût été un autre que son maître, il l'aurait pris par le poing et l'aurait mené jusque sur la contrescarpe. Les courtisans ne purent s'empêcher de rire de cette *rodomontade*, lesquelles lui étaient fort ordinaires quand il n'avait point sujet de crainte. » (*Mémoires du marquis de Montglat*, tome II, page 467.)

CHAPITRE XXIX, NOTE KK, PAGE 315.

« Toute l'Europe, dit Saint-Simon, n'admirait pas les alliances des enfans illégitimes de Louis XIV avec les princes du sang; et le Roi lui-même fut bien éloigné quand il eut d'abord des enfans naturels, des pensées qui, par degrés, crurent toujours en lui pour leur élévation. La princesse de Conti, dont la naissance était la moins odieuse, était aussi la première. Le Roi crut qu'elle serait magnifiquement mariée au prince d'Orange, et le lui fit proposer dans un temps où ses prospérités et son nom dans l'Europe lui persuadaient que cela serait reçu comme le plus grand honneur et le plus grand avantage; il se trompa.

« Le prince d'Orange était fils d'une fille du roi d'Angleterre Charles Ier, et sa grand'mère était fille de l'électeur de Brandebourg ; et il s'en souvint avec tant de hauteur qu'il répondit nettement *que les princes d'Orange étaient accoutumés à épouser des filles légitimes des plus grands Rois, et non pas leurs bâtardes.*

« Ce mot entra si profondément dans le cœur du Roi, qu'il ne l'oublia jamais, et prit à tâche, et souvent contre son plus palpable intérêt, de montrer combien l'indignation qu'il en avait conçue était entrée profondément dans son âme. » (*Mémoires de Saint-Simon*, t. III, p. 72.)

CHAPITRE XXX, NOTE KK, PAGE 326.

« Le comte de Guiche revint donc en France, et alla trouver le Roi à Marsal[1], qui le reçut favorablement, et Monsieur le traita comme il devait, c'est-à-dire avec quelque froideur. Le comte de Guiche, à son retour, fit paraître vouloir observer les ordres qu'il avait reçus avec une grande exactitude. Monsieur crut être obéi ; et la facilité qu'il eut à se le persuader venait sans doute de la bonne opinion qu'il

---

[1] C'est-à-dire au siége de cette ville.

avait eue de Madame, qui, d'abord que Montalais fut éloignée par un aveu de tout le passé qui n'était point criminel, et qui avait paru sincère à Monsieur, avait effacé dans son cœur et dans son esprit une partie de ses soupçons. Il se consolait de ses chagrins avec la Reine sa mère, comme avec sa meilleure amie, et agissait souvent par ses conseils. Cette princesse, qui condamnait la conduite apparente de Madame, la croyait en effet pleine d'innocence; et voulant la corriger de ses fautes, elle travaillait de tout son pouvoir à leur bonheur commun, mais elle ne put y réussir.

« Madame, à ce retour du comte de Guiche, ne manqua pas de confidens pour avoir de ses nouvelles, et cette histoire eut de grandes suites. J'en ignore le détail, et je n'en sais que quelques endroits. Ce qui parut au public fut que Vardes, qui avait une ambition déréglée, et qui naturellement était artificieux et vain, étant rempli d'un ardent désir d'être bien auprès du Roi, avait conseillé à madame la comtesse de Soissons, qui était accusée de ne le pas haïr, toutes les mauvaises voies dont elle s'était servie pour conserver sa faveur, et dont j'ai parlé sur le chapitre de mademoiselle de la Mothe-Houdancourt. Vardes avait été ami du comte de Guiche, et par la comtesse de Soissons il était entré dans la confidence de Madame. L'histoire dit qu'en l'absence de l'exilé, et même depuis son retour, sous le nom d'ami il le voulut perdre auprès de cette jeune princesse; et qu'ayant formé le dessein de la tenir attachée à lui par la crainte des maux qu'il pourrait lui faire, il lui conseilla de retirer ses lettres et celles du comte de Guiche des mains de Montalais qui les avait, et qui, malgré sa disgrâce, avait eu l'adresse de les sauver et de les emporter avec elle. Je sais avec certitude que Madame ne connaissant point la malice de ce conseil, y consentit, et qu'elle lui donna un billet pour les demander à celle qui les avait ; que quand il s'en vit le possesseur il eut la perfidie de les garder malgré Madame, qui fit tout ce qu'elle put pour l'obliger à les lui rendre ; et que cette princesse, outrée de sa trahison, en voulut du mal non seulement à lui, mais aussi à la comtesse de Soissons, qu'elle soupçonna d'être de concert avec lui pour lui faire cet outrage. On a dit que Vardes, ayant été infidèle à sa première amie et à son ami, avait voulu joindre l'amour à l'ambition, et que ses sentimens et ses artifices pour triompher du cœur de Madame agissaient pour une même fin. Je n'en sais rien : je n'ai pas eu de commerce avec lui, et je ne puis faire une juste description de la duplicité de son âme ; mais il est certain qu'un mélange de tant de passions devait produire beaucoup de mauvaises choses : et c'est ce qui arriva en effet. Les dames se brouillèrent : le comte de Guiche et Vardes devinrent rivaux et ennemis, et cette division fit naître la jalousie et la haine entre ces quatre personnes. La comtesse de Soissons, qui prétendait avoir sujet de se plaindre de Madame, la menaça de dire au Roi tout ce qu'elle disait avoir été fait par elle et par le comte de Guiche contre lui; mais Madame, craignant l'effet de ses menaces, fut comme forcée de la prévenir, et d'avouer tout le passé au Roi. La comtesse de Soissons de son côté, pour se justifier au Roi, lui apprit aussi que le comte de Guiche, outre cette lettre que Madame avait avouée, en avait écrit d'autres à Madame où il le traitait de fanfaron, parlait de lui d'une manière qui ne lui pouvait pas plaire, et faisait ce qu'il pouvait pour obliger cette princesse à conseiller au roi d'Angleterre son frère de ne point vendre Dunkerque au Roi. » (*Mémoires de madame de Motteville*, t. V, p. 226.)

CHAPITRE XXX; NOTE LL, PAGE 330.

« Pendant la campagne du maréchal de Villeroi contre M. de Vaudemont, le Roi avait soin de se faire lire toutes les gazettes de Hollande. Dans la première qui parut, il lut une grosse action à la gauche, des louanges excessives de M. du Maine; que ses blessures avaient arrêté le succès et sauvé M. de Vaudemont, et que M. du Maine avait été remporté sur un brancard. Cette raillerie fabuleuse piqua le Roi; mais il le fut bien davantage de la gazette suivante, qui se rétracta du combat qu'elle avait raconté, et ajouta que M. du Maine n'avait pas même été blessé. Tout cela joint au silence qui avait régné depuis cette journée, et au compte si succinct que M. le maréchal de

Villeroi lui en avait rendu, et sans chercher aucune excuse, donna des soupçons au Roi qui l'agitèrent.

« La Vienne, baigneur à Paris fort à la mode, était devenu le sien du temps de ses amours. Il lui avait plu par des drogues qui l'avaient mis en état plus d'une fois de se satisfaire davantage. Ce chemin l'avait conduit à devenir un de ses quatre premiers valets de chambre. C'était un fort honnête homme, mais rustre, brutal et franc; et cette franchise, dans un homme d'ailleurs vrai, avait accoutumé le Roi à lui demander ce qu'il n'espérait pas pouvoir tirer d'ailleurs, quand c'étaient des choses qui ne passaient pas sa portée.

« Tout cela conduisit jusqu'à un voyage de Marly, et ce fût là où il questionna La Vienne. Celui-ci montra son embarras, parce que dans la surprise il n'eût pas la présence d'esprit de le cacher. Cet embarras redoubla la curiosité du Roi, et enfin ses commandemens. La Vienne n'osa pousser plus loin la résistance. Il apprit au Roi ce qu'il eût voulu ignorer toute sa vie, et le mit au désespoir. Il n'avait eu tant d'embarras, tant d'envie, tant de joie de mettre M. de Vendôme à la tête d'une armée, que pour y poser M. du Maine; et toute son application était d'en abréger les moyens en se débarrassant des princes du sang par leur concurrence entre eux. Le comte de Toulouse étant amiral, avait sa destination faite; c'était donc pour M. du Maine qu'étaient tous ses soins : en ce moment il les vit échouer, et la douleur lui en fut insupportable. Il sentit pour ce cher fils tout le poids du spectacle de son armée, et les railleries que les gazettes lui apprenaient qu'en faisaient les étrangers; et son dépit en fut inconcevable.[1]

« Ce prince si égal à l'extérieur, et si maître de ses mouvemens dans les événemens les plus sensibles, succomba sous cette *unique* occasion. Sortant de table à Marly avec toutes les dames et en présence de tous les courtisans, il aperçut un valet qui, en desservant le fruit, mit un biscuit dans sa poche. Dans l'instant il oublia toute sa dignité royale; et, sa canne à la main, qu'on venait de lui rendre avec son chapeau, il court sur ce valet, qui ne s'attendait à rien moins, ni pas un de ceux qu'il sépara sur son passage, le frappa, l'injuria et lui cassa sa canne sur le corps. A la vérité elle était de roseau, et ne résista guère.

« De là, le tronçon à la main, et avec l'air d'un homme qui ne se possédait plus, continuant à injurier ce valet, qui était déjà bien loin, il traversa ce petit cabinet et une antichambre, et entra chez madame de Maintenon, où il fut près d'une heure, comme il faisait souvent à Marly après dîner.

Sortant de là pour repasser chez lui, le Roi trouva le père de La Chaise. Dès qu'il l'aperçut parmi les courtisans, *Mon père*, lui dit-il fort haut, *j'ai bien battu un coquin et lui ai cassé ma canne sur le dos;*

---

[1] Saint-Simon dit, quelques pages plus haut, dans ses Mémoires, que le duc du Maine, était un poltron accompli.

mais je ne crois pas avoir offensé Dieu, et tout de suite il lui raconta le prétendu crime.

« Tout ce qui était là tremblait encore de ce qu'il avait vu ou entendu ; la frayeur des spectateurs redoubla à cette reprise; les plus familiers bourdonnèrent contre ce valet, et le pauvre père fit semblant d'approuver entre ses dents, pour ne pas irriter davantage et devant tout le monde. » (*Mémoires de Saint-Simon,* t. III, p. 58.)

FIN DES ÉCLAIRCISSEMENS.

TABLE DES MATIERES

CONTENUES

DANS LE TOME SECOND.

CHAPITRE VIII. — Priolo compose une satire contre le Cardinal. — Mazarin veut gagner un écrivain qu'il redoute; — Brienne s'en charge. — Négociation ministérielle conduite au cabaret. — Comment Priolo transforme sa satire en éloge. — Prix qu'on met à sa complaisance. — Madrigal qui devint pour Brienne un titre à la faveur de Mazarin. — Détails sur sa famille. — Portrait du Cardinal. — Jamais Brienne ne lui vit réciter son bréviaire. — Son goût pour les spectacles, la comédie, les ballets, les fêtes; sa passion pour le jeu : ce qu'il appelait *y prendre ses avantages*.................. *Page* 1

CHAPITRE IX. — Le Cardinal aimait les présens. — Ruse qu'il emploie pour avoir, sans le payer, un très beau tableau du Corrège. — Autre anecdote qui peint son avarice. — Objets d'arts rassemblés par ses soins. — Ses tapisseries, ses bronzes, ses statues, ses tableaux. — Il veut, mais vainement, imiter Richelieu. — Le premier président de Bellièvre refusant de se rendre chez Mazarin, le ministre est forcé de l'aller trouver : — leur entrevue; — Mazarin n'y a pas l'avantage. — Le premier président lui rend sa visite. — Brienne le père et lui se vantaient de remettre Son Éminence sur le bon pied......................... *Page* 18

Chapitre X. — Liaison de la Reine et de Mazarin. — Bruits injurieux de la cour à ce sujet. — Madame de Brienne dans l'oratoire de la Reine. — Confidence mystérieuse qu'elle y reçoit de cette princesse. — Serment que fait la Reine, sur un reliquaire, de ne plus écouter Mazarin. — Ingratitude du Cardinal envers elle. — Il lui reproche d'être dévote seulement par nécessité, d'aimer la bonne chère, et de se montrer trop prodigue. — Pierres destinées à la construction du Louvre, et qu'Anne d'Autriche donne par brevet à sa femme de chambre. — Cause de la mésintelligence qui éclate entre la Reine et le Cardinal. — Louis XIV amoureux de Marie Mancini. — Le Cardinal ne s'oppose qu'en apparence à leur mariage. — Consultation faite en secret, et protestation dressée par ordre de la Reine. — Projets d'alliance avec l'Espagne........................... 38

Chapitre XI. — Brienne revient de ses voyages. — Il est présenté au Cardinal. — Il adresse au Roi une harangue dans le goût du temps. — Cercle chez la Reine mère. — Brienne y fait de vive voix, en présence de toute la cour, le récit de ses voyages. — Les Lapons : leurs costumes, leurs usages, leurs mœurs. — Courses en traîneaux. — Description des rennes. — Chasse aux ours dans le Holstein. — Brienne, qui s'y trouvait avec le roi de Danemarck, y court de grands périls. — Il suspend son récit. — Murmure flatteur de ceux qui l'entourent................................. Page 52

Chapitre XII. — Autre espèce de chasse. — Singulière manière de pêcher en Laponie. — Travaux auxquels se livrent les femmes ; — leur parure. — Dangers que court Brienne en traversant, sur la glace, le golfe de Memel. — Séjour en Pologne. — Présens qu'il y reçoit de la reine Marie de Gonzague. — Voyage en Italie, retour en France. — Brienne termine son récit au milieu des applaudissemens de la cour........................... 74

Chapitre XIII. — Conférences avec don Louis de Haro pour la paix. — Brienne demande à partir avec le Cardinal. — Refus. — Consolation. — Il signe, sans les lire, tous les actes passés avec l'Espagne; mais il prend connaissance des actes secrets. — Mazarin, déjà malade, le fait, à son retour, travailler auprès de son lit. — Le Cardinal trahit la France dans l'espoir d'être pape. — Comment Brienne en a la preuve. — Scène entre le Cardinal et lui à ce sujet. — Mignard, peignant Mazarin, lui donne, d'un coup de pinceau, les insignes de la papauté. — Louis XIV et toute la cour applaudissent à cette flatterie. — On la regarde comme un heureux présage............. 90

Chapitre XIV. — Brienne : sa position, sa conduite, ses mœurs, désordres dont on l'accuse. — Maladie du Cardinal. — Il découvre ses jambes et ses cuisses nues devant la Reine et devant toute la cour. — Incendie du Louvre, au moment où le Cardinal y faisait préparer un ballet. — Violence du feu, qui dévore la galerie et les portraits des Rois. — Courage et dévoûment d'un frère Augustin au milieu des flammes. — Brienne traverse la Seine, et se rend au Louvre. — Il court à l'appartement du Cardinal; ses gardes l'emportaient dans leurs bras, tremblant et frappé de terreur. — Il arrive à son palais. — On y fait une célèbre consultation de médecins. — Guénaud condamne le Cardinal, et lui annonce son sort. — Il reçoit cet arrêt avec fermeté. — Mazarin, dans sa galerie, répétant à la vue de chaque tableau : *Il faut quitter tout cela*............................ Page 104

CHAPITRE XV. — Joie de Monsieur, frère du Roi, en recevant du Cardinal cinquante mille écus, quelques jours avant sa mort. — Son Éminence voudrait, pour quatre millions, éprouver une joie aussi vive. — Brienne voit le Cardinal endormi dans son fauteuil, au coin de son feu. — Paroles qu'il prononçait au milieu d'un sommeil agité. — Scène d'intérieur à son réveil. — *Guénaud l'a dit!* — Il se fait mettre du blanc, du rouge, et se promène ainsi soigneusement paré dans sa chaise à porteurs. — Impitoyable raillerie d'un courtisan sur sa bonne mine et ses couleurs. — Cette imprudence avance sa fin. — Nogent amuse la cour du récit de cette scène. — On joue aux cartes dans la chambre du Cardinal jusqu'à ses derniers momens. — Réponse qui fait paraître de la fermeté d'âme. 118

CHAPITRE XVI. — Mort du cardinal Mazarin. — Il reçoit l'indulgence *in articulo mortis*. — Le nonce fait un discours latin plus pieux qu'élégant. —

TABLE DES MATIÈRES.

Dernières instructions que le Cardinal donne à Louis XIV : *jamais de premier ministre.* — Motifs qui lui dictaient ce conseil. — Il possédait vingt-neuf abbayes. — Deux courtisans lui en demandent à la fois une qui vient à vaquer : parti qu'il prend pour les mettre d'accord. — Il donne par vanité son nom à dix-huit gros diamans dont il enrichit la couronne. — Pantalonnade du Cardinal avant sa mort. — Anecdote au sujet du collége Mazarin. — Trésors du Cardinal. — Bernouin, son valet de chambre, en détourne une partie. — Détails secrets. — Le Cardinal mourant veut qu'on lui parle de la miséricorde de Dieu, et non de sa sévérité. — Gens qui se font absoudre par le Pape des péchés qu'ils ne lui déclarent pas. — On ne se joue point impunément de Dieu............ *Page* 129

Chapitre XVII. — Momens qui suivent la mort du Cardinal. — Premiers ordres donnés à Brienne par le Roi. — Brienne apprend à Fouquet la mort du Cardinal. — Premier conseil tenu par Louis XIV à Vincennes. — Autorité de ses paroles. — Scène imposante. — La Reine met obstacle aux provisions expédiées en faveur du duc de Mazarin. — Elle donne par amitié un petit soufflet à Brienne, et lui pince la joue. — Elle traite assez mal le duc de Mazarin. — Dispersion des richesses, des équipages, des chevaux, des ameublemens du Cardinal. — Les couvertures de ses mulets servent, les jours de fête, de tentures aux Théatins....... 149

Chapitre XVIII. — Situation de Brienne à la cour. — Elle part pour Fontainebleau. — Il devient amoureux de mademoiselle La Vallière, et désire avoir son portrait en Madeleine. — Le Roi veut qu'on la peigne en Diane : *Elle est trop jeune pour être peinte en pénitente.* — Brienne découvre la passion du Roi. — Sa terreur. — Curieux entretien de Brienne avec Louis XIV, sur ce sujet, dans le cabinet de *Théagène et Chariclée.* — Trait d'un parfait courtisan. — Opinion du vieux comte de Brienne sur cette méchante affaire. — Nouvel entretien avec le Roi. — Il fait peindre mademoiselle La Vallière en Diane, et Brienne en Actéon dans le même tableau. — Fête de Vaux. — Mademoiselle Meneville et Fouquet. — Le marquis de Richelieu et mademoiselle de Lamothe-Houdancourt. — Aventure scandaleuse arrivée dans les appartemens mêmes de la jeune Reine..... *Page* 164

Chapitre XIX. — Disgrâce de Fouquet. — Il est leurré de l'espoir d'être chevalier des ordres. — Fabert refuse de faire des preuves de noblesse. — La cour applaudit à sa conduite. — Honneur que fait Louis XIV à Brienne le père, en nommant un chevalier des ordres sur sa présentation. — Entretien de Brienne avec Fouquet. — Craintes, irrésolutions du surintendant. — Rencontre des deux cabanes qui portent Colbert et Fouquet sur la Loire. — Le Roi arrive à Nantes, à franc étrier, sur des chevaux de poste. — Il dit à Brienne : *Je suis content de vous.* — Aspect mystérieux que présentait à Nantes l'intérieur du château. — La clochette. — Brienne préside les États de Bretagne; présens qu'il en reçoit. — Le Roi l'envoie chez

M. Fouquet ; il y trouve Lauzun. — Deux courtisans cherchant réciproquement à se surprendre leur secret. — Pensionnaires qu'avait le surintendant à la cour ; La Feuillade était du nombre. — Paysannes de Belle-Isle qui viennent, au son de la flûte, danser chez le surintendant la veille de son arrestation. — Brienne décrit leur danse et leur costume........................ *Page* 177

Chapitre XX. — Gaîté de Fouquet. — Il croit triompher de ses ennemis. — Brienne soupe chez le Roi. — Il arrive trop tard, et ne trouve point de place à table. — Il porte la santé de Louis XIV, qui le remercie. — Sur quels indices il juge la perte de Fouquet certaine. — Dissimulation de Louis XIV. — Il retient Brienne auprès de lui, en le mettant d'un quart dans son jeu, au brelan. — D'après ses ordres, Brienne se rend à six heures du matin chez le surintendant. — Il était déjà arrêté. — Mousquetaires à sa porte. — Brienne aperçoit Fouquet dans un carrosse garni de treillis en fer. — Paroles de Louis XIV à Brienne. — Papiers trouvés dans la poche du surintendant. — Le duc de Gesvres, son intime ami, se désespère de n'avoir point été chargé de son arrestation. — Le Roi retourne à Fontainebleau : *Sa chasse était faite.* — Gourville s'enfuit en Poitou. — Étrange vanité de Fouquet dans ses amours................ 199

Chapitre XXI. — Mazarin s'habillant dans sa chambre pendant qu'on y tenait le conseil, et jouant tantôt avec un singe, tantôt avec une fauvette. — Opinion de Brienne sur son testament politique.

— Ordre et composition du conseil établi par le Roi. — Tous les ministres debout, le Roi seul assis. — Brienne avait le talent de bien lire. — Rencontre de Batteville avec le comte d'Estrades à Londres. — Le Roi soupait chez la Reine, entouré de la cour, quand Brienne lui apprend cette nouvelle à voix basse. — Il quitte la table avec emportement. — Scène avec sa mère. — Satisfaction que fait le roi d'Espagne. — Disgrâce de Brienne. — Injuste accusation dont il est la victime. — On l'exile. — Le Roi seul veut le rappeler; mais ses ennemis l'emportent. — Il vend sa charge à de Lionne.................. *Page* 214

CHAPITRE XXII. — Madame de Brienne se jette aux genoux de la Reine mère. — Sa Majesté obtient du Roi un adoucissement au sort de Brienne. — On lui permet d'habiter le couvent des Carmélites, à Saint-Denis. — Il trouve des consolations dans les lettres, et se met à composer des vers français. — Il devient dévot. — Il fait sa confession générale au père Heineuve, jésuite, et commence *à connaître Dieu, qu'on ne connaît guère à la cour.* — Il fait pour les Carmélites de petits cantiques sur des airs du monde. — Il quitte Saint-Denis pour la maison de Vanvres, où le duc de Montausier vient le voir. — On veut obtenir sa démission. — Après beaucoup de résistance, il la donne. — Sa femme en meurt de chagrin. — Il entre à l'Oratoire, et s'en repent. — Dieu l'appelait à la Chartreuse. — Il s'engage dans le parti janséniste. — Sorti de France en fugitif, il y rentre. — On l'arrête. —

TABLE DES MATIÈRES.

Austérités qu'il s'impose. — Il y succombe. — Sa ferveur diminue. — Il a le goût des estampes, et dépense 80,000 fr. — Ses parens le font interdire. — On l'enferme à Saint-Lazare. — Résignation. — Sentimens chrétiens.................. *Page* 227

Chapitre XXIII. — Madame de Longueville. — Elle engage Brienne dans le jansénisme, qui était *l'horreur du Roi et la chimère des Jésuites.* — Secret qu'on exige de lui. — La princesse, malgré sa dévotion, entend raison sur le chapitre de ses amours. — Ressemblance du comte de Saint-Paul, son fils, avec le duc de La Rochefoucauld. — Elle est aussi soumise à ses directeurs qu'autrefois à ses amans. — Mot licencieux de Christine de Suède à la reine Anne d'Autriche. — La duchesse de Longueville en rit avec Brienne. — Elle revoyait et corrigeait, à cette époque, tous les écrits de M. Arnauld. — Piété sincère dont elle était animée. — Éloge que fait de cette princesse le père Talon, jésuite, qui l'assistait à ses derniers momens..... 237

Chapitre XXIV. — Un mot des amours du Roi avec madame de Montespan. — Madame de Maintenon comparée, par Brienne, à sainte Clotilde. — Politique de Louis XIV. — Rapide aperçu de ses expéditions militaires. — Campagne de Hollande. — Mot plaisant du bourguemestre d'Amsterdam, au moment où l'on veut rendre les clefs de la ville. — Inimitié des officiers impériaux contre le prince de Lorraine, leur général. — Pont de Philisbourg qu'on fait crouler sous lui. — Poison dont il est mort, selon Brienne. — Louvois obtient la place de chancelier pour son père. — Mort de Louvois. — Mot du Roi en l'apprenant. — Louvois, deux jours plus tard, *eût été mis à la Bastille*. — Louis XIV donne la paix à l'Europe...... *Page* 246

CHAPITRE XXV. — Révocation de l'édit de Nantes. — *Missionnaires bottés*. — Le Roi force Genève à souffrir qu'on y célèbre la messe. — Villes acquises par la corruption. — Fautes politiques. — Commentaire sur un passage du Testament politique attribué à Colbert. — Disgrâce de M. de Pomponne. — Comment ce ministre fut la victime des intrigues du contrôleur-général et de son frère. — La peur qu'eurent les Jésuites de voir M. Arnauld cardinal contribua à la perte de M. de Pomponne, son neveu............................. 258

CHAPITRE XXVI. — Détails sur Louvois, ses débuts; rien n'annonce dans sa jeunesse les talens qu'il montra depuis. — Sordide avarice de M. Letellier son père. — Éclat de la cour à Saint-Jean-de-Luz. — Costumes du temps; leur magnificence. — Luxe et vanité de Brienne. — Il lit le serment que le Roi fait sur l'Évangile, à Saint-Jean-de-Luz. — Brienne se méprend alors sur le génie de Louis XIV. — Il lui trouvait si peu d'intelligence, qu'il en était étonné. — Inimitié entre M. de Turenne et Louvois. — On soupçonne ce ministre d'avoir livré Philisbourg et Mayence pour se rendre nécessaire. — Le maréchal de Gramont perd la bataille d'Honnecourt pour obéir à Richelieu. — Chanson qu'on fait à ce sujet contre lui. — Louvois, amant de la maréchale de Rochefort. — Vivacité des souvenirs de Brienne.......................... *Page* 274

CHAPITRE XXVII. — Brienne revient, dans sa retraite, sur les souvenirs de sa jeunesse. — Nouvelles particularités concernant ses voyages. — Présens que lui font les villes d'Allemagne. — Il assiste au couronnement du roi des Romains. — Il ne veut point se trouver au festin impérial, *de peur d'être forcé de s'enivrer*. — Le duc de Vendôme lui recommande de se bien garder d'être honnête homme, s'il veut faire sa fortune. — Comment on appelait l'hôtel qu'habitait ce prince. — Conseils bien différens que donne à Brienne l'archevêque de Lyon; ce qu'il lui dit de Louis XIV encore dans sa jeunesse. — Anecdote relative à Monsieur, frère du Roi. — Brienne la raconte en latin. — Autre anecdote sur le préambule d'un édit concernant la translation des reliques de sainte Madeleine. — Ce préambule était rédigé par Arnauld d'Andilly. — Louis XIV veut qu'on *le fasse parler en Roi, et non pas en janséniste*............... 290

CHAPITRE XXVIII. — Épigramme de Bussy sur le nom de *Dieudonné*. — Sonnet attribué au poète Hesnault contre Louis XIV. — C'est Despréaux qui le donne à Brienne. — On reproche injustement à Louis XIV de manquer de courage. — Sa mère Anne d'Autriche n'eut peur qu'une fois en sa vie : ce fut quand le chancelier Séguier prit dans son sein une lettre qu'il croyait être de Cinq-Mars, et qui était d'une autre personne. —

Louis XIV, encore enfant, est amoureux de la duchesse de Châtillon. — Joli couplet de Benserade à ce sujet. — Comment Brienne réfute des doutes injurieux sur la valeur du Roi. — Impassibilité d'un officier monté sur un vaisseau qui sombre en pleine mer. — Trait du grand Condé à la porte Saint-Antoine. — Réflexions sur le vrai courage. — Le comte de Guiche. — Le maréchal de Villeroi. — Celui-ci n'avait point le genre de mérite qu'un libertin se plaint d'avoir perdu, dans Pétrone; mais il n'en était pas moins brave. — Action d'éclat qui le fit remarquer sur les remparts de Dôle........................ *Page* 302

CHAPITRE XXIX. — Louis XIV mis en parallèle avec le prince d'Orange. — Fermeté du Roi dans plusieurs circonstances. — Goût de ce prince pour les pointes et les jeux de mots. — Grave discussion sur le cocuage entre plusieurs seigneurs. — On répond à La Châtre, fort jaloux de sa femme, *qu'il n'y a plus de Lucrèce à la cour.* — La discussion recommence en présence du Roi. — Jamais on ne l'a vu tant rire. — Scène de mœurs entre Brienne et sa femme, au sujet des maris trompés. — Il la trouve un peu trop savante. — Singulier doute sur lequel il s'endort. — Esprit, amabilité de madame de Brienne. — Louange que lui donne Scarron................................. 314

CHAPITRE XXX. — Sagesse du Roi. — Le comte de Guiche traite Louis XIV de faux brave en sa présence. — Générosité du prince. — Un ambassadeur de Hollande lui parle le chapeau sur la tête.

— Indignation du Roi, qui lui tourne le dos. — Ce qu'il dit à Brienne sur l'insolence de *ce brasseur de bière.* — Cette circonstance contribue à décider la guerre contre les Hollandais. — Exemple de modération que donne le Roi en dansant dans un ballet. — Scène avec un page. — Brienne, en galopant derrière le Roi, heurte rudement son cheval. — Paroles du Roi. — Un mauvais plaisant monté par une fenêtre, et le surprend avec madame de Montespan. — Le Roi le fait mettre à Saint-Lazare. — Lauzun et Cavois se gourment derrière lui sur le grand degré du Louvre. — La perruque de Cavois tombe à terre. — Brienne les cache tous les deux aux yeux du Roi. — Mot de Louis XIV. — Son éloge............................. *Page* 324

ÉCLAIRCISSEMENS HISTORIQUES............ 335

FIN DE LA TABLE DES MATIÈRES.

www.ingramcontent.com/pod-product-compliance
Lightning Source LLC
Chambersburg PA
CBHW051819230426
43671CB00008B/770